마마!
능첩 편안하십니까?

마마!
능침 편안하십니까?

초판 1쇄 찍은날 2022년 11월 16일
초판 1쇄 펴낸날 2022년 11월 30일

글 정석풍수연구학회
펴낸이 서경석
일러스트 송은영 | **마케팅** 서기원
영업, 관리 서지혜, 이문영

펴낸곳 청어람M&B
출판등록 2009년 4월 8일(제313-2009-68)
본사 주소 경기도 부천시 부일로483번길 40 서경빌딩 3층 (14640)
M&B 주소 서울특별시 구로구 디지털로 272 한신IT타워 404호 (08389)
전화 02)6956-0531
팩스 02)6956-0532

ISBN 979-11-86419-85-4 93180

마마!
능침 편안하십니까?

정석풍수연구학회 지음

 M&B

◈저자 소개◈

〈대표 저자 조남선〉

◆ 학력 및 경력

2005 대구한의대 대학원 풍수지리학 석사

현) 아주대학교 미래교육원 '풍수의 정석' 과정
　　진임교수(2003~)

현) 연세대학교 미래교육원 '풍수와 환경' 과정
　　책임강사(2017~)

현) 농협주부대학, 가평농업기술센터 등 특강

현) 중국 연변대학교 식품외식최고위과정 특강

2008 MBC-TV 일요일 밤 '고수가 왔다' 출연

2009 조선일보 풍수지리 명강사 선정

2015 MBN-TV '알토란' 출연

2020 MBC every1-TV '비디오스타' 출연

2020 KBS1-TV 'TV쇼 진품명품' 출연

◆ 논문 및 저서

논문 : 「창덕궁의 풍수지리적 입지에 관한
　　　연구」, 2005.

저서 : 『풍수의 정석』, 2010.
　　　『중국 황제의 관을 찾다』, 2011.

『양택풍수의 정석』, 2012.

『풍수의 정석』 개정증보판, 2017.

『풍수 유적 답사기』 강원도 편, 2019.

『풍수 유적 답사기』 제주도 편, 2020.

『청와대! 새집 줄게 헌집 주오』, 2021.

〈계보도 저자 김은희〉

◆ 학력

배화여자대학교 졸업

◆ 활동

아주대학교 풍수동문회 총무

정석풍수연구학회 총무

공인중개사

〈정석풍수연구학회 공동 연구자〉

김민채	김영철	김은희	김종대	서경석
오병욱	유래규	윤희원	이승욱	이영기
이종목	이중희	장현성	정벽화	정재안
조규철	조남선	조연환	조찬래	최기자
하태현	한상국	한상화	한승구	황용선

이 책이 완성되기까지 참으로 긴 시간이 흘렀다. 모든 조선 왕릉이 풍수를 따지지 않고 자리가 정해진 곳이 없기 때문에 2000년 무렵부터 조선 시대 왕릉의 풍수를 연구하여 책을 만들어야겠다고 생각하고 여러 차례 왕릉을 답사하며 방법을 모색하였다. 그러나 워낙 많은 장소와 방대한 면적을 조사해야 하는 데다 문헌 자료도 충분하지 않아서 어디서부터 시작해야 할지 방향을 잡지 못하고 시간이 흘렀다.

그러던 중 우리나라에 있는 조선 왕릉 전체를 촬영하고 기초 조사를 하는 것을 목표로 정석풍수연구학회 회원들이 첫발을 내디뎠다. 그렇게 2010년 말부터 준비를 시작하여 2011년 초에 조선 왕릉 전체에 대해 문화재청에서 답사 허가를 받고 능상(陵上) 사진 촬영 및 능역 지형 조사를 시작하였다.

풍수는 자연 상태 지형을 판단하는 것이 기본인데, 나뭇잎이 무성하면 지형이 잘 보이지 않기 때문에 겨울에 조사 작업을 하기로 하였다. 그런데 생각했던 것보다 훨씬 어려움이 많았다. 먼저 강추위와 싸우는 것이 첫 번째 어려움이었다. 겨울이라 당연히 추울 것으로 예상은 했지만 한낮인데도 기온이 영하 10℃까지 내려간 날도 있었다. 그러나 풍수에 대한 열정으로 추위를 이기며 조사를 멈추지 않았다.

또 다른 어려움은 답사일에 안개가 끼거나 눈이나 비가 내려 깨끗한 사진을 얻지 못한 경우에는 빠듯한 일정에도 재촬영을 하러 가야만 했던 것이다. 물론 다시 갈 때는 또 능상 답사 허가를 받고 사진 촬영료를 납부해야 했다. 헌릉과 인릉의 경우는 세 차례나 사진 촬영을 하였다.

이처럼 힘겹게 약 3개월에 걸친 강행군을 하면서도 한 건의 사고도 없이 회원 모두가 서로 용기를 북돋워 주면서 사진 촬영과 기초 조사를 마쳤다.

　그러나 막상 사진과 현장 기초 자료를 준비해 놓고 원고로 정리하려 하니 또다시 망설여졌다. 짧은 기간 동안 방대한 현장 조사를 하다 보니 미흡한 부분도 많았고, 최선을 다해 만들더라도 당장 연구자들 마음에도 들지 않을 것 같다는 생각이 들어 보충 답사를 계속하게 되었다. 2013년에 능 전체를 다시 답사하였는데, 그렇게 각 능마다 적게는 서너 차례, 많게는 예닐곱 차례를 답사하며 부족한 자료를 채우다 보니 오늘에 이르러서야 마무리를 하게 되었다.

　이 책에서는 각 왕릉을 계보도, 능터 선정 기록, 풍수 분석 등 세 부분으로 구분하여 정리하였다. 능의 차례는 왕이나 왕비의 사망 순서를 따지지 않고 임금 재위 순을 기준으로 왕과 왕비의 능을 순서대로 했음을 밝혀 둔다.

　조선 왕의 계보는 인물 관계를 한눈에 볼 수 있도록 도식화하였다. 또 풍수상 음택(조상 묘)은 친가뿐만 아니라 외가의 영향도 받게 되므로 계보도에는 생부(生父)와 모계 존속 자료도 최대한 찾아서 정리하였다. 따라서 이 책은 풍수학인들에게 좋은 연구 자료가 될 것으로 생각한다.

　터 선정 기록은 『조선왕조실록』, 『승정원일기』, 『일성록』, 『홍재전서』, 국역이 된 몇 권의 능지(陵誌), 『선원보감』, 『국역 연려실기술』 등의 문헌을 참고하였고, 몇몇 논문과 궁능유적본부의 자료도 활용하였다. 『조선왕조실록』은 완역이 되어 있어 가장 많이 활용하였고, 『승정원일기』와 『일성록』, 『홍재전서』 등은 일부만

번역이 된 상태라서 한국고전번역원의 DB에서 원문을 찾고, 다시 동원에서 만든 번역기로 번역을 하여 원고 자료로 사용했다. (참고로 이 책에서는 조선 시대 전체의 시간적 통일을 위해 『고종실록』과 『순종실록』에 양력으로 표시된 날짜를 음력으로 변환하여 모든 날짜를 음력으로 표기함.)

또한 풍수의 사격과 지형을 설명하는 데 국토교통부 브이월드의 위성 사진을 활용하였고, 한국학중앙연구원, 규장각한국학연구원 등의 인터넷 사이트에서 문헌 자료를 보충하였다.

풍수 분석 도입부에는 능이 위치한 곳의 산맥 흐름을 나열하였고, 본론에서는 터의 용세, 사격, 수세를 설명하였다. 마지막으로 혈에 대해서는 지형을 분석하고 혈의 위치 등을 파악하였지만 밀장(密葬) 등의 문제가 발생할 가능성이 있어 책에는 내용을 담지 않았다. 대신 능이 만들어지기 이전의 자연 상태 지형을 서술하는 것으로 대체하였다.

조선 왕릉의 풍수를 연구하는 것이 연구자들의 핵심 목적이었기 때문에 최대한 직접 현장을 찾아가 미세한 지형지세 등을 조사하고 분석해서 상당한 자료를 얻게 되었다. 그렇게 얻은 자료를 바탕으로 풍수적 내용을 자세히 서술하고 싶었으나 땅의 미세한 높낮이, 굽거나 곧은 형태 등을 몇 줄의 문장으로 표현하기에는 한계가 있었다. 또 능의 숫자가 많아 책의 분량을 고민한 끝에 가장 핵심이 되는 부분만을 서술하게 되었다.

부록에는 지면 사정상 본문에 넣지 못한 동원이강릉의 사진을 실었다. 또 천릉(遷陵)한 왕릉의 초장지, 조선 왕위와 밀접한 관련이 있는 인물들의 무덤 사진을 간략한 설명과 함께 넣었다. 다음으로 그동안 조선 왕릉 풍수 연구서를 만들기 위해 연구자들이 현장에서 활동하던 모습의 사진을 담았다.

이 책은 많은 분들의 노력과 정성이 합쳐져 만들어졌다. 먼저 '참 좋은 인연! 행복한 만남'의 생각으로 함께해 주신 정석풍수연구학회 회원님들께 무한한 감사의 말씀을 드린다. 그리고 수많은 사진에 산줄기와 물줄기를 표시하고 글자를 넣는 등 까다로운 작업을 해 주신 청어람 출판사 관계자분들의 노고에 찬사를 드린다. 마지막으로 현장 조사 시 적극적으로 협조해 주신 궁능유적본부와 각 능 관계자분들께도 감사의 말씀을 드린다.

이제 20년 동안 지고 있던 무거운 짐을 벗게 된다고 생각하니 감회가 새롭다. 조선 왕릉 터의 선정 과정에 대해 정리하였지만 미진한 부분도 있을 것이고, 풍수에 대한 분석도 완벽하다고 장담할 수는 없다. 그래도 이 책이 조선 왕릉의 관리 및 보존에 도움이 되고, 앞으로 조선 왕릉을 더 심층적으로 연구할 사람에게는 중요한 자료가 되리라 믿는다.

2022년 입동 즈음에
정석풍수연구학회 회원 일동

◎ 조선 왕릉 풍수 연구서 참고 지식

1) 묘호(廟號)와 능호(陵號)

묘호는 재위하였거나 추존된 왕과 왕비를 종묘에 모실 때 붙인 이름을 말하는데, 우리가 흔히 알고 있는 임금의 명칭이 묘호이다. 능호는 임금이나 왕비의 무덤에 붙인 명칭을 말한다. 따라서 '세종대왕'은 묘호이고 '영릉'은 능호가 된다.

2) 묘호(廟號)를 정하는 기준

묘호는 임금이 사망하면 신하들이 의견을 모아 정했다. '공(功)'이 크면 '조(祖)'를 붙이고, '덕(德)'이 크면 '종(宗)'을 붙이는 것이 원칙이지만, 나중에 바뀐 경우도 많이 있다. 영종→영조, 정종→정조, 순종→순조 등이 그 예이다.

3) 신분에 따라 다른 무덤의 명칭

왕실에서의 신분에 따라 무덤의 명칭이 다르다. 능은 왕과 왕비의 무덤이다. 원은 세자와 세자빈의 무덤 및 왕이나 왕비가 아니었으나 아들이 임금이 된 경우 그 부모의 무덤이다. 묘는 왕의 자식들과 모든 후궁 직첩을 받은 이의 무덤을 말한다.

그런데 숙종대왕의 후궁이었던 희빈(옥산부대빈) 장씨의 경우는 조금 복잡하다. 인현왕후가 폐위되고 왕비가 되었으나, 그 뒤 폐위되어 사약을 받고 사망하였고, 이후 아들이 경종대왕이 되었다. 왕비였으며, 왕의 생모이기도 하나 결국 희빈 장씨 무덤의 호칭은 능, 원, 묘 중에서 후궁의 격인 '대빈묘'가 되었다.

◎ 조선 왕릉 기본 개요

조선 시대의 왕릉은 모두 50곳이다. 이는 일반적으로 알고 있는 27명의 임금 숫자에 비해 거의 두 배가 된다. '한 임금 대에 하나의 능'이라는 원칙이 있는 것이 아니어서 부부도 각기 다른 능을 갖는 경우가 있었기 때문이다. 대표적으로 중종대왕과 세 명의 왕비는 다른 곳에 묻혀 중종대왕 대의 능은 네 곳이 있다.

또 태조대왕 즉위 후 부모부터 고조부모까지는 추존하여 여덟 개의 능호가 붙었다. (고조부 덕릉, 고조모 안릉은 같은 곡장 안에 쌍분 형태로 있고, 아버지 정릉, 어머니 화릉이 역시 같은 곡장 안에 상하릉으로 만들어져 있어 능호는 네 개이나 실제 능은 두 곳이다. 또 증조부의 지릉, 증조모 숙릉이며, 조부 의릉, 조모 순릉은 각각 다른 장소에 위치하고 있다.)

그리고 조선 왕조에서 실제로는 임금이 아니었지만 친아들 또는 양아들이 임금이 되어 추존의 형식으로 능호를 붙인 곳이 다섯 곳이 있다.

1) 능의 위치 및 언덕과 봉분 수

조선 시대의 왕릉 중 앞에서 언급한 태조대왕의 선조 능들과 태조대왕의 정비인 신의왕후 한씨 제릉, 제2대 임금 정종대왕 후릉은 북한에 있다. 남한에는 모두 40곳의 조선 왕릉이 있으며, 폐위된 연산군과 광해군의 묘를 포함하면 모두 42곳의 능과 묘가 된다.

남한에 있는 능과 묘들은 총 50개의 능선(岡)에 있으며, 봉분의 수는 모두 65기이다. (연산군묘와 광해군묘를 제외하면 능선 48개, 봉분 61기)

2) 능의 형식에 따른 구분

○동원이강릉(同原異岡陵) : 현릉, 광릉, 경릉(추존 덕종대왕), 창릉, 선릉, 목릉,
　　　　　　　　　명릉 등 총 일곱 곳

○합장릉(合葬陵) : 영릉(세종대왕), 장릉(인조대왕), 융릉, 건릉, 인릉, 수릉, 홍
　　　　　　　릉, 유릉 등 총 여덟 곳

3) 천릉과 관련한 구분

○옮긴 능 : 정릉(신덕왕후), 영릉(세종대왕 소헌왕후), 현릉(추존 현덕왕후),
　　　　　연산군묘(연산군), 정릉(중종대왕), 희릉(장경왕후),
　　　　　목릉(선조대왕), 장릉(추존 원종대왕), 장릉(인조대왕 인열왕후),
　　　　　영릉(효종대왕), 융릉(추존 장조대왕), 건릉(정조대왕),
　　　　　인릉(순조대왕), 수릉(추존 익종대왕), 유릉(추존 순명효황후),
　　　　　홍릉(명성황후) 등 총 열여섯 곳

○파묘 터 : 영릉(세종대왕-이계전 묘), 광릉(세조대왕-정흠지 묘),
　　　　　경릉(추존 덕종대왕-정역 묘), 공릉(추존 장순왕후-강희맹 모친 묘),
　　　　　선릉(성종대왕-광평대군묘), 태릉(문정왕후-김사청 묘),
　　　　　원릉(영조대왕-효종대왕 영릉), 인릉(순조대왕-세종대왕 영릉),
　　　　　경릉(헌종대왕-선조대왕 목릉), 예릉(철종대왕-중종대왕 정릉) 등
　　　　　총 열 곳

4) 한글 발음 같은 능 :

　　　　영릉 – 세종대왕(英陵), 효종대왕(寧陵), 추존 진종대왕(永陵)

　　　　장릉 – 단종대왕(莊陵), 추존 원종대왕(章陵), 인조대왕(長陵)

　　　　정릉 – 신덕왕후(貞陵), 중종대왕(靖陵)

　　　　경릉 – 추존 덕종대왕(敬陵), 헌종대왕(景陵)

　　　　홍릉 – 정성왕후(弘陵), 고종황제(洪陵)

◎ 기타 왕위와 관련 있는 인물 이야기

　명종대왕 아들 순회세자, 인조대왕 아들 소현세자, 정조대왕 아들 문효세자는 왕의 아들로 태어나 세자에 책봉되었으나 일찍 사망하여 왕위에 오르지 못했는데, 그 후손이 없어 추존도 되지 못하였다. (영조대왕 아들 효장세자도 후손이 없었으나 조카 정조대왕이 양자로 입적되어 추존됨.)

　선조대왕 아버지 덕흥대원군, 철종대왕 아버지 전계대원군, 고종황제 아버지 흥선대원군 등은 아들이 보위에 올랐으나, 아들이 다른 왕의 양자로 출계되어 왕으로 추존되지 못하고 대원군 존호를 받았다.

◈차례◈

1장

1대 건원릉
(태조대왕)

1. 태조대왕 계보도

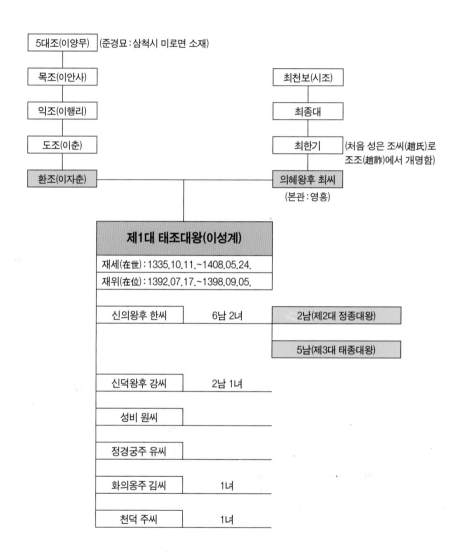

5대조(이양무) (준경묘 : 삼척시 미로면 소재)

목조(이안사)

익조(이행리)

도조(이춘)

환조(이자춘)

최천보(시조)

최종대

최한기 (처음 성은 조씨(趙氏)로 조조(趙祚)에서 개명함)

의혜왕후 최씨
(본관 : 영흥)

제1대 태조대왕(이성계)

재세(在世) : 1335.10.11.~1408.05.24.
재위(在位) : 1392.07.17.~1398.09.05.

신의왕후 한씨	6남 2녀	2남(제2대 정종대왕)
		5남(제3대 태종대왕)
신덕왕후 강씨	2남 1녀	
성비 원씨		
정경궁주 유씨		
화의옹주 김씨	1녀	
천덕 주씨	1녀	

2. 건원릉 조성 기록

조선 태조대왕 이성계는 1335년 10월 11일 추존 환조대왕(이자춘)과 추존 의혜왕후 최씨의 맏아들로 태어났으며,[1] 1337년생 신의왕후와 결혼하여 6남 2녀를 낳았다.

이 시기 고려의 장수로 혁혁한 공을 세운 이성계는 1392년 7월 17일 왕위에 오르게 되었다. 이듬해 2월에 국호를 '조선'으로 바꾸고, 1394년 8월 한양으로의 천도를 결정하여 궁궐 등 도성 공사를 진행하며 조선 왕조의 창업을 마무리하고 있었다.

이런 과정에서 태조대왕은 자신의 수릉(壽陵)에 관심을 갖고 과주(과천)와 광주 등 몇 곳을 후보지로 두고 길지를 찾고 있었다.[2] 그런데 1396년 8월 13일 신덕왕후가 갑자기 세상을 떠나자 그동안 관심을 두었던 곳은 접어 두고 행주와 안암동 등지를 찾아 보다가 도성 안 경복궁 가까운 취현방에 능지를 정하고 자신의 수릉도 함께 조성하였다.[3]

태조대왕은 왕위에 오른 지 약 7년 만인 1398년 제1차 왕자의 난이 일어

---

1) 『연려실기술 I』, 이긍익 著, 민족문화추진회, 1966, p.17.

2) 『태조실록』(4년 1395년 3월 4일 정유) 임금이 과주에 거동하여 수릉 자리를 살폈다.
   『태조실록』(4년 1395년 7월 11일 임인)과 『태조실록』(5년 1396년 4월 6일 계사)에도 수릉을 찾는 기록이 있다.

3) 『태조실록』(5년 1396년 11월 19일 계유)과 『태조실록』(5년 1396년 12월 24일 무신)의 기록을 보면 태조가 수릉에 거동하였다는 내용이 있다. 신덕왕후 장례를 치르는 기간이었으므로 신덕왕후의 능역(陵域)이나 그 인근에 태조가 수릉을 만들었음이 확실하다.

소재지 : 경기도 구리시 인창동 동구릉 내

나 왕위에서 물러났다. 이후 정종대왕이 1399년 개경으로 환도를 하였지만, 1405년 태종대왕이 한양으로 재천도를 했다. 길지 않은 기간 동안 우여곡절을 겪은 태조대왕은 1408년 1월 풍질(風疾)에 걸려 피병 목적으로 거처를 옮기기도 하였으나,[4] 결국 1408년 5월 24일 사망하였다.

태종대왕은 풍수적으로 많은 고민을 하면서도 아버지가 만들어 놓은 수릉은 배제하였고, 신하들에게 새 능지를 찾도록 하여 원평의 봉성, 해풍의

---

4) 『태종실록』(8년 1408년 1월 19일 무진) 태상왕이 갑자기 풍질을 얻었는데, (후략)

좌향 : 자좌 오향(천반봉침)

행주 등을 검토하였으나 채택하지 않았다.[5] 한 달이 지나서 검교참찬의정부사 김인귀의 추천을 받아 양주 검암산에 능지를 정하였다.[6] 그리고 충청도, 풍해도, 강원도 군정 6천 명을 투입하여 석실 형태로 능 조성 공사를 한 후 9월 9일에 장례를 치르고 능호를 건원릉이라 정하였다.

---

5) 『태종실록』(8년 1408년 6월 12일 기축) "양달 등이 본 봉성의 땅은 쓸 수 없고, 해풍의 행주에 땅이 있사온데 지리의 법에 조금 합당합니다." 하였다. 임금이 말하였다. "다시 다른 곳을 택하라."
6) 『태종실록』(8년 1408년 6월 28일 을사) 태조의 산릉을 양주의 검암에 정하였다.

3. 건원릉 풍수 분석

백두대간 분수령 부근에서 나뉘어 한북정맥의 백빙산 - 대성산 - 광덕산 - 백운산 - 도마치봉 - 원통산 - 수원산 - 죽엽산으로 이어지는 산줄기가 경기도 의정부시와 포천시의 경계가 되는 축석령 직전에 수락지맥을 나눈다. 여기서 분리된 수락지맥이 용암산을 만들고 의정부시 고산동의 비루고개를 통과한 다음, 수락산과 불암산을 지나 삼육대학교 동쪽으로 돌아 담터고개와 새우개고개를 거쳐 만들어진 검암산이 솟는다. 검암산에서 양팔로 감싸 안듯 커다란 울타리가 만들어졌는데, 그 보국의 가장 깊숙한 곳에 조선 태조대왕의 건원릉이 위치하고 있다.

검암산 보국을 만드는 큰 산줄기에서 건원릉으로 이어지는 주룡이 분맥하는 지점의 봉우리는 크기나 높이가 보국의 주봉이라 할 수는 없다. 그렇지만 가장 안쪽에 위치해 있어 보국의 중심으로 판단하였을 것이고, 또 남향인 데다가 청룡과 백호의 사격이 수구를 완벽히 관쇄하고 있어서 이곳을 능지로 선택한 것으로 생각된다.

태조대왕 장례 시기에 중국에서 사신으로 온 도지감좌소감 기보는 "어찌 이와 같은 천작(天作)의 땅이 있을 리가 있나, 반드시 만든 산일 것이다."라고 감탄하였다 한다.

태조대왕 사후 건원릉이 만들어지고 태종대왕과 세종대왕조를 지나는 약 40여 년 동안 왕실에 큰 문제가 없었기 때문에 풍수학계에서 건원릉의 길흉에 대한 언급은 대체로 없는 편이다.

건원릉 용세(龍勢)

　검암산을 일으킨 용맥은 둘로 갈라지는데, 이 중 북동방으로 간 산줄기가 약 2km를 나아간 다음 해발 약 92m의 작은 봉우리를 만들고, 여기서 남쪽으로 능선 하나를 나누어 내려보낸다. 이 능선에 건원릉이 자리 잡고 있는데, 용의 형상이 거의 직선형이고 등성이는 평퍼짐하게 보여 사룡으로 생각할 수도 있다. 그러나 용신의 양변에 지각의 흔적이 여러 개 보이므로 작지만 활발하게 기복을 한 생룡임을 알 수 있다. 능 조성 과정에서 지형이 바뀌었지만, 능 뒤에 있는 작은 봉우리는 뒤쪽 긴 과협을 지난 후 다시 올라와 만들어진 자연 상태의 봉우리로, 거기서 약 30m 내려간 곳에 건원릉이 있다.

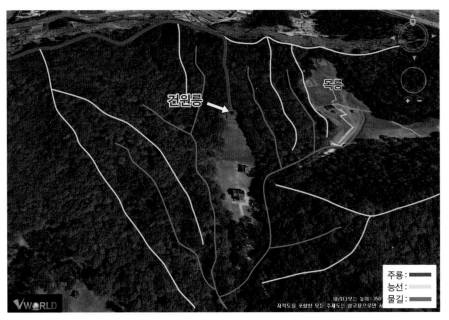

건원릉 사격(砂格)

　건원릉의 좌측에는 목릉 안 선조대왕릉이 위치한 능선과의 사이에 첫 번째 청룡이 있고, 선조대왕릉이 있는 능선이 두 번째 청룡이 된다. 또 의인왕후릉이 있는 능선은 세 번째 청룡이 되며, 목릉을 돌아서 앞쪽에 있는 현릉으로 이어지는 능선이 동쪽에서는 외청룡 역할을 하고 남쪽으로 가서는 조산(朝山)의 역할까지 하고 있다.

　우측 백호 쪽 가까이에는 길이가 짧고 높이가 낮은 몇 개의 능선만 있어 장풍의 역할을 하기에 많이 부족해 보인다. 그러나 위성 사진에 표시되지 않았지만 멀리 검암산 주봉에서 원릉과 혜릉으로 이어지는 능선들이 길게 내려와 있다. 또 높고 긴 숭릉 능선이 마지막 백호가 되어 외성(外城) 역할을 해 주어 튼튼하고 큰 보국이 만들어져 있음을 확인할 수 있다.

건원릉 수세(水勢)

건원릉은 동구릉 보국의 가장 안쪽에 위치해 있어 물의 발원처가 가깝다. 건원릉의 청룡 쪽의 목릉 구역에 있는 여러 개의 골짜기에서 모인 물길이 서쪽으로 흘러 내려와 비각 뒤를 지나고 홍살문 옆으로 흘러 금천교를 통과한다.

백호 쪽에 있는 크고 작은 물길들이 수라간 뒤를 통하여 홍살문 옆을 지나 청룡 쪽에서 내려온 물길과 1차로 합쳐진다. 이어 휘릉과의 사이에서 내려온 물길과 다시 합쳐진 다음 순차적으로 동구천 동서의 물길들이 차례로 합쳐져 남쪽 방향으로 구불구불 흘러간다. 그 후 동구릉 재실 앞을 지나면서 서서히 방향이 동쪽으로 바뀌어 건원릉 능상에서 보면 수구가 완전히 관쇄된 것처럼 보인다.

건원릉 자연 지형

건원릉 능상은 봉분 앞에서 보면 상당히 높은 느낌을 주는 곳에 있는데, 현재의 좌향은 정자각과 홍살문 그리고 앞으로 흘러 나가는 동구천을 바라보고 있다. 이 상태로는 안산 역할을 할 가까운 봉우리는 없고 멀리 외백호만 보이는데, 단아한 형태의 봉우리도 아니다.

분석한 결과 위성 사진에서처럼 능상은 청룡이 안산이 되는 자기보국혈이 만들어진 터이다. 그리고 능역 조성 공사를 하면서 현재 능상 아래 비탈면에 있던 능선들을 깎아내 평탄하게 만든 다음 비각과 정자각, 수라간 등을 건축한 것이다. 현재도 비각 뒤 소방 시설물 설치한 곳에서 위성 사진에 표시된 능선의 흔적을 볼 수 있다.

2장

1대 정릉(貞陵)
(신덕왕후)

1. 신덕왕후 계보도

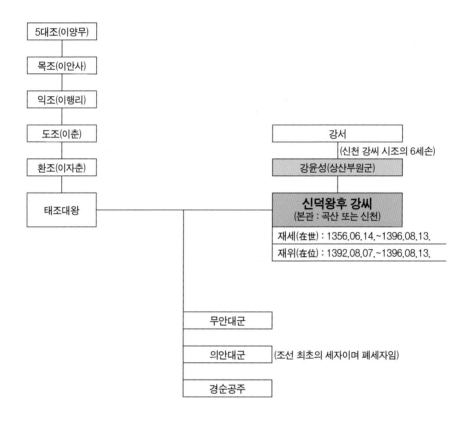

☞ 태조대왕은 즉위 후 약 1개월 뒤인 1392년 8월 20일에 신덕왕후 소생의 열한 살 방석을 왕세자로 책봉한다. 이것이 1398년 8월 28일 태조대왕의 본처인 신의왕후 소생 방원 등이 일으킨 '제1차 왕자의 난'의 원인이 되었고, 이 사건으로 신덕왕후의 아들 방번과 방석은 죽임을 당했다.

2. 정릉 조성 기록

태조대왕의 두 번째 정비인 신덕왕후 강씨는 1356년 6월 14일에 상산부원군 강윤성의 딸로 태어났으며, 태조대왕과 21세 나이 차이에도 큰딸 경순공주, 무안대군 방번, 의안대군 방석 등 삼 남매를 두었다. 1391년 태조대왕의 본처인 신의왕후 한씨가 사망하였는데, 1392년 7월 태조대왕이 왕위에 오르자 1392년 8월 7일 신덕왕후 강씨가 조선 최초의 왕비에 책봉되었다.

조선이 건국되자마자 본처 소생의 장성한 아들들을 제치고 둘째 아들 방석이 세자로 책봉되어 순탄한 일생이 펼쳐지는 듯했다.[1] 그러나 4년여 시간이 흐른 1396년 6월 말 신덕왕후에게 병이 생겼다. 태조대왕은 피병을 위해 왕후의 거처를 옮기고 승려들에게 불공을 드리게 하고 죄수를 석방하는 등 애를 썼으나 신덕왕후는 결국 8월 13일 세상을 떠났다.[2]

신덕왕후가 갑자기 세상을 떠나자 태조대왕은 그동안 자신이 보아 두었던 과주(과천)와 광주 등지의 터를 선택하지 않고 새로 능지를 찾아 나선다. 처음에는 행주에 자리를 정하려 하였다가 그만두게 하였고, 다음 날에는 안암동이 후보지로 선택되었으나 땅을 파자 물이 나와 중지하였다.[3]

---

1) 『태조실록』(1년 1392년 8월 20일 기사) 어린 서자 이방석을 왕세자로 삼았다.

2) 『태조실록』(5년 1396년 8월 13일 무술) 밤에 현비가 이득분의 집에서 훙하였다.

3) 『태조실록』(5년 1396년 8월 21일 병오) 임금이 안암동에 거둥하여 능지를 보아 이튿날 땅을 파 보도록 명하였는데 물이 솟으므로 중지하였다.

소재지 : 서울특별시 성북구 아리랑로 19길 116

결국 태조대왕은 도성 안 경복궁 남쪽 가까운 취현방에 능지를 잡았고,[4] 이듬해 1월 3일 장례를 치르고 능호를 정릉이라 하였다.

그러나 1398년 제1차 왕자의 난을 계기로 실권이 아들 이방원에게 넘어갔고, 태종대왕이 즉위 후 정릉의 영역에서 1백 보 근처에도 집을 지을 수 있도록 하였음에도 태조대왕은 지켜볼 수밖에 없었다. 그런 상태에서 1408년 태조대왕이 세상을 떠나자 태종대왕은 아버지가 만들어 놓은 정릉

---

4) 『태조실록』(5년 1396년 8월 23일 무신) 임금이 취현방에 거동하여 능지를 보아 결정하였다.

좌향 : 경좌 갑향(천반봉침) / 특징 : 장명등이 고려 말기 양식

수릉지를 버리고 양주 건원릉에 장사 지냈고, 때를 기다렸다는 듯이 5개월
만인 이듬해 1409년 2월 23일에 정릉을 양주 사을한산으로 옮겨 버린다.

정릉을 옮기며 정자각 터에는 누각을 지었고,[5] 돌은 광통교 흙다리를 교
체하는 석재로 썼다.[6] 세종대왕 때부터는 제사도 족친에게 넘겼다가 약
200년 뒤 현종대왕 때인 1669년 종묘에 부묘되고, 왕릉으로 복원되었다.

───────────

5) 『태종실록』(9년 1409년 4월 13일 을유) 정릉 정자각을 헐어서 누각 3간을 짓고, (후략)

6) 『태종실록』(10년 1410년 8월 8일 임인)

3. 정릉 풍수 분석

백두대간 분수령에서 분맥한 한북정맥이 백빙산 - 사패산 - 우이령을 지나 북한산으로 이어진다. 여기서 남쪽으로 갈라진 한 줄기가 영봉 - 백운봉 - 형제봉을 거쳐 북악터널이 있는 보토현을 지나고 북악팔각정 북동쪽 구진봉 전에서 두 갈래로 나뉜다. 여기서 동쪽 미아리고개 방향으로 내려가던 산줄기에 조선 초대 왕비인 신덕왕후의 정릉이 위치하고 있다.

태종대왕은 태조대왕 사망 이전부터 신덕왕후의 능을 도성 밖으로 내보낼 생각을 갖고 있었던 듯하다. 태종대왕이 내세운 명분은 도성 안에 무덤이 있는 것이 적합하지 않다는 것이었지만 속내는 풍수적으로 자리가 나쁜 곳을 선택하여 정릉을 옮기려는 것이었다. 물론 신덕왕후의 아들인 방번과 방석은 1398년 제1차 왕자의 난 때 희생되었고, 딸 경순공주도 남편이 같은 정변 중에 사망하자 출가하여 1407년 정업원에서 생을 마쳤으므로 무덤의 영향이 미칠 후손은 없었지만 일종의 화풀이였다.

태조대왕의 능이 도성 안에 있으면 신덕왕후의 능만을 옮기는 명분이 마땅하지 않기 때문에 도성 안 수릉 터에 건원릉을 만들지 않고 다시 자리를 찾아 양주 검암산에 만들었던 것이다.

신의왕후 소생 방원이 태조대왕 뒤를 이을 세자로 책봉되었다는 가정을 해 본다. 1398년 왕자의 난은 없었을 것이며, 부자간의 갈등과 이복동생들을 죽이는 비극은 생기지 않았을 것이다. 왕권에 대한 욕심이 화를 부른 대표적인 사례라고 생각된다.

참암(악석)

정릉 용세(龍勢)

  북한산에서 형제봉을 지나 보토현에서 크게 과협을 하며 행도한 산줄기가 약 800m를 올라가 구진봉을 만나기 전에 두 개의 산줄기로 갈라진다. 여기서 동쪽으로 뻗어 나간 산줄기(현재 북안산로 일부 구간)가 약 1.7km를 내려가다가 북동쪽으로 갈라진 산줄기의 한 가지에 정릉이 있다.

  정릉이 있는 북쪽으로 뻗어 가던 산줄기가 마지막에 입수하기 위해 가지를 나누고 끝까지 간 능선의 방향이 돌아가는 모습은 횡룡입수와 유사하다. 그러나 능에서 보면 백호방 아래쪽(정자각 남쪽)으로 능선의 끝이 연장되어 돌아갔으므로 용진혈적을 한 것이 아니라는 것을 유추해 볼 수 있다. 또한 능의 곡장 바로 뒤쪽에 크고 작은 바위들이 있어 풍수적으로 탈살이 되지 않았음을 한눈에 알 수 있다.

정릉 사격(砂格)

　정릉의 사격은 얼핏 보기에는 완벽한 것처럼 보인다. 청룡 쪽에는 능 앞을 지나는 물길의 발원처가 있어 그쪽에서는 바람이 불어올 여지가 아예 없다. 앞쪽 조산(안산이라 부를 수 있음)도 앞을 둥글게 환포하는 모습으로 아름답게 보인다.

　위성 사진에 표시하였듯이 백호 쪽에는 적어도 두 개 이상의 능선이 있으나 높이가 낮다는 점이 문제이다. 능상에서 나무를 제외하고 땅바닥을 분석해 보면 높이가 매우 낮음을 쉽게 확인할 수 있다. 이것은 정릉이 있는 능선이 백호방의 능선들에 비해 상대적으로 높다는 의미가 되고 결국 백호방 수구처에서 불어오는 바람에 노출되어 있음을 의미한다.

정릉 수세(水勢)

　정릉의 수세는 청룡 쪽에 있는 여러 골짜기 물들이 비각과 수복방 뒤에서 합쳐진 다음 앞쪽에 있는 조산에서 내려오는 작은 물길들을 모으며 정자각 앞 약 30m를 지나간다. 이후 수라간 뒤의 물길과 재실이 있는 백호 쪽 능선의 좌우에서 내려오는 물길들과 합쳐져 매표소 뒤 수구처를 통해 흘러 나간다.

　이 물길들은 능으로 올라오는 골목길을 따라 흘러 정릉아리랑시장 부근을 지나 정릉천을 통하여 한강으로 흘러가게 된다.(지금은 매표소 밖에서 정릉천까지 이어지는 물길은 복개되어 마을 안길이 되었고 정릉천 역시 복개되어 지상에 도로가 만들어졌고 그 위로는 내부순환도로도 있다.)

정릉 자연 지형

정릉이 위치한 능선은 뒤에서 한줄기로 내려온 산줄기가 곡장 뒤 7.4m 지점에서 둘로 갈라진 다음 양옆으로 벌어지며 내려와 청룡 쪽의 물길을 만나 끝나는 지형이다. 정자각이 있는 부분은 현재보다 더 푹 꺼진 지형이었을 것이고, 비각과 수복방의 바닥보다 뒤 공터 부분의 바닥이 높은 것을 볼 때 두 갈래 중 입구 쪽인 남쪽의 능선들보다는 북쪽 능선의 끝부분이 높았다고 판단이 된다.

능을 이장한 당시에는 자연 상태에 크게 손대지 않았을 것이다. 하지만 1669년에 200여 년 이상 방치되었던 신덕왕후의 무덤을 보수하고 정자각을 짓는 과정에서 많은 지형 변화가 생긴 것으로 추정된다.

3장

3대 헌릉
(태종대왕 원경왕후)

1. 태종대왕 계보도

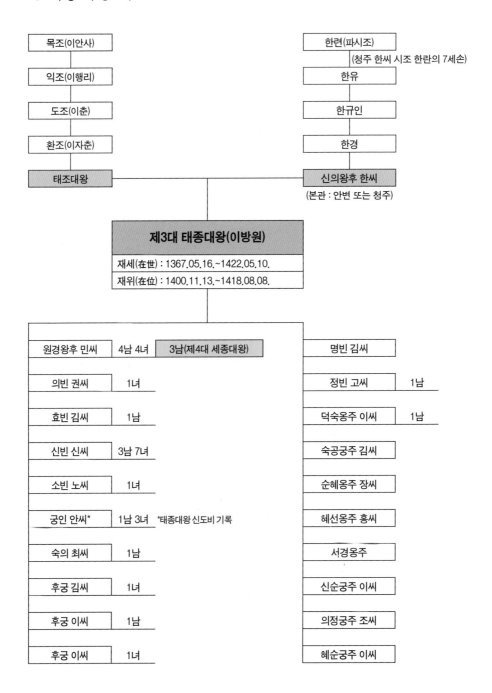

목조(이안사)

익조(이행리)

도조(이춘)

환조(이자춘)

태조대왕

한련(파시조)

(청주 한씨 시조 한란의 7세손)

한유

한규인

한경

신의왕후 한씨

(본관 : 안변 또는 청주)

제3대 태종대왕(이방원)

재세(在世) : 1367.05.16.~1422.05.10.

재위(在位) : 1400.11.13.~1418.08.08.

원경왕후 민씨	4남 4녀	3남(제4대 세종대왕)
의빈 권씨	1녀	
효빈 김씨	1남	
신빈 신씨	3남 7녀	
소빈 노씨	1녀	
궁인 안씨*	1남 3녀	*태종대왕 신도비 기록
숙의 최씨	1남	
후궁 김씨	1녀	
후궁 이씨	1남	
후궁 이씨	1녀	

명빈 김씨	
정빈 고씨	1남
덕숙옹주 이씨	1남
숙공궁주 김씨	
순혜옹주 장씨	
혜선옹주 홍씨	
서경옹주	
신순궁주 이씨	
의정궁주 조씨	
혜순궁주 이씨	

2. 헌릉 조성 기록

조선 3대 임금 태종대왕은 1367년 5월 16일 태조대왕과 신의왕후 한씨의 5남으로 태어났다. 여흥부원군 민제의 딸로 태어난 원경왕후와 1365년 7월 11일 혼례를 올렸고, 둘 사이에는 4남 4녀를 두었다.

태종대왕은 1398년 8월 26일 제1차 왕자의 난을 일으켜 실권을 장악하게 되었지만 형(태조대왕의 차남 방과, 조선 2대 임금 정종대왕)에게 보위를 물려받게 한 뒤 1400년 11월 13일에야 왕위에 올랐다.

재위 15년이 되던 1415년 광주 서쪽 대모산에 수릉지를 만드는 데 관심을 두기 시작하였다. [1] 태조대왕을 양주 검암산에 장사 지내고 7년여 세월이 흐른 뒤였다. [2]

1418년 왕위를 세종대왕에게 물려준 이후에도 태종대왕은 가끔 이 수릉지를 둘러보곤 하였다. [3] 그런데 원경왕후가 1420년 6월 초 학질에 걸렸고, 기력을 회복하지 못해 결국 7월 10일 향년 56세의 나이로 세상을 떠나게 되었다.

원경왕후 사후 약 2개월여 만인 9월 7일 천광을 하고 9월 17일 장례를

---

1) 『태종실록』(15년 1415년 11월 15일 무신)

2) 『세종실록』(2년 1420년 9월 7일 임신) 기사에는 "상왕이 이양달을 시켜 이 땅을 발견하였다."라고 기록되어 있는데, 『태조실록』(5년 1396년 8월 20일 을사) 신덕왕후의 능지를 찾는 기록에도 이양달이 등장하는 것을 볼 때 태조가 수릉으로 하려고 했던 자리일 가능성이 높다.

3) 『세종실록』(2년 1420년 1월 13일 임자) 상왕이 광주 고을 서쪽 대모산에 행차하여 수릉을 보았다. 명당에 이르러 말에서 내려 여기저기 바라보며 탄식하고 돌아왔다.

소재지 : 서울특별시 서초구 헌인릉길 36-10

치렀는데,[4] 이미 수릉지가 있기 때문에 다소 짧은 기간에 장례를 치렀다. 능의 배치는 동쪽에는 원경왕후의 봉분을 만들었고, 서쪽에는 나중에 태종대왕의 자리를 앉히는 쌍분 형태로 만들었다.

그리고 2년여 뒤 4월 20일경 태종대왕이 갑자기 건강이 나빠져 1422년 5월 10일에 향년 56세에 사망하였다. 능을 조성하기 위한 산역 중에 서쪽

---

4) 『세종실록』(2년 1420년 9월 7일 임신) 광주 대모산에 천광하는데, 깊이가 13척 3촌(약 2.75m)이니 주척으로 계량한 것이며, 흙의 빛이 번지르르하고 윤택하여 수기는 없었다.

좌향 : 해좌 사향 / 특징 : 능 앞 석물이 2Set

의 광을 열어 보니 동쪽 모퉁이에서 물이 솟아났으나, 빗물이 잠시 스며든 것으로 보고 풍수적으로 큰 문제가 없을 것이라 생각하여 그 자리에 장례를 치러 오늘의 헌릉이 만들어졌다.[5]

『역주 헌릉지』에는 광주부에서 서남쪽으로 20리 떨어진 대왕면 대모산 남쪽에 있는데, 주산은 대모산이고 안산은 의독산으로 기록되어 있다.[6]

---

5)『세종실록』(4년 1422년 8월 20일 갑진) 산릉의 광에 물이 고이다.

6)『역주 헌릉지』, 장서각 編, 김덕수 譯, 한국학중앙연구원, 2010, p.9.

3. 헌릉 풍수 분석

백두대간 - 속리산 천황봉 - 한남금북정맥 - 한남정맥으로 이어지는 산줄기가 북서진하다가 백운산에서 다시 관악지맥을 분맥하여 북동쪽 이수봉으로 올려 보낸다. 이수봉을 지난 산줄기가 관악산 방향의 매봉산과 청계산으로 갈라지고 청계산에서 인릉산으로 가던 산줄기가 약 292m의 봉우리를 만든다. 여기서 북동쪽으로 뻗어 간 산줄기가 구룡산과 대모산을 만드는데, 대모산에서 동남쪽으로 내려간 용맥에 조선 3대 임금 태종대왕과 왕비인 원경왕후의 헌릉이 위치하고 있다.

구룡산과 대모산으로 이어지는 서쪽의 산들이 헌릉의 백호가 되고 있으며, 대모산에서 주룡을 내려보내고 동쪽으로 더 가서 남쪽으로 생겨난 능선들이 청룡 역할을 하고 있다. 앞쪽에는 범바위산에서 내려가는 산줄기가 대모산에서 내려오는 산줄기들과 서로 마주 보며 수구를 막아 주는 역할을 하고 있어 큰 보국이 만들어져 있다.

원경왕후가 먼저 사망하여 능선의 동쪽에 무덤을 만들었고, 2년 뒤에 태종대왕이 세상을 떠나 서쪽에 쌍분 형태로 능이 만들어졌다. 그런데 원경왕후의 장례 때는 흙빛이 윤택하고 수기(水氣)가 없었는데, 태종대왕의 장례를 치를 때는 동쪽 모퉁이에서 물이 솟아났다고 기록되어 있다.[7] 이것은 무덤 내부에는 서서히 물이 스며들었기 때문이다.

---

7) 『세종실록』(2년 1420년 9월 7일 임신) / 『세종실록』(4년 1422년 8월 20일 갑진)

헌릉 용세(龍勢)

　대모산에서 출맥하는 용맥은 처음에는 남쪽으로 약 500m를 가파르게
내려와서 잠시 멈춰 서서 두 갈래로 나뉜다. 여기서 방향을 살짝 동남쪽으
로 바꾼 좌측 능선이 다시 300m 정도를 다소 완만하게 내려오다가 과협처
를 만든다. (현재는 이 과협처에 능 뒤를 지나가는 산책로가 만들어져 있음.)

　과협처부터는 능을 관리하는 목적 등으로 능선의 등성이가 평퍼짐하게
많이 변해 있어 사룡이라 생각할 수도 있다. 그러나 한 번씩 일어서며 나
타나는 볼록한 모습과 좌우에 있는 작은 지각들을 보면 기복이 활발하였
음을 알 수 있고, 좌우로 구불구불 위이를 하는 생룡의 형상을 확연히 보
여 주면서 능이 있는 곳으로 내려가고 있다.

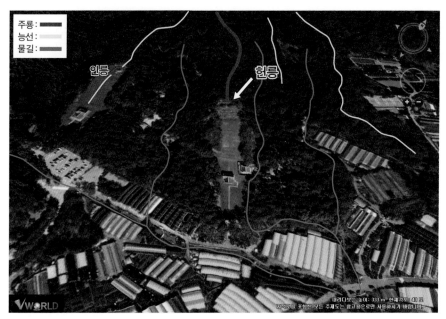

헌릉 사격(砂格)

헌릉의 능상에서 보면 서쪽의 구룡산과 남쪽의 인릉산 등에 둘러싸인 큰 보국이 만들어진 곳임을 알 수 있다.

위성 사진에 표시된 백호 쪽 인릉 능선은 제법 높이가 되고 길이도 헌릉이 있는 능선보다는 길게 내려갔고, 그 뒤로 구룡산 등 또 다른 백호가 있어 골짜기의 바람을 막아 주는 데 문제가 없다.

그런데 청룡 쪽에는 두 개의 능선이 있지만 첫 번째 능선은 길이가 짧고 두 번째 능선은 헌릉 능상보다 낮고 형태마저도 등을 돌린 형상이라서 장풍의 역할을 하기에는 부족해 보인다.

다행히 대모산 동쪽 끝부분에 있는 외청룡들이 세곡동 사거리 부근에서 물길을 밀어내 직풍이 들이닥치지는 않도록 되어 있다.

헌릉 수세(水勢)

　헌릉 주변의 수세는 크게는 경부고속도로를 건너와 만들어진 해발 약 292m의 이름 없는 봉우리와 인릉산 기슭에서 시작되어 북동쪽으로 내려오는 세곡천, 구룡산에서 발원하여 동쪽으로 흐르는 물길, 대모산에서 남쪽으로 내려오는 물길 등 세 줄기이다. 이 세 물길은 헌릉 홍살문 동쪽 약 150m 지점에서 합쳐져 동쪽 탄천으로 흘러간다.

　사진의 물길은 대모산에서 내려온 헌릉의 주룡을 기준으로 백호(인릉 능선) 사이에서 내려온 물과 주룡과 첫 번째 청룡 사이에서 흘러와 비각 뒤를 지나온 물이 홍살문 앞에서 합쳐지는 모습이다. 여기서 합쳐진 물은 능역 담장 밖에 있는 낮은 능선 때문에 바로 세곡천으로 흘러가지 못하고 동쪽으로 돌아가서 합쳐진다.

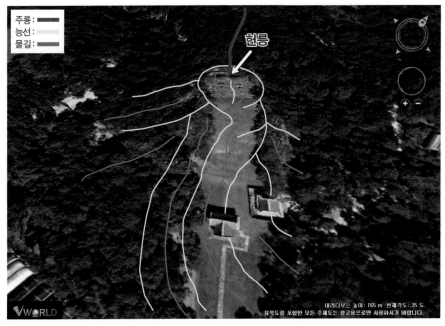

헌릉 자연 지형

헌릉이 위치한 능선은 대모산에서 힘차게 내려온 산줄기가 부족한 청룡, 백호를 염두에 두고 장풍의 조건을 만들기 위해 스스로 능 뒤쪽 볼록한 곳에서 작은 청룡과 백호로 보국을 만든 자기보국혈이 결지된 곳이다.

위성 사진에 표시한 것처럼 능상에서 백호 능선이 앞을 둥글게 감싸 안산을 만들고 청룡 능선도 함께 작은 보국을 만들어 혈을 결지한 터이다. 헌릉의 능상도 상대적으로 높은 곳에 있으므로 좌우와 앞쪽으로 뻗어 내린 지각들로 현재 모습보다는 조금 더 높이가 있었을 것이다.

현장에서 면밀히 관찰하면 능상의 옆으로 청룡과 백호에서 만들어진 지각의 모습과 능 앞쪽 경사면에서 물길과 지각의 흔적을 볼 수 있다.

4장

4대 영릉(英陵)
(세종대왕 소헌왕후)

1. 세종대왕 계보도

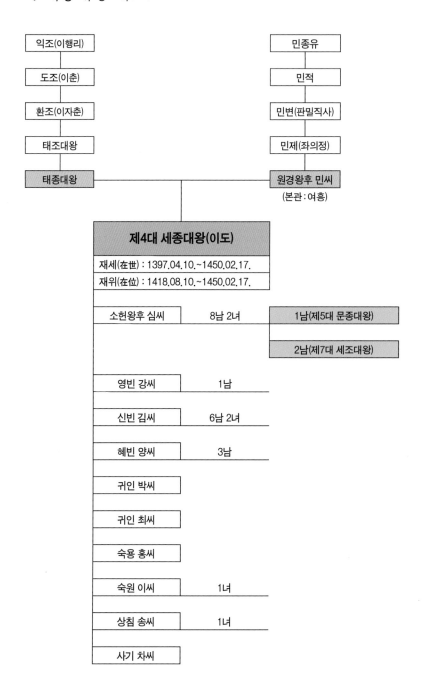

익조(이행리)

도조(이춘)

환조(이자춘)

태조대왕

태종대왕

민종유

민적

민변(판밀직사)

민제(좌의정)

원경왕후 민씨
(본관 : 여흥)

제4대 세종대왕(이도)
재세(在世) : 1397.04.10.~1450.02.17.
재위(在位) : 1418.08.10.~1450.02.17.

소헌왕후 심씨　　　8남 2녀　　　1남(제5대 문종대왕)

2남(제7대 세조대왕)

영빈 강씨　　　1남

신빈 김씨　　　6남 2녀

혜빈 양씨　　　3남

귀인 박씨

귀인 최씨

숙용 홍씨

숙원 이씨　　　1녀

상침 송씨　　　1녀

사기 차씨

2. 영릉 조성 기록

조선 4대 임금 세종대왕은 1397년 4월 10일 태종대왕과 원경왕후의 셋째 아들로 태어났다. 1395년 9월 28일에 태어난 청천부원군 심온의 딸과 1408년 2월 16일 가례를 올렸고, 8남 2녀를 두었다.

세종대왕은 재위 24년이 되던 1442년부터 자신의 수릉지를 헌릉 서쪽 첫 번째 능선으로 정하고, 세자와 자식들, 그리고 신하들의 의견을 수렴하고 보토를 하는 등 준비를 하였다. [1]

소헌왕후가 그로부터 4년 뒤인 1446년 3월 10일 병이 생겼고, 3월 24일 향년 52세로 세상을 떠나자 준비했던 수릉 자리에 봉분은 하나로 하고 광중은 따로 두는 합장릉 형식으로 7월 19일에 장사를 지냈다.

6년 뒤 1450년 2월 17일 세종대왕이 세상을 떠나 영릉 조성이 마무리되었다.

그런데 세종대왕 사후 7년여간 왕실의 남자들이 연이어 죽는 흉사가 이어졌다. 조선 왕조에서 처음으로 장자 승계되어 세종대왕에 이어 왕위에 오른 문종대왕이 재위 2년 3개월 만인 1452년 5월 14일 38세의 나이로 세상을 떠났다. 이어 아들 단종대왕이 즉위하였으나, 1453년 10월 10일 발발한 계유정난으로 왕위에서 쫓겨나 1457년 10월 21일 17세 나이에 숙부에

---

1) 『세종실록』(27년 1445 4월 4일 정미) "헌릉의 주혈에서 백호 구룡 산록까지는 3,264척이옵고, 청룡 산록까지는 1,873척이온데, 서혈 명당에서 외백호 구룡 산록까지는 2,328척, 청룡 산록까지는 2,817척, 내안산까지는 2,751척이오며, 동서 양혈의 거리는 944척입니다."

소재지 : 경기도 여주시 세종대왕면 영릉로 269-50

의해 죽임을 당하였다. [2] 1457년 9월 2일에는 세조대왕의 장남 의경세자가 20세에 사망하였는데, 계유정난을 겪으며 1453년에 안평대군, 1457년에 금성대군 등 세조대왕의 형제들도 목숨을 잃은 것이다.

그러다가 1468년 7월 세조대왕이 병을 얻게 되었고, 두 달 뒤인 9월 8일 향년 52세로 갑자기 세상을 떠나 예종대왕이 즉위하게 된다. 예종대왕은 세조대왕 장사를 치른 바로 다음 날 영릉을 옮기는 것을 검토하도록 지시

---

2) 『국역 연려실기술 I』, 이긍익 著, 민족문화추진회, 1966, p.408.

좌향 : 자좌 오향 / 특징 : 혼유석 2개

하였다. 아마도 아버지의 갑작스러운 죽음이 할아버지 세종대왕의 능 때문이라고 생각한 것 같다. 곧바로 천릉할 자리를 찾기 시작하여 이듬해인 1469년 3월 6일에 여흥 땅(현재 여주시)에 있던 이계전의 묘터로 영릉을 옮겨 오늘에 이르고 있다. [3]

---

3) 『예종실록』(즉위년 1468년 12월 27일 계축) 천릉할 땅을 여흥 성산의 이계전의 분묘로 정하였다.
   『예종실록』(1년 1469년 2월 30일 을묘) "영릉을 파서 여니 현궁에는 물기가 없고 재궁(梓宮)과 복어(服御)가 새것과 같았다."라는 기록으로 보아 자리가 나쁘지 않았을 것으로 보인다.

3. 영릉 풍수 분석

현재의 세종대왕 영릉은 백두대간 속리산 천황봉에서 한남금북정맥 - 한남정맥으로 이어진 산줄기가 용인시 문수봉에서 나뉜 앵자지맥을 거쳐 다시 독조지맥으로 분맥하여 봉의산 - 혼천산 - 문드러니고개를 지나 신통산에서 북쪽으로 올라가 만든 북성산 자락에 있다.

영릉은 처음에는 서울 내곡동 대모산 아래 헌릉 서쪽 능선에 합장릉으로 만들어졌다. 그러나 문종대왕의 단명부터 시작하여 계속 문제가 발생하자 예종대왕이 아버지 장사를 치르자마자 천릉을 한 것이다.

혹자는 영릉을 현재의 자리로 이장해서 "조선 왕조가 100년 연장되었다."라는 이야기를 하지만, 영릉이 길지에 정확하게 모셔졌다면 이전에 나타나던 문제가 사라지거나 줄어야 했을 것이다.

그러나 조선 왕조 역사를 보면 영릉을 이장한 후에도 좋지 못한 일이 이전 못지않게 발생한 것을 알 수 있다. 영릉을 이장한 예종대왕은 이장 후약 9개월 만에 20세의 나이로 요절하고, 이어 즉위한 성종대왕은 38세의 나이에 사망하였다. 보위를 이어받은 연산군은 폭정으로 왕위에서 쫓겨나 31세로 사망하였다. 연산군을 쫓아낸 신하들에 의해 옹립된 중종대왕은 60세의 세수를 누렸지만, 다음 왕에 오른 인종대왕과 명종대왕은 모두 자손을 두지 못하고 각각 31세와 34세에 사망한다. (평균 수명 약 35~36세)

이런 좋지 않은 결과는 옮긴 영릉 터가 길지가 아니거나, 아니면 건물 터나 다른 조상의 무덤에 문제가 있었음을 뜻하는 것이다.

영릉 용세(龍勢)

주산인 북성산에서 북쪽으로 낙맥하여 약 3km를 뻗어 내려간 용맥이 동남쪽으로 가지 하나를 분맥한다. 이 용맥이 백호 역할을 할 능선들을 만들기 위해 여러 차례 가지 나눔을 하며 약 1km를 행도하다가 해발 약 125m에 봉우리를 만든다. 이 봉우리에서 남쪽으로 약 500m를 부지런히 작은 기복과 위이를 하며 뻗어 내려간 용맥이 능 뒤 약 30m 지점에 작은 봉우리를 만든다.

능상에서 보면 백호 능선 너머로 주룡이 출발했던 주산인 북성산을 바라보게 되는데, 이처럼 자신이 지나온 산을 다시 바라보는 형태를 회룡고조형이라 한다.

영릉 사격(砂格)

　영릉의 사격은 위성 사진에 표시된 것과 같이 제법 큰 산줄기가 좌측과 우측에서 청룡과 백호 역할을 하면서 내려온다. 특히 백호 쪽에서 내려온 여러 개의 지각들은 대부분 참도가 있는 부분까지 길게 뻗어 가서 용진혈 적지가 있는 능선을 겹겹이 감싸 주도록 되어 있었다. (지각 중 하나에 연지의 둑을 만든 것이다.) 또 연지를 지난 백호는 재실을 지나면서 동쪽으로 방향을 크게 틀어 세종대왕 역사문화관 부근까지 내려가 외수구를 완전히 관쇄시키고 있다.

　1977년 약 2년여 기간 동안 영릉 보수 정화 사업 공사를 마쳤다. 그 과정에서 백호 쪽에 있던 자연 상태의 지각들은 잘리고 그 앞으로 인공의 물길이 만들어져 지형이 지금처럼 광범위하게 많이 바뀌었다.

영릉 수세(水勢)

영릉의 청룡 쪽은 지형을 크게 변화시키지 않아 현재의 청룡 쪽 물길은 자연 상태의 물길과 동일한 위치에 정비를 한 것이다.

그런데 참도와 그 동쪽에 소나무 조경이 된 중간 부분을 보면 지대가 낮아 물이 흐르는 구조를 볼 수 있는데, 이 부분이 자연 상태의 물길이며, 실질적으로는 영릉의 첫 번째 청룡 물길이 되는 것이다. 다른 능과 다르게 정자각으로 들어가는 참도가 대각선으로 된 것은 참도 동쪽에 있는 이 물길을 고려한 것으로 추정된다.

현재 영릉의 금천교는 능 서쪽에서 시작된 물길이 수라간 뒤로 흐르게 만든 큰 인공 물길 위에 있지만, 처음 능이 조성될 때는 백호 쪽 지각 사이의 작은 물길에 만들어졌을 것으로 추정된다.

영릉 자연 지형

　현재 세종대왕 영릉은 하나의 능선 위에 자리 잡은 것처럼 보이지만 능 뒤 약 30m 지점의 작은 봉우리에서 세 개의 능선으로 갈라져 능상에 작은 보국이 만들어진 터이다. 여기서 가운데로 들어간 주맥은 혈을 결지하고, 동쪽의 청룡 능선은 안으로 굽어지며 안산 역할까지 한다. 거기서 분지된 능선이 비각 있는 곳을 지나 금천교까지 이어져 외수구의 바람이 분산되도록 하고 있다. 봉우리에서 갈린 서쪽 능선은 백호 역할을 하여 능상에 자기보국혈이 결지되도록 하였으며, 이 능선의 끝자락이 백호 쪽의 물길이 용진혈적지로 접근하지 못하게 밀어내고 있다. 현재 영릉에서 북성산 방향으로 보이는 백호 능선은 안산이 아니고 조산이다.

5장

5대 현릉
(문종대왕 추존 현덕왕후)

1. 문종대왕 계보도

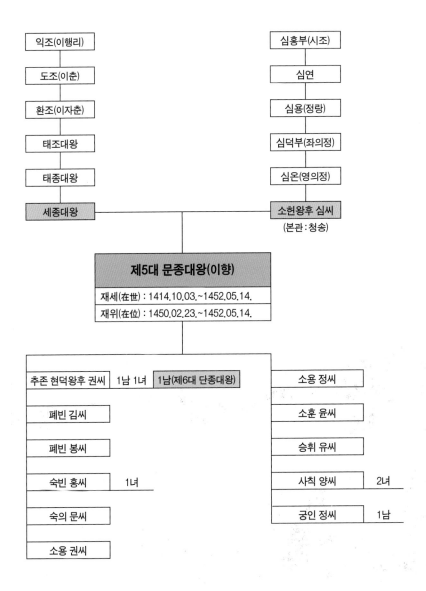

2. 현릉 조성 기록

조선 5대 임금 문종대왕은 1414년 10월 3일 세종대왕과 소헌왕후의 맏아들로 태어났다. 1421년 10월 27일 8세에 세자로 책봉되었으며, 1418년 3월 12일 태어난 화산부원군 권전의 딸을 1436년 12월 28일 세 번째 세자빈으로 맞아들였다.

1441년 7월 23일 세자빈 권씨가 아들을 낳았지만 다음 날 향년 24세로 세상을 떠나자 세종대왕은 경기도 안산 고읍(古邑) 바다가 가까운 곳에 자좌 오향(정남향)으로 장사를 치렀다. [1]

문종대왕은 1450년 2월 23일 왕위에 오른 후 현덕빈을 왕비로 추숭하고, 무덤을 소릉이라 추봉하였다. [2] 하지만 왕위에 오른 지 약 27개월 만인 1452년 5월 14일에 등창으로 세상을 떠난다.

수양대군과 안평대군이 주축이 되어 처음 능 후보지로 찾은 곳은 세종대왕 영릉 부근에 있는 구룡산 기슭 건좌 손향(동남향)의 능선이었다. 천광 위치를 정하고 9자(약 270cm)쯤 파니 물이 나왔는데, 정인지는 바로 위쪽을 천광하려 하였다. 수양대군의 강한 의지로 다시 영릉 서쪽 능선의 땅을 파니 이번에는 돌이 나왔다. 어쩔 수 없이 건원릉 남동쪽에 있는 능선을

---

1) 『세종실록』(23년 1441년 9월 2일 병신) "안산의 장혈은 계좌 정향인데, 고서에서 꺼리는 바이오니 자좌 오향으로 고치게 하소서." 하니 그대로 따랐다. / 옛 소릉 터는 경기 안산시 단원구 목내동 산 47-5번지로 추정되며, 전농시의 종 목효지가 흉지라고 주장하였으나, 이기풍수(방위풍수) 논리에 따라 계좌 정향을 자좌 오향으로 방향만 15° 돌려 장례를 치렀다.

2) 『문종실록』(즉위년 1450년 7월 1일 계묘)

문종대왕릉

소재지 : 경기도 구리시 인창동 동구릉 내

능지로 정하여 1452년 9월 1일 장례를 치르고 현릉이라 하였다. [3]

계유정난으로 왕위에 오른 세조대왕은 현덕왕후의 친정 부모와 동생이 역모죄를 저질렀고, 단종대왕이 노산군으로 강봉되어 더 이상 왕실 사람으로 인정할 수 없다 하여 소릉을 파서 바닷가로 옮겨 버렸다. [4]

---

3) 『단종실록』(즉위년 1452년 7월 24일 을묘)의 기록에는 건원릉 동혈(東穴)이라 하였다.

4) 『세조실록』(3년 1457년 6월 26일 무오) "청컨대 추후하여 폐하여 서인으로 만들어 개장(改葬)하소서." 하니 그대로 따랐다. / 『중종실록』(8년 1513년 3월 9일 무인) 소릉은 원래 다른 곳에 있다가 바닷가로 천장한 것이니, (후략)

좌향 : 계좌 정향(문종대왕) / 갑좌 경향(추존 현덕왕후)

　현덕왕후 소릉의 이장은 단종대왕이 영월로 유배를 떠난 지 4일 뒤 전격적으로 이루어졌는데, 중종대왕 대에 와서 신하들의 상소를 받아들여 왕후로 추복하고, 문종대왕 현릉에서 약 27보 떨어진 청룡 능선에 현덕왕후의 무덤을 옮겨 오늘에 이르고 있다. 5)

5) 『중종실록』(8년 1513년 4월 18일 병진) 어제 묘시에 개릉하였는데, 내외재궁이 다 있기는 하나 오래되어 썩었으므로 (후략) / 세간에는 "세조가 현덕왕후 무덤을 개장할 때 관을 꺼내 시신을 불태워 바다에 버렸다."라는 설이 있는데, 기록을 보면 이장(移葬)만 한 것으로 보인다.

3. 현릉 풍수 분석

조선 5대 임금 문종대왕과 현덕왕후의 현릉은 동구릉이 있는 검암산 보국 안에 위치하고 있다.

검암산 보국은 백두대간 분수령 - 한북정맥 백빙산 - 죽엽산 - 수락산 - 불암산으로 이어진 산줄기가 삼육대학교 동쪽으로 돌아 담터고개와 새우개고개를 지나 만든 검암산을 중심으로 큰 울타리가 만들어지고 중앙에는 동구천이 흐르는 곳이다.

검암산 봉우리가 만들어지면서 산줄기가 둘로 나뉘는데, 남쪽으로 뻗은 산줄기는 망우산 - 용마산 - 아차산으로 내려간다. 여기서 갈라져 북동쪽으로 가는 산줄기는 약 1.8km 가면서 원릉과 휘릉의 차례로 용맥을 나눈다. 다시 약 600m를 더 가서 방향을 동남쪽으로 바꾼 다음 먼저 건원릉 용맥을 내려보내고, 연이어서 목릉의 선조대왕릉과 의인왕후릉으로 각각 분지를 한다. 그런 다음 남쪽으로 몸을 돌려 인목왕후릉의 지각을 만들고, 서쪽으로 분맥을 해 문종대왕 현릉 터로 이어진다. 이 용맥은 현릉의 혈처로 이어지는 능선이지만 크게 한 바퀴를 돌아 유턴하듯 ㄱ(逆 ㄷ 자) 형태를 취하며 목릉의 앞을 막아 주는 조산의 역할도 하고 있다.

처음 문종대왕의 현릉을 만들 때는 풍수를 가장 중요한 요소로 여기고 입지가 선정되었다. 하지만 현덕왕후의 능은 폐서인 되고 약 50년이 지난 다음 추봉하고 남편의 곁으로 옮기는 것을 중점으로 하였기 때문에 문종대왕릉 근처에 적당한 자리를 정하는 것이 우선적인 조건이었다.

현릉 용세(龍勢)

문종대왕의 현릉 터로 내려오는 용맥은 동구릉 전체 보국에서 왕숙천 바람을 막아 주는 동쪽 울타리가 되는 산줄기의 해발 약 95m 봉우리에서 서쪽으로 분맥한 능선이다. 인목왕후릉 동남쪽에 있는 이 봉우리에서 서쪽으로 나눠진 용맥이 기복과 위이를 하며 행도를 하다 동구천을 만날 즈음 횡룡입수 형태로 남쪽으로 방향을 돌려 단아한 현무봉을 만들고 용진혈적을 한 것이다.

현덕왕후의 능은 문종대왕릉의 용맥이 갈라진 봉우리에서 수릉으로 내려가는 산줄기가 따로 분맥 후 행도 과정 중 만들어진 작은 지각에 조성한 것이다. 풍수적으로 길지라고 판단해서 자리를 잡은 것이 아니고, 문종대왕릉 주변에서 찾은 지각에 보토하고 만든 것이다.

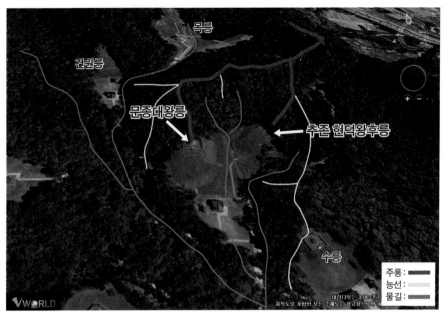

현릉 사격(砂格)

　풍수를 따져 자리를 잡은 문종대왕의 현릉을 기준으로 판단해 보고자 한다. 위성 사진에 표시된 현릉의 청룡이면서 수릉의 주룡이 되는 능선을 현장에서 살펴보면 높이는 낮으나 어느 정도 형체가 갖추어져 있다. 그 밖으로는 외청룡이 되는 큰 산이 또 있다. 그러므로 청룡 쪽은 장풍의 문제가 없다.

　문종대왕릉은 건원릉에서 내려오는 동구천 물길의 동쪽 멀지 않은 곳에 있다. 이것은 동구천 바람의 영향이 있을 수 있다는 의미인데, 위성 사진에 표시된 것처럼 백호 쪽 능선은 작은 지각처럼 짧게 뻗어 있는 정도이다. 또 청룡에서 내려온 지각도 미약하여 현재의 모습만 본다면 장풍의 조건이 완벽히 갖추어졌다고는 할 수 없는 터이다.

현릉 수세(水勢)

현릉의 영역에는 문종대왕릉의 주룡이 내려오면서 만들어진 몇 개의 짧고 작은 지각들 사이와 현덕왕후릉이 있는 능선의 좌우측 등 여러 곳에서 물길이 내려온다.

먼저 안쪽의 작은 지각들 사이에서 내려온 물길들이 점차 모이면서 두 능의 사이로 내려온다. 이 중앙의 물길로 좌우에서 내려온 크고 작은 물길들이 순차적으로 합쳐진 다음 사진처럼 홍살문 동쪽을 지나 동구천으로 흘러간다.

현릉은 홍살문에서 정자각으로 진입하는 참도가 두 번 꺾인 것을 볼 수 있다. 이것은 서쪽에서 홍살문까지 능선이 왔었다는 것이고, 따라서 홍살문 안쪽 물길도 동쪽으로 흘렀음을 유추해 볼 수 있다.

현릉 자연 지형

　문종대왕 현릉 터는 외형상 백호 쪽에는 능선이 없고 동구천 물길만이
흐르고 있다. 이처럼 주변 사격이 장풍의 조건을 갖추기에 충분하지 않기
때문에 위성 사진에 표시된 것처럼 능 뒤 현무봉에서 세 갈래로 능선이 나
뉘진다. 여기서 좌우의 능선은 청룡과 백호와 안산의 보국을 만들고, 가운
데 능선은 혈을 결지하는 자기보국의 터였다.

　현덕왕후의 능은 비각과 수복방까지 내려온 긴 지각에 남쪽 능선의 흙
을 퍼 올려 능상의 폭을 넓히고 만들었다. 또 주목할 점은 두 능 사이의 물
길이 현재는 현덕왕후릉으로 올라가는 참도 동쪽에 있으나 자연 상태의
물길은 참도 서쪽에 있었다는 것이다.

6장

6대 장릉(莊陵)
(단종대왕)

1. 단종대왕 계보도

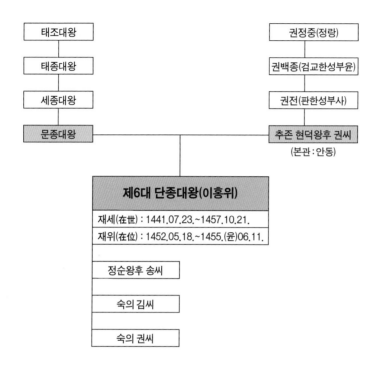

☞ 1455년 상왕에 봉해진 단종대왕은 1456년 6월 성삼문 등 사육신이 도모했던 복위 시도가 김질과 정창손의 괴반으로 실패하여 노산군으로 강봉되었다. 그리고 1457년 청령포에 유배된 후 살해되었다.

이런 단종대왕의 원혼을 기리기 위해 현재도 강원도 영월군, 정선군 등 태백산 일대의 지역 서낭당에서는 단종대왕을 '단종대왕신' 또는 '노산군지신'으로 칭하며 마을 수호신으로 모시고 있다.

2. 장릉 조성 기록

조선 제6대 임금 단종대왕은 1441년 7월 23일 태어나자마자 이튿날 어머니가 사망하였다. 그리고 조모인 소헌왕후는 1446년 3월, 조부인 세종대왕은 1450년 2월, 아버지 문종대왕은 1452년 5월에 세상을 떠나 1452년 5월 18일 열두 살 어린 나이에 직계 혈족 없이 왕위에 오르게 된다.

문종대왕은 승하할 때 황보인, 김종서 등에게 어린 임금을 잘 보필하라고 유언을 남겼으나, 강력한 세력의 한 축이었던 수양대군이 1453년 10월 10일 이들을 제거했다. 이에 세종대왕의 셋째 아들인 안평대군을 중심으로 거센 반발이 있었으나 그들도 모두 죽거나 귀양을 가게 되었다. 이후 단종대왕은 1455년 윤6월 11일 수양대군에게 선위하고, 거처를 창덕궁으로 옮기게 되었다.

이렇게 왕위를 물려주었으나 영의정 정인지, 양녕대군 등이 계속해서 단종대왕을 제거해야 한다는 주청을 하여 상왕으로 물러난 지 2년이 지난 1457년 6월에 영월 서강에 둘러싸인 청령포에 갇히게 된다. [1]

그러자 세조대왕의 동생 금성대군이 크게 반발을 하게 되었는데, 이것을 빌미로 금성대군과 함께 역모를 일으키려 한다는 모함을 받아 1457년 10월 21일 죽임을 당하게 되었다. [2]

---

1) 『세조실록』(3년 1457년 6월 22일 갑인) 영월로 떠나는 노산군을 화양정에서 전송하게 하다.

2) 『국역 연려실기술 I』, 이긍익 著, 민족문화문추진회, 1966, pp.405~416. / 『세조실록』(3년 1457년 10월 21일 신해)의 기록에는 단종이 자결하였다고 되어 있으나, 나만갑의 『병자록』에는 "금부도사

소재지 : 강원도 영월군 영월읍 단종로 190

　　나라의 임금이 숙부에 의해 17세 어린 나이에 죽게 되자 영월 고을 호장 엄흥도가 이튿날 옥가(獄街, 감옥 거리)를 왕래하여 관을 준비하고 아전과 백성들과 함께 군 북쪽 5리 되는 동을지(冬乙旨)에 장사 지냈다.[3]

　　그렇게 충신과 백성들에 의하여 무덤은 만들어졌지만 약 60여 년간 방

　　왕방연이 사약을 집행하지 못하고 망설이자 단종을 모시던 통인이 긴 노끈을 목에 걸고 창구멍으로 잡아당겼다."라고 기록되어 있다.

3) 『국역 연려실기술 I』, 이긍익 著, 민족문화추진회, 1966, p.371.

좌향 : 신좌 을향 / 특징 : 능 앞으로 능선이 약 360m 더 뻗어 내려가는 갱진이 있음.

치되다가 중종대왕 대에 이르러서야 분묘를 수축하고 관원을 보내 제사를 지내도록 하였다. 선조대왕 재위 13년(1580)에는 봉분을 만들고 비석을 세우는 등의 조치를 하였으나, 그 뒤 임진왜란을 겪으면서 또 방치되기도 하였다. [4] 그 후 숙종대왕 때 묘호(廟號)를 단종이라 추상하고, 능호(陵號)는 장릉(莊陵)으로 봉릉했다. [5]

---

4) 『중종실록』(11년 1516년 11월 22일 기해) / 『선조실록』(36년 1603년 5월 28일 계미)
5) 『숙종실록』(24년 1698년 11월 6일 정축)

3. 장릉 풍수 분석

조선 6대 임금 단종대왕의 장릉(莊陵)이 있는 곳의 산줄기는 백두대간 구룡령을 지나 진고개를 가는 구간의 두루봉에서 한강기맥이 나눠졌다가 오대산 비로봉을 거쳐 계방산을 만들기 전에 다시 주왕지맥으로 분맥을 한다. 이 주왕지맥이 남쪽으로 계속 내려가 진부령(평창)을 지나고 청옥산을 세운다. 청옥산에서 멧둔재를 거쳐 영월읍의 주산인 발산으로 가던 중에 서쪽으로 분지한 산줄기에 장릉이 있다.

단종대왕이 역모죄의 누명을 쓰고 죽임을 당했으므로 사람들이 시신을 수습하거나 장례를 치르는 것을 꺼리는 상황에서 영월 호장 엄홍도가 목숨을 걸고 장사를 치렀기 때문에 풍수를 따질 겨를이 없었을 것이란 생각이 들기도 한다.

그런데 현재 능역 안 낙촌기적비 옆 배견정(拜鵑亭) 부근이 능선이 끝나는 곳이라서 그 근처에 묘를 만드는 것이 일반적인 생각인데, 굳이 300m 이상을 올라간 곳에 묘를 만들었다는 점을 주목해야 한다.

현재의 능역은 나름 풍수적으로 큰 보국이 갖추어져 장풍이 되고 용진혈적을 한 자리인데, 그 후에 능선이 길게 갱진한 이유는 수구처인 능말못 방향에서 바람이 들어올 수 있는 지형이므로 능선을 길게 내려보내 수구처 바람을 좌우로 분산시키고자 용이 갱진을 한 것이다.

어쩌면 엄홍도가 평소에 길지로 확인하고 염두에 두었던 자리를 단종대왕을 위해 아낌없이 사용한 것이 아닐까 생각한다.

장릉 용세(龍勢)

　백두대간 - 한강기맥에서 연결되는 주왕지맥의 산줄기가 영월읍의 주산
인 발산으로 가다가 금몽암 북쪽에서 서쪽 두목재 방향으로 가지 하나를
분지한다. 이 용맥이 두목재를 지나면서 방향을 남쪽으로 돌려 내려가는
데, 서쪽 방향으로 몇 개의 작은 능선들을 뻗쳐 물무리골 계곡의 한 부분
을 만들어 준다.

　다시 행도를 하면서 가지가 둘로 나뉘는데, 서쪽 능선이 소나기재에서
내려오는 물길을 만나 동남쪽으로 방향을 돌리며 현무봉을 만들고 그 아
래에 용진혈적지를 만든다. 그런 후 잘록하게 마무리를 한 번 하고, 수구
처인 능말못 방향의 바람을 분산시키기 위해 갱진하는 능선을 뻗친다.

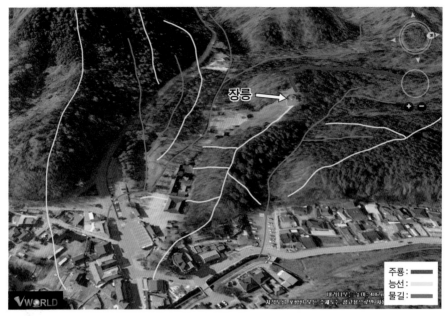

장릉 사격(砂格)

　장릉의 능상에서 보면 청룡은 적당한 거리에 있으나 백호는 상당히 먼 거리에 있음을 볼 수 있다. (위성 사진에 표시된 첫 번째 백호는 현장에서 보면 거의 평지인데, 물길을 보고 그림에 삽입한 것임.)

　또 청룡과 백호의 거리가 균등하지 않은 것과 특히 백호의 형태가 안으로 감싸 주지 않고 앞으로 쭉 뻗은 점도 풍수적 결함으로 지적할 수 있다.

　다행인 것은 능말못 바깥의 마지막 백호와 영월읍사무소 뒤의 마지막 청룡이 각각 안으로 굽어 수구는 어느 정도 관쇄가 되었다고 할 수 있다. 다만 청룡과 백호가 완전히 교차된 것은 아니므로 소나기재 물길과 보덕사 물길이 합쳐진 큰 물길로 많은 바람이 지나다녀 능 있는 곳에 영향을 주는 것은 중요한 판단 자료가 된다.

장릉 수세(水勢)

　장릉의 북동쪽에 있는 청룡 쪽 물길은 비가 올 때만 물이 흐르는 건류수가 있는 작은 골짜기이다. 반면에 소나기재와 물무리골에서 내려와 능의 백호 쪽에서 능말못으로 내려가는 긴 물길은 상대적으로 규모가 커 그만큼 바람의 영향도 크다고 보아야 한다.

　이 물이 능역 안으로 들어오면서 능 주룡에서는 정자각을 중심으로 좌우에서 각각 두 개의 작은 물길이 생겨 나와 주 물길과 합쳐지고, 아래로 내려가면서도 두세 개의 물길이 더 합쳐져 점점 규모가 커진다.

　주 물길 건너편 외백호 능선에서도 두세 개의 물길이 내려오는데, 이 물들은 주 물길로 흘러드는 것이 아니고 소나무 숲에 있는 연못을 거쳐 담장 아래 수로를 통해 흘러 나간다.

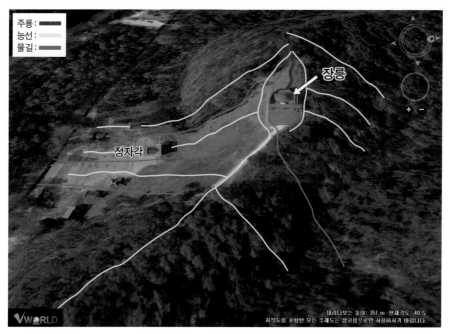

장릉 자연 지형

장릉은 다른 조선 왕릉들보다는 능상의 폭이 매우 좁다. 대부분의 다른 왕릉들은 정도의 차이는 있지만 보토를 해서 능상을 인위적으로 보기 좋게 만들었다. 그러나 장릉의 경우는 능이 위치한 곳이 정자각이 있는 지점의 바닥보다 매우 많이 높은 데다가 양쪽 비탈면의 경사가 급하기 때문에 보토를 해서 만들 수 없었기 때문이다.

장릉의 용맥이 직룡입수로 혈을 결지하려고 하는데, 백호 쪽이 허하고 수구에서 불어오는 바람의 영향도 있어 장풍의 조건이 확실하지 않으므로 능상에서 백호가 감싸 주는 자기보국혈을 만든 곳이다. 이것을 위해 필요한 좌우의 지각들이 혈장을 지탱해 주는 흔적을 찾아 볼 수 있다.

7장

6대 사릉
(정순왕후)

1. 정순왕후 계보도

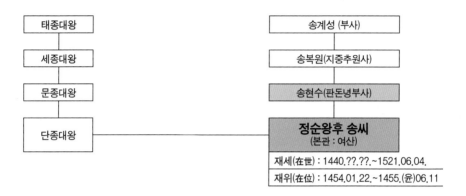

```
태종대왕                           송계성 (부사)

세종대왕                           송복원(지중추원사)

문종대왕                           송현수(판돈녕부사)

단종대왕 ──────────────────  정순왕후 송씨
                                  (본관 : 여산)
                          재세(在世) : 1440.??.??.~1521.06.04.
                          재위(在位) : 1454.01.22.~1455.(윤)06.11
```

☞ 문종대왕이 사망했을 때 미혼이었던 12세의 단종대왕은 아버지의 삼년상을 치르는 중 효령대군과 수양대군, 정인지 등의 주선으로 정순왕후를 왕비로 책봉하였다.

1457년 7월 금성대군이 단종 복위 사건을 계획한 게 들통나 정순왕후의 친정아버지와 남편인 단종대왕이 그해 10월 21일 죽임을 당했다. 정순왕후는 향년 82세로 눈감을 때까지 조선 실직 왕비 중 가장 오래 살며 슬픔을 이겨야 했다.

2. 사릉 조성 기록

조선 6대 임금 단종대왕의 왕비인 정순왕후는 1440년 송현수의 딸로 태어나 수양대군의 주선으로 1454년 단종대왕과 혼인을 하고, 후에 왕비로 책봉되었다. [1] 계유정난 후 1455년 윤6월 11일 단종대왕이 수양대군에게 반강제로 선위를 하였고, 경복궁에서 밀려나 창덕궁에서 생활하였으며, '단종 복위 운동'으로 남편과 친정아버지가 죽임을 당했다.

정순왕후는 단종대왕이 영월에서 죽임을 당하자 동대문 밖 동망봉에 있는 정업원으로[2] 시녀 세 명과 함께 출가를 하였다. 시녀 한 사람은 옆에서 시중을 들고 두 사람은 동냥으로 먹을 것을 조달하며 생활하였다. [3]

정업원에서 영월 쪽을 바라보며 단종대왕의 제사를 지내기도 하며 생활하던 정순왕후는 시누이인 경혜공주의 아들 정미수를 시양자(侍養子)로 삼고 그의 집에서 거주하면서[4] 세조대왕, 예종대왕, 성종대왕, 연산군 등을 지켜보았고, 중종대왕 때인 1521년 6월 4일 향년 82세로 세상을 떠났다. [5]

---

1) 『단종실록』(2년 1454년 1월 10일 임술) 세조가 효령대군 이보 (중략) 등이 빈청에 모여서 의논하여 송현수의 딸을 비로 하고, (후략)

2) 『세종실록』(30년 1448년 11월 28일 경술) 기록을 보면 정업원은 원래 있었으나 세종대왕 때 없앴다가 세조대왕 때 다시 짓는다. / 『세조실록』(3년 1457년 9월 8일 기사)

3) 『국역 연려실기술 I』, 이긍익 著, 민족문화추진회, 1966, p.435.

4) 『영조실록』(47년 1771년 9월 6일 계묘) 왕후께서 동문 밖의 동쪽 땅이 바라보이는 곳에 살기를 원하니, 재목을 내려 주어 짓도록 명하였는데, 이것이 곧 정업원 기지입니다. (중략) 신의 선조 정미수로 하여금 시양하도록 정한 후 신의 선조 집으로 이어하셨는데, (후략)

5) 『국역 연려실기술 I』, 이긍익 著, 민족문화추진회, 1966, p.414.

소재지 : 경기도 남양주시 진건읍 사릉로 180

중종대왕은 장례를 대군 부인의 예로 진행하도록 하였는데, 옻칠을 한 관곽 등 장례 물품과 제사에 사용되는 소선을 3년 동안 조정에서 지급하도록 하였다. 그러나 세조대왕이 단종대왕을 종친록에서 삭제하였고, 후사(後嗣)도 정하지 않았기 때문에 경기 양주 건천면 군장리에 있는 시누이 경혜공주의 시댁인 해주 징씨 선신에 묻히게 되었다. [6]

정순왕후는 시양자인 정미수가 후손을 두지 못하고 세상을 떠나자 자신

---

6) 『국역 연려실기술 I』, 이긍익 著, 민족문화추진회, 1966, pp.432~433.

좌향 : 계좌 정향

이 소유하던 노비와 재산을 정미수의 부인에게 물려주고, 정미수의 7촌 조
카 정승휴가 정미수의 양자로 들어가 정순왕후 사릉과 정미수 등 해주 정
씨의 산소를 관리하게 하였다.

　그 후 숙종대왕은 1698년 11월 6일에 강등되어 있던 노산군을 단종이라
묘호(廟號)를 추상하고, 부인의 시호는 정순왕후라 하고, 능호는 사릉으로
추봉하였다. [7]

---

7) 『숙종실록』(24년 1698년 11월 6일 정축)

3. 사릉 풍수 분석

백두대간 분수령에서 분맥한 한북정맥이 백빙산 - 백운산 - 국망봉 - 운악산을 거쳐 경기도 포천시 내촌면 서파교차로 북단의 아치산 부근까지 이어진다. 여기서 남쪽으로 천마지맥이 떨어져 나가 개주산 - 비금산 - 주금산 - 철마산 - 천마산에서 분리되어 서쪽으로 뻗어 나간 산줄기 끝에 조선 6대 임금 단종대왕 왕비인 정순왕후의 사릉이 위치하고 있다.

정순왕후는 시양자인 정미수(시누이 경혜공주 아들)가 죽고 9년 후에 세상을 떠났다. 그러자 정미수의 양자 정승휴는 양아버지 정미수가 묻혀 있는 해주 정씨 선산에서 길지로 판단되는 곳을 찾아 정순왕후의 장례를 마치고 삼년상까지 치렀다.

현재 사릉의 능역 안에는 평평한 땅에 소나무 숲과 묘목장이 있고, 밖에는 도로와 건축물, 농경지 등이 만들어지면서 평탄한 상태로 변해 있어 지형 분석이 쉽지 않다.

천마산에서 발원하여 사릉 동쪽 약 250m 지점에서 남쪽으로 흐르던 사릉천이 문재산이 병풍처럼 앞에서 가로막자 갑자기 방향을 90°이상 틀어 서북쪽으로 흘러 나간다.

이렇게 방향을 튼 사릉천은 사릉 봉분 기준으로 남쪽 약 500m 정도의 거리에서 흐르고 있다. 이처럼 자연 상태의 물길이 멀리서 흐른다는 것은 산줄기가 거기까지 내려갔었다는 것이므로 이것을 풍수 분석을 하는 데 활용하면 될 것이다.

사릉 용세(龍勢)

　천마산에서 나누어져 서쪽으로 나간 산줄기가 남양주시 진건읍 송능리에 해발 약 556m 관음봉을 세운다. 여기서 남서쪽으로 뻗어 나간 산줄기가 된봉을 거쳐 광해군묘를 지나 약 1.3km를 내려와서 동쪽 옆에서 내려오는 사릉천이 보일 즈음 완만하고 긴 과협을 만든다.

　과협처를 지나고 먼저 백호 능선 하나를 만들고, 곧바로 현무봉을 만든다. 현무봉에서 남쪽으로 분맥한 용맥은 좌우로 크게 힘찬 위이를 하며 내려가다가 백호를 뻗고, 청룡 쪽에서 정자각 뒤로 내려온 물길과 조우하여 혈을 맺는다. 주룡을 내려보낸 산줄기는 동남쪽에 있는 사릉천까지 능선을 뻗치면서 청룡 역할을 할 지각들을 여러 개 만든다.

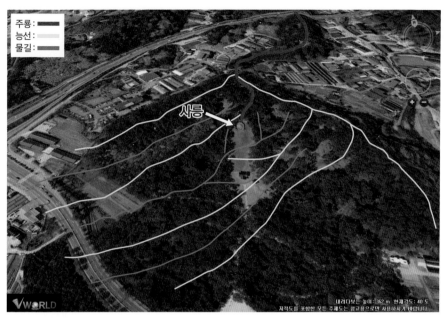

사릉 사격(砂格)

사릉의 사격은 해주 정씨 묘가 있는 청룡 쪽 능선들의 높이를 살펴봤을 때 보국을 만들기에 부족함이 없으나 길이가 짧은 것처럼 보인다. 그러나 정자각 뒤에 작은 언덕처럼 된 부분이 있는데, 이곳은 정미수 묘가 있는 청룡 능선에서 나온 지각으로, 정자각 뒤를 지나 백호 쪽으로 내려가 내수구를 만들어 멋진 보국이 갖추어졌음을 볼 수 있다.

반면 백호는 주룡에서 갈라진 후 안으로 굽지 않고 곧게 뻗어 나가다 끝부분만 살짝 안으로 굽는 형상이라 수구가 열려 보인다.

그 외 능선들은 위성 사진에 표시한 것처럼 전체적으로 남서쪽 방향으로 감싸 주는 지형이었는데, 언제 어떤 사유로 지금처럼 평탄 작업을 한 것인지는 밝혀진 바가 없다. (정자각 남쪽 현장은 평탄하게 보임.)

사릉 수세(水勢)

　사릉의 수세는 능 좌우와 청룡 쪽에 있는 여러 골에서 내려오는 물길들과 내백호 옆의 물길까지는 육안으로 볼 수가 있지만, 아래쪽 평탄 작업이 된 곳에서는 육안으로 자연 상태의 물길을 판단할 수 없다.

　전체적으로 사릉 능역의 자연 상태 물길들은 모두 청룡 쪽 산에서 내려오는 물이 남서쪽으로 흐르는 구조였다.

　현재 사릉에는 금천교가 없는데, 금천교는 대개 자연 상태 물길에 만들기 때문에 홍살문 남쪽 약 15m 지점에 있었던 작은 물길에 만들었을 것으로 추정된다.

　그리고 현재 홍살문에서 약 30m 남쪽에 동서로 흐르는 물길이 있으나 이 물길은 자연 상태의 물길이 아니고 인공으로 만들어진 물길이다.

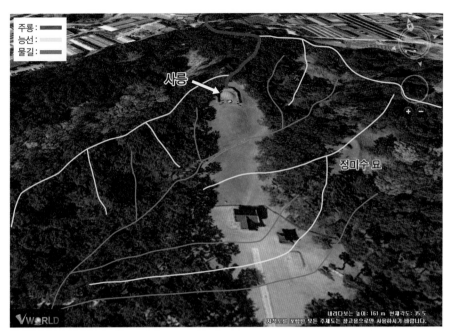

사릉 자연 지형

사릉이 위치한 능역은 본래 해주 정씨의 선산이었는데, 처음부터 이곳을 능역으로 조성하였다면 지금보다 훨씬 많이 지형이 변화했을 것이다. 이곳에 정순왕후의 무덤이 일반 백성의 묘로 만들어졌다가 숙종 대에 추봉되어 능역으로 조성되었다. 능역 진입부, 금천교와 참도 및 정자각 등 공사를 하면서 정미수 묘가 있는 곳에서 내려온 야트막한 능선들과 물길들을 깎고 메워 지금과 비슷한 지형이 만들어졌을 것이다.

화소 안의 해주 정씨 분묘들을 그대로 두도록 한 조치를 보더라도 다른 능에 비해 지형 변화가 적었던 것인데, 풍수적으로 가장 주목되는 지점은 용진혈적을 하게 하는 정자각 뒤에 있는 청룡 지각 흔적이다.

8장

7대 광릉
(세조대왕 정희왕후)

1. 세조대왕 계보도

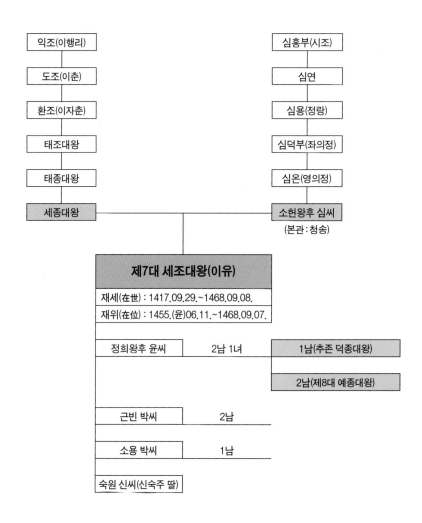

익조(이행리)		심홍부(시조)
도조(이춘)		심연
환조(이자춘)		심용(정랑)
태조대왕		심덕부(좌의정)
태종대왕		심온(영의정)
세종대왕		소헌왕후 심씨 (본관 : 청송)

제7대 세조대왕(이유)
재세(在世) : 1417.09.29.~1468.09.08.
재위(在位) : 1455.(윤)06.11.~1468.09.07.

정희왕후 윤씨	2남 1녀	1남(추존 덕종대왕)
		2남(제8대 예종대왕)
근빈 박씨	2남	
소용 박씨	1남	
숙원 신씨(신숙주 딸)		

2. 광릉 조성 기록

조선 7대 임금 세조대왕은 1417년 9월 29일 세종대왕과 소헌왕후의 둘째 아들로 태어났다. 1418년 11월 11일 태어난 파평부원군 윤번의 딸과 1428년 10월 11세의 나이에 그 당시 진평대군으로서 혼례를 올렸다.

문종대왕이 1452년 5월 재위 27개월 만에 사망하고, 6대 임금 단종대왕이 즉위하였으나, 1453년 수양대군은 계유정난을 일으켜 단종대왕을 밀어내고 왕위에 오르게 된다.

이렇게 왕위에 오른 세조대왕은 재위 14년째인 1468년 7월 병이 났는데, 병세의 심각함을 느끼고 수릉을 만들고자 하였으나 신하들의 반대로 그만두게 된다.[1] 세조대왕은 병이 낫기를 기원하며 계유정난 때 공신들에게 주어지거나 관비가 된 여자들과 한양 도성에서 추방된 사람들 약 2백여 명을 방면하기도 하였으나,[2] 결국 그해 9월 8일 세상을 떠났다.

예종대왕은 능 후보지로 죽산과 양지 두 곳을 추천받았으나 풍수적으로 나쁘다는 이유로 거부하였다.[3] 다시 광주의 이지직 묘와 양주의 정흠지 묘가 후보지로 올라왔는데, 정흠지 묘 터가 낫다는 의견이 우세하여 정흠

---

1) 『세조실록』(14년 1468년 8월 1일 무자) 임금이 노사신에게 말하기를 "이제 수릉을 만들어야겠다." 하고 눈물을 흘리었다.

2) 『세조실록』(14년 1468년 9월 6일 임술) 계유년의 난신에 연좌된 사람들을 방면하다.

3) 『예종실록』(즉위년 1468년 9월 17일 계유) "한귀가 망령되게 고하니 이를 징계하지 않으면 사람들이 다투어 본받을 것이다. 그를 추핵하여 계달하라." 하였다.

정희왕후릉

소재지 : 경기도 남양주시 진접읍 광릉수목원로 354

지 묘 터에 능을 조성하는 것으로 결정하였다. [4]

　이곳에는 정흠지와 그 부모 등 일가 묘가 있었고 인근에는 유균의 부모
와 처의 묘가 있었는데, 모두 이장을 시켰다. [5] 그리고 11월 28일 세조대왕

---

4)『예종실록』(즉위년 1468년 10월 2일 무자) 최항은 말하기를 "산세는 매우 좋으나 명당이 비뚤어진
　것이 한스럽습니다." 하고, 최사로는 말하기를 "이 산은 명당이 없고 청룡도 배주하여 수구를 향해 갔
　으니 능침에 합당하지 못합니다." 하였다.

5)『예종실록』(즉위년 1468년 10월 4일 경인) 이장하는 정창손과 유균에게 관곽과 묘를 만드는 군인들
　을 내려주게 하다.

세조대왕릉

좌향 : 자좌 오향(세조대왕) / 간좌 곤향(정희왕후)

의 장례를 치른 후 광릉이라 하였다.

그 뒤 1483년 3월 30일 정희왕후가 온양행궁에서 사망하였고, 세조대왕
릉의 청룡 능선에 동원이강릉 형식으로 6월 12일에 장사를 지냈다.

『역주 광릉지』에는 양주 동쪽 41리 지점인 주엽산 직동 남쪽, 세조대왕
릉의 주산은 운악산, 안산은 백령산으로 자좌 오향이며, 정희왕후릉의 주
산은 같은 운악산, 안산은 천령산으로 축좌 미향이라 기록되어 있다.[6]

───────────────

6) 『역주 광릉지』, 장서각 編, 김동석·이태희 譯註, 한국학중앙연구원출판부, 2012, p.27.

3. 광릉 풍수 분석

백두대간 분수령에서 분맥하여 백빙산 - 대성산 - 백운산 - 수원산으로 이어진 한북정맥 산줄기가 계속 서남쪽으로 행도하다가 죽엽산을 만든다. 이 죽엽산에서 비득재를 거치고 축석령을 지나 도봉산 방향으로 가게 되면 한북정맥 본줄기가 된다.

그런데 죽엽산에서 산줄기 하나가 남쪽으로 가서 운악산을 세우고, 남쪽으로 약 300m를 더 내려가 만들어진 해발 약 255m의 봉우리에서 먼저 큰 외백호를 분지한다. 그다음 능의 주룡이 되는 능선 및 여러 개의 지각들을 순차적으로 내려보내고, 마지막에 남쪽으로 방향을 돌린 능선 끝이 외청룡이 되며 보국이 만들어졌다. 이 보국 안에 조선 7대 임금 세조대왕과 왕비인 정희왕후의 광릉이 위치하고 있다.

광릉은 조선 최초로 동원이강릉(同原異岡陵)으로 만들어졌는데, 다른 능에 비하여 능상이 높은 곳에 있어 정자각에서 봉분까지의 거리가 조선 왕릉 가운데 가장 멀다. 또 세조대왕의 능이 있는 곳은 보토한 흔적이 상대적으로 적고 오히려 절토한 흔적이 보이지만, 정희왕후의 능은 보토한 흔적이 뚜렷하다는 점도 한 특징이다.

왜 광릉을 굳이 도성에서 거리도 멀고 공사하기도 어려운 자리로 선택하였을까? 건원릉이 있는 동구릉 안에도 풍수 길지가 있었는데, 성흠지의 묘를 이장시키고 능지로 선택한 것이다. 살아서도 뺏고, 죽어서도 뺏고……. 우연일까, 필연일까!

광릉 용세(龍勢)

   광릉은 주산인 죽엽산에서 내려온 능선에 세조대왕의 능과 정희왕후의
능이 각각 다른 능선에 있는데, 두 능은 직선거리로 약 190m 떨어져 있으
며, 두 능 사이에는 바위가 많은 능선이 하나 끼어 있다.

   먼저 세조대왕의 능으로 내려오는 용맥을 곡장 뒤에서 보면 등성이가
보이기는 하지만 평퍼짐한 모양이라서 생룡이라는 확신이 들지는 않는다.
능 아래쪽을 보면 평평한 능선이 있고 그 위에 능선 하나가 포개진 모양으
로 되어 있어 능선 하나가 내려온 것은 확인이 된다.

   반면에 정희왕후의 능이 자리한 능선은 능선의 형태가 뚜렷하고 단단한
모습이라 상대적으로 훨씬 단단하게 보인다.

광릉 사격(砂格)

　광릉의 청룡은 환포하지 않고 앞으로 곧장 뻗는 듯하다가 끝부분에서만 조금 안으로 굽는 모양이다.

　또 백호는 처음에는 안으로 꺾인 듯하지만, 홍살문이 있는 지점부터는 뒤도 돌아보지 않고 비주를 하고 있어 수구처가 열려 있는 형상이다.

　청룡 백호가 만든 수구는 열려 있지만 봉선사천 건너편의 산들이 성처럼 둘러싸고 있어 조산은 완벽하다고 볼 수 있으며, 하천이 흐르는 방향을 고려해 볼 때 보국 안으로 많은 바람이 들어오지는 않을 구조이다.

　정확한 풍수를 관찰하려면 능역을 올라가는 진입로가 있는 작은 능선이 어디서부터 시작해서 어떤 역할을 하는지에 대해 깊게 생각해야 한다.

광릉 수세(水勢)

　광릉은 동원이강릉 형태라서 두 능이 있는 능선 사이에 물길이 있는데, 이 물길은 비가 올 때는 내려오는 물의 양이 제법 많기 때문에 사진에서 보는 것처럼 배수로를 만들어 놓았다. 이 물은 청룡 쪽에서 내려오는 물길과 합쳐지고 이후 계속 청룡 능선을 따라 능역 초입까지 내려간다.

　그런데 백호 쪽에도 능으로 진입하는 길에서는 잘 보이지 않는 규모가 더 큰 물길이 있다. 이것은 높지 않지만 긴 능선이 홍살문 부근부터 재실 근처까지 계속 내려갔기 때문에 생긴 물길이다. 이 능선이 따로 백호 물길을 만들었으며, 능역으로 들어가는 바람을 막으면서 분산시키는 역할을 하는 것이다.

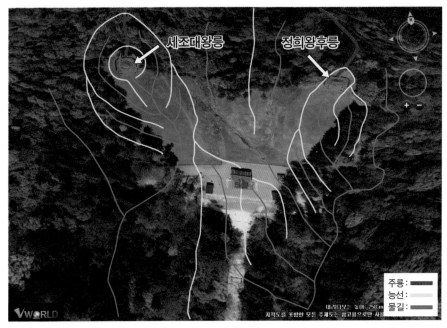

광릉 자연 지형

세조대왕릉이 있는 지점은 가운데에 폭이 좁은 주룡이 있고 청룡이 거들고 백호가 앞을 감싸는 자기보국혈이 만들어진 곳이다. 이 백호 능선에서 생겨난 작은 능선이 홍살문이 있는 지점을 거쳐 능역 초입까지 내려가 청룡 쪽 물길과 백호 쪽 물길을 분리시킨 것이다.

정희왕후릉이 있는 능선은 처음 분맥할 때는 하나의 능선이었으나 곡장 뒤에서 둘로 갈라졌으며, 능은 물길이 시작되는 곳에 위치하고 있다. 게다가 주변 경사까지 심하여 능을 조성하고 난 후 사토가 무너져 분묘 영역을 넓히고 황토를 더 쌓은 뒤 지금의 형태가 되었다. (『성종실록』 9년 1478년 7월 26일 을유)

9장

추존 경릉(敬陵)
(덕종대왕 소혜왕후)

1. 추존 덕종대왕 계보도

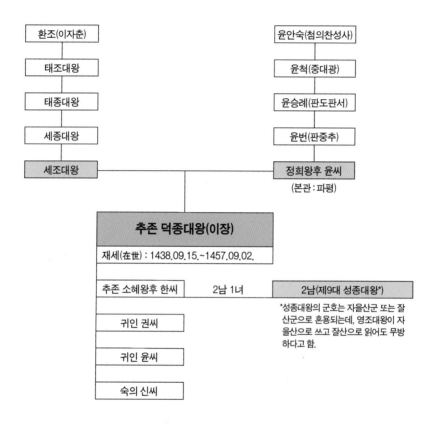

☞ 추존 덕종대왕의 왕비인 소혜왕후는 인수대비로 더 많이 알려져 있다. 연산군이 생모를 죽게 만들었다고 생각하여 할머니 인수대비를 머리로 들이받았다는 이야기가 있으나 『조선왕조실록』 에는 없는 야사일 뿐이다.

2. 경릉 조성 기록

추존 덕종대왕은 1438년 9월 15일 조선 7대 임금 세조대왕과 정희왕후의 장남으로 수양대군의 왕자궁에서 태어났고, 도원군에 봉해졌다.[1] 이후 1450년에 1437년 9월 8일 태어난 서원부원군 한확의 딸과 결혼하였다.

도원군은 아버지 수양대군이 1453년 10월 10일 계유정난을 일으킨 후, 1455년 윤6월 11일 왕위에 오르자 그해 7월 26일 16세에 왕세자(시호 의경)로 책봉되었다.

1456년 6월 '사육신의 단종대왕 복위 거사'가 사전에 발각되어 약 70여 명이 처벌되었다.[2] 1457년 6월에 단종대왕이 양녕대군과 정인지 등의 채근으로 영월 청령포로 유배를 가 있는데, 7월 3일 순흥에 유배되어 있던 금성대군이 단종대왕 복위를 준비하다가 발각되어 10월 21일 처형되었으며, 단종대왕도 그 무렵 사망하였다.

왕세자 부부는 이런 정치적 격변기를 거치는 동안 1454년 12월 18일에 장남 월산대군, 1457년 7월 30일에는 자을산군(성종대왕)을 낳았다.

그런데 1457년 7월 27일부터 의경세자의 건강이 나빠졌다. 불공을 드리고, 각지에 향과 축문을 내려 기도도 하였고, 환구단, 종묘, 사직 등에도 제사를 올렸으나, 효험 없이 9월 2일 향년 20세로 세상을 떠났다.

---

1) 『세조실록』(3년 1457년 11월 24일 갑신) 지문(誌文)
2) 『세조실록』(2년 1456년 6월 2일 경자) 성균 사예 김질과 우찬성, 정창손이 성삼문의 불궤를 고하다.

추존 덕종대왕릉

추존 소혜왕후릉

소재지 : 경기도 고양시 덕양구 서오릉 내

    세조대왕은 시호를 '의경'이라 내리고, 묘를 만듦에 있어 "속은 후하게 하되 밖은 박하게 하라."라고 지시하였다. 아들의 무덤을 길지에 만들기 위해 여러 곳을 직접 찾아가기도 하였다. 9월 12일 한강 건너 사평원 동쪽 언덕에 가서는 "주맥이 어지럽게 흩어져서 기운이 귀일하지 않으니 쓸 수 없다." 하였고,[3] 나음 날 간 청계산 동쪽 터에서는 "좌우 용호가 회포(回抱)한 것이 자못 아름답다."라고 평가하였다.

---

3) 『세조실록』(3년 1457년 9월 12일 계유) 사평원에 가 왕세자의 묘지를 살피다.

추존 덕종대왕릉

좌향 : 간좌 곤향(추존 덕종대왕) / 자좌 오향(추존 소혜왕후)

그러다 마침내 고양현 봉현에 있는 정역(鄭易)의 묘터를 장지로 정하여 11월 24일 장례를 치렀다. [4]

그 뒤 의경세자의 둘째 아들 성종대왕 즉위 후 의경세자는 덕종대왕으로 추봉되고, 소혜왕후는 인수대비가 되었다. 대비가 연산군 때인 1504년 4월 27일 향년 68세로 사망하자, 약 한 달 만인 5월 초에 덕종대왕릉의 백호 능선에 동원이강릉 형태로 장례를 치러 경릉이 완성되었다.

---

4) 『세조실록』(3년 1457년 10월 14일 갑진) 고양현 봉현에 거둥하여 정역의 분묘를 보고, (후략)

3. 경릉 풍수 분석

　추존 덕종대왕과 추존 왕비인 소혜왕후 경릉의 산줄기를 전개하면 백두대간 분수령에서 분맥한 한북정맥이 백빙산 - 대성산 - 죽엽산 - 축석령 - 한강봉 - 사패산 - 우이령 - 북한산 - 문수봉 - 비봉 - 향로봉으로 이어진 산줄기가 박석고개를 지나 해발 235m의 앵봉산을 만든다. 여기서 북서쪽으로 뻗어 올라간 다음 거기서 분맥한 한 능선에 경릉이 위치하고 있다.

　앵봉산에서 북서쪽으로 올라간 산줄기에는 서오릉의 다섯 개 능 가운데 경릉을 비롯한 네 개의 능이 있으며, 남쪽으로 내려간 산줄기에는 숙종대왕 명릉 하나만 있다.

　참고로 앵봉산에서 남쪽으로 뻗어 나간 산줄기는 벌고개(서오릉고개)과협을 지나 봉산을 만든다. 그 아래 동쪽으로는 반홍산(증산동)을 만들고 상암동 매봉산까지 내려가고, 서쪽으로는 은부산 - 대덕산을 만들며 멀리 한강까지 행도한다.

　문종대왕의 왕비 현덕왕후는 1441년 7월 23일 단종대왕을 낳고 이튿날 사망하여 경기도 안산시에 능이 만들어졌다. 그 후에 조카를 밀어내고 왕위에 오른 세조대왕은 형수인 현덕왕후의 무덤을 1457년 6월 26일 파묘하여 다른 곳으로 옮겼다. 그런데 공교롭게 묘를 옮기고 한 달 뒤에 의경세자가 병이 생겼고, 9월 2일 갑자기 사망하였다. 또 단종대왕은 10월 21일 무렵 사망하는데, 현덕왕후의 무덤을 옮긴 후 연이어 발생한 죽음에 대하여 사람들은 인과응보를 말하지 않았을까?

추존 덕종대왕릉

경릉 용세(龍勢)

　앵봉산에서 분맥하여 북서쪽으로 약 150m를 뻗어 간 산줄기가 두 줄기로 나뉘는데, 여기서 서쪽으로 뻗어 나간 줄기가 약 200m를 행도한 뒤 방향을 북서쪽으로 틀고 과협을 지나간다.

　이후 대여섯 개의 봉우리를 만들면서 약 400m를 간 다음, 방향을 서쪽으로 돌리고 크게 과협을 하고 나서 방향을 북쪽으로 꺾는다. 이 지점에서 남서쪽으로 곧장 약 200m를 내려간 곳에 덕종대왕의 능이 있다.

　계속해서 약 300m를 뻗어 간 능선이 홍릉으로 가는 고개 직전에 남쪽으로 지각을 만들었는데, 이 능선에 소혜왕후의 능이 있다. 경릉의 두 능선은 모두 등성이가 평퍼짐하다.

경릉 사격(砂格)

　덕종대왕의 능이 있는 능선이 분지처에서 약 60m를 내려온 다음 순창원이 있는 능선과 경릉과 순창원의 경계가 되는 능선을 만들었다. 이 능선이 경릉의 위치에서는 청룡이 되지만 높이는 낮고, 형태도 안으로 굽지 않고 곧장 뻗어 나가기 때문에 제대로 바람막이 역할을 하지 못한다.

　그다음 소혜왕후의 능이 있는 능선을 내려보내고, 대빈묘 서쪽으로 돌아 외백호 형태로 있는 큰 산줄기가 내려오지만 너무 일찍 끝나 버려 수구가 관쇄되지 않고 휑하게 열려 있는 것을 볼 수 있다.

　또 능상에서 보면 덕종대왕의 능은 백호 쪽이 허전하고, 소혜왕후의 능은 청룡 쪽이 허전하여 장풍의 조건이 갖추어졌다고 할 수 없는 곳이다.

경릉 수세(水勢)

　경릉에서 덕종대왕의 능이 있는 능선은 큰 산줄기에서 나뉜 작은 능선이지만, 소혜왕후의 능이 있는 곳으로 더 뻗어 간 산줄기는 상대적으로 매우 크다 보니 중간중간에 많은 지각들이 생겼다. 그 지각들 사이에 있는 물길들이 모이다 보니 두 능 사이에는 큰 골짜기가 만들어졌다.

　자연 상태에서의 물은 능선과 능선 사이로 흐르는 것이고, 또 높낮이에 따라 낮은 곳으로 흘러가는 것이 법칙이다. 경릉 능역의 지형과 땅의 높낮이를 자세히 관찰해 보면 홍살문 동쪽, 현재 화장실 부근이 물이 빠져나가는 곳임을 알 수 있다. 사진에서 보이는 물길은 능역을 조성하면서 인공으로 만든 배수로이다.

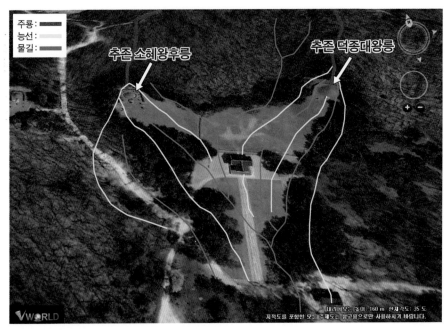

경릉 자연 지형

경릉은 문종대왕의 능지를 정하는 데 주도적 역할을 했던 세조대왕이 자신의 아들 묫자리로 심혈을 기울여 찾은 곳이지만, 내룡과 용진처, 장풍 등의 형세적 원칙보다는 방위를 중요하게 따진 것으로 보인다.

덕종대왕릉이 있는 능선은 곡장 뒤 약 45m 지점에서 백호 쪽으로 지각이 갈렸고, 곡장 뒤 약 21m 지점에서 청룡 쪽으로 다시 지각이 나뉘었다. 이 지각들은 남서쪽으로 뻗다가 정자각이 있는 선에서 남쪽으로 방향을 바꾸었다.

소혜왕후릉이 있는 능선은 곡장 뒤 약 15m 지점에서 둘로 갈라져 정자각 방향으로 내려왔는데, 능상 중앙부는 물길이 만들어진 곳이었다.

10장

8대 창릉
(예종대왕 안순왕후)

1. 예종대왕 계보도

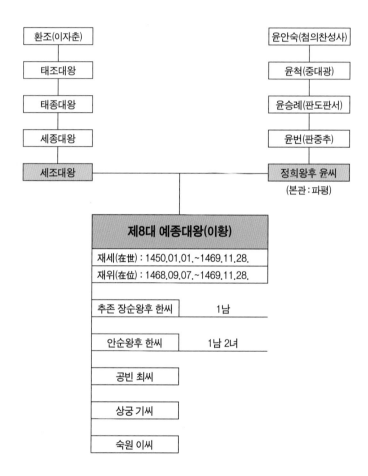

☞ 1450년 1월생인 예종대왕이 1461년 11월 30일 인성대군을 낳았다. 이때 예종대왕의 나이가 12세였다. 이는 조선 임금 중에 가장 일찍 자녀를 둔 경우이다.

2. 창릉 조성 기록

조선 8대 임금 예종대왕은 1450년 1월 1일 세조대왕과 정희왕후의 차남으로 태어났다. 형인 의경세자가 1457년 9월 2일 20세의 어린 나이에 세상을 떠나자 12월 15일에 세자로 책봉되었고, 1460년 한명회의 딸과 혼례를 올렸다. 그 뒤 세자빈이 1461년 11월 30일 아들을 낳고 닷새 만에 사망하자 1445년 3월 12일 태어난 청천부원군 한백륜의 딸을 1463년 윤7월 6일 종5품 소훈으로 맞아들였다. 1468년 세조대왕의 건강이 나빠지자 9월 7일 즉위를 하였고, 이튿날인 9월 8일 세조대왕은 사망하였다. [1]

예종대왕이 즉위하자마자 상중에 남이의 역모 사건이 발생하여 영의정 강순 등 수십 명을 처형하였다. 그리고 약 두 달여 만인 11월 28일에 세조대왕의 장례를 마치고, 곧바로 11월 29일부터 할아버지인 세종대왕의 능을 옮기는 일을 시작하여 1469년 3월 6일 천릉을 마치게 된다. [2]

즉위 후 약 6개월의 짧은 기간 동안 역모가 발생하여 조정에는 피바람이 지나갔고, 두 군데 능 공사를 하는 것도 쉽지 않은 일이었는데, 8월 5일 새로 태어난 딸 혜순공주가 사망하여 또 장사를 치르기도 하였다.

재위 기간 동안 이런저런 큰일들을 겪으며 족질을 앓게 되어 정사를 돌

---

1) 『예종실록』(즉위년 1468년 9월 8일 갑자) 백관과 함께 태상왕에 사은하였는데 그날 밤에 태상왕이 훙하다.

2) 『예종실록』(1년 1469년 3월 6일 경인) 이날에 세종장헌대왕과 소헌왕후를 여흥의 새 능으로 옮겨 안장하다.

예종대왕릉

안순왕후릉

소재지 : 경기도 고양시 덕양구 서오릉 내

보지 못하던 예종대왕은 11월 26일 갑자기 건강이 나빠지더니, 이틀 후인 11월 28일 재위 약 15개월 만에 향년 20세로 사망하였다.

갑작스럽게 국상을 당하자 능지로 의경세자의 묘가 있던 지금의 서오릉 주변을 먼저 살펴보게 되었고, 그 북쪽에 예종대왕의 능지를 정했다. 이곳은 세조대왕이 의경세자의 묘를 좋은 터에 만들기 위하여 여러 곳을 직접 거둥하여 찾은 곳이었다.[3]

---

3) 『성종실록』(즉위년 1469년 12월 12일 신유) 고령군 신숙주와 상당군 한명회가 의묘 북쪽에 산릉이

안순왕후릉

좌향 : 간좌 곤향(예종대왕) / 간좌 곤향(안순왕후)

1498년 12월 23일 안순왕후가 향년 54세로 세상을 떠나자 예종대왕릉 동쪽 능선에 동원이강릉 형식으로 장사를 치렀다.

『역주 창릉지』에는 "앵봉에서 나뉘어 북쪽으로 돌아 솟아오른 소앵봉이 본 능의 주봉이다. 또 서쪽으로 돌면 두 개의 언덕으로 나뉘는데, 모두 간좌 곤향이다."라고 기록되어 있다. [4]

될 만한 땅을 살펴보고 와서 복명하니, (후략)

4) 『역주 창릉지』, 장서각 編, 유지복 譯註, 한국학중앙연구원출판부, 2013, p.61.

3. 창릉 풍수 분석

조선 8대 임금 예종대왕과 안순왕후의 창릉은 백두대간 분수령에서 분맥한 한북정맥이 백빙산 - 대성산 - 죽엽산 - 축석령 - 사패산 - 우이령 - 북한산 - 문수봉 - 비봉 - 향로봉으로 이어진 산줄기가 박석고개를 지나 해발 235m의 앵봉산을 만드는데 여기서 잠시 북서진하다가 서쪽으로 분맥한 곳에 위치하고 있다.

앵봉산에서 남쪽으로 뻗어 나간 산줄기는 벌고개(봉현) 과협을 지나 약 2.5km 지점에 봉산을 만든다. 그 아래에서 동쪽으로는 반홍산(증산동)을 만든 다음 상암동 매봉산까지 내려가고, 서쪽으로는 은부산 - 대덕산을 만들어 한강까지 행도한다. 이 산줄기 양옆에는 창릉천과 불광천이 호종하며 따라와 한강으로 흘러간다.

앵봉산 주봉에서 분맥해서 북서쪽으로 약 400m를 간 산줄기는 해발 약 190m의 봉우리를 만들고 둘로 나뉜다. 이 봉우리에서 북서쪽으로 약 800m를 뻗어 간 산줄기가 다시 해발 약 155m의 봉우리를 만들고, 여기서 창릉의 주룡을 분맥한 다음 여러 개의 능선들이 생기며 보국을 갖추고 수구를 관쇄시켜 능역을 보호한다.

1457년 세조대왕의 장남 의경세자가 20세에 사망, 약 10년 뒤 1468년 세조대왕이 51세에 사망, 약 15개월 뒤인 1469년 세조대왕의 차남 예종대왕이 20세에 사망하였다. 약 12년 동안 세조대왕과 두 아들이 죽은 것이다. 풍수적으로 어디에 문제가 있는 것일까?

백호 지각

예종대왕릉

창릉 용세(龍勢)

앵봉산에서 창릉으로 이어지는 용맥은 상하좌우로 활발하게 움직이며 행도하는 과정에 몇 개의 봉우리를 만든다. 능 북동쪽 약 700m 지점의 봉우리에서 분맥한 주룡은 먼저 청룡을 내려보내고, 이어서 안순왕후의 능이 있는 능선을 분지한다. 이어서 예종대왕의 능이 있는 능선을 분맥하고, 방향을 틀며 횡룡입수 형태로 행도를 마친다.

예종대왕릉의 용세는 등성이가 뚜렷한 단단한 용맥이 힘차게 내려오는 것을 확인할 수 있고 백호 쪽으로 지각이 나뉘는 모습도 남아 있다.

안순왕후릉 뒤에도 작지만 단아한 봉우리가 눈에 띈다. 그런데 그 봉우리 뒤쪽의 내룡을 보면 능선이 펑퍼짐하고 힘이 없는 것을 확인할 수 있어, 인작의 봉우리라고 생각된다.

창릉 사격(砂格)

창릉의 사격은 청룡 쪽은 자연 상태의 땅 모양이 원형에 가깝고 관찰도 가능하지만 백호 쪽은 군부대가 만들어지면서 지형이 많이 바뀌었고, 부대 안으로 들어가지 못해 정밀 분석을 하지 못했다.

『성종실록』즉위년 12월 12일의 기록에는 이 터에 대하여 정인지가 "청룡은 높고 백호가 낮으니 그다지 사용에 적합하지 않으나"라고 말하였다고 나온다. 그러나 앞쪽은 홍릉과 경계를 만드는 능선이 확실하고, 또 일제 강점기 때 제작된 지형도를 보면 큼직한 외백호가 용두사거리 부근까지 길게 내려간 지형으로 보국이 잘 만들어졌던 곳이었다.

다만 안순왕후의 능에서는 수구가 정면에 보이므로 장풍의 조건이 갖추어졌다고 할 수는 없다.

창릉 수세(水勢)

　　창릉의 수세는 청룡 쪽에서는 앵봉산에서 북서쪽으로 약 180m를 간 산
줄기가 익릉과 경릉 등이 있는 능선을 분지하면서 물길이 시작된다. 이 물
길이 약 1.5km를 내려오면서 좌우의 물길들을 모아 계곡 규모가 되어 능
앞에 이르게 된다. 홍살문과 약 60m 정도의 거리에 있는 이 물길 위에 금
천교가 만들어졌을 것인데, 조선 왕릉의 금천교가 만들어진 물길 중에서
는 가장 큰 물길이라고 생각된다.

　　이에 비하여 백호 쪽의 물길은 발원처가 그리 멀지 않고, 가까이에 있는
백호 능선도 야트막한 구릉 형태로 되어 있어서 물길의 크기가 작다. 군부
대와 경계에 있는 작은 물길이 금천교 앞에서 청룡 쪽 물과 합수되어 용두
사거리 인근을 지나 창릉천으로 흘러간다.

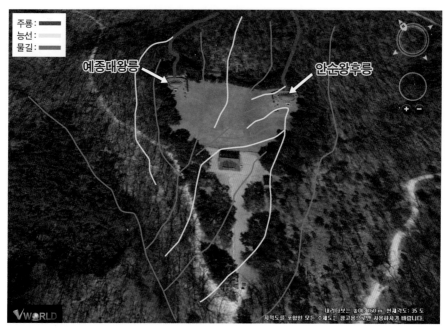

창릉 자연 지형

창릉의 예종대왕 봉분과 안순왕후 봉분은 약 80m 간격으로, 정자각 뒤 두 능 사이 평탄한 공간에는 예종대왕릉 주룡에서 생긴 자연 상태의 작은 능선이 서쪽으로 굽어 있다.

또 안순왕후의 능이 있는 능선의 능상에서 지각들이 생겨 서쪽 방향으로 뻗으며 예종대왕릉이 있는 능선을 감싸 주는 형태를 갖추었으며, 능선의 끝도 역시 서쪽으로 굽으며 홍살문까지 이어졌다.

그에 따라 중간 부분의 물길과 안순왕후릉의 지각에서 생겨난 물길들도 서쪽으로 흘러가서 백호 쪽에서 내려오는 물길과 합쳐진 다음 금천교 있는 곳으로 흘러간 지형이었다.

11장

8대 공릉
(추존 장순왕후)

1. 추존 장순왕후 계보도

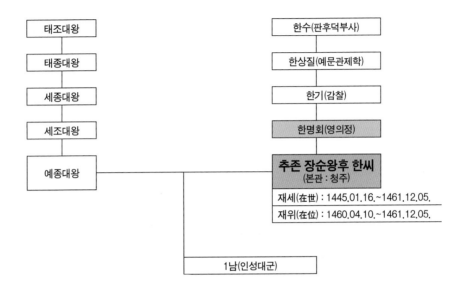

☞ 장순왕후는 상당부원군 한명회의 셋째 딸로 태어났는데, 어머니 황려부부인은 단종대왕의 장모(정순왕후 모친)와 사촌이다. 세자빈으로 책봉된 이듬해 인성대군을 출산하였으나 닷새 만에 세상을 떠났고, 인성대군도 세 살 때 사망하여 의경세자 무덤 동쪽 가까이에 장사 지냈다. 인성대군묘는 일제 강점기 때 서삼릉 별도 구역으로 이장되었다.

2. 공릉 조성 기록

조선 8대 임금 예종대왕의 첫 부인 장순왕후는 1445년 1월 16일에 상당부원군 한명회와 황려부부인 민씨의 셋째 딸로 태어났고, 1460년 4월 11일에 16세의 나이로 세자와 혼례를 올려 세자빈이 되었다.[1] 세자빈에 책봉되고 몇 개월 후에 회임을 하였는데, 출산일이 임박하여 건강이 나빠졌으나[2] 다행히 1461년 11월 30일에 아들을 낳았다.

세조대왕의 측근이자 당대 최고 실세 권력자 가운데 한 사람이었던 한명회의 딸이었기에 임금의 총애가 남달랐는데, 원손이 태어나자 바로 다음 날 대대적인 사면령을 내리기도 하였다.[3] 그러나 장순왕후는 출산 후 닷새가 되던 날 갑자기 숨을 거두었는데, 향년 17세에 불과하였다.[4]

세조대왕은 세자빈의 못자리로 풍수적으로 좋은 터를 찾도록 지시하여 먼저 고양현에서 찾아보도록 하였으나, 그곳을 직접 찾아가 보고 부적합 판단을 내리고, 파주의 강회백 어머니 묘 터를 가보도록 명을 내렸다.[5]

---

1) 『세조실록』(6년 1460년 4월 11일 정사)

2) 『세조실록』(7년 1461년 11월 1일 정유) 왕세자빈이 병이 들어 임금이 중궁과 왕세자와 더불어 창덕궁으로 이어하다.

3) 『세조실록』(7년 1461년 12월 1일 정묘) "세자가 아들을 낳았으니 경사가 이보다 크겠느냐?" / 이때 태어난 원손은 인성대군으로 1463년 10월 24일 향년 3세로 사망하였다.

4) 『세조실록』(7년 1461년 12월 5일 신미) 왕세자빈 한씨가 안기의 사제에서 졸하였다.

5) 『세조실록』(8년 1462년 1월 4일 기해) 고양에 거둥하여 장지를 상지하고, 파주에 가서 강회백 어미의 무덤을 상지하게 하다.

소재지 : 경기도 파주시 조리읍 파주 삼릉 내

이튿날 파주시 보시동에 있는 강회백 모친의 묘터가 풍수적으로 쓸 만하다는 보고를 받고 장지로 결정하여 1462년 2월 25일에 장사를 지내고 시호를 장순빈으로 하였다.[6]

사망할 당시는 세자빈의 지위였기 때문에 장례를 치르며 시호나 무덤의

---

6) 『선원보감 Ⅲ』, 선원보감편찬위원회, 계명사, 1989, p.183. "울울창창한 가성(무덤)은 영평(파주의 옛 이름) 지경에 있사옵고, 청오(지관)가 그 길지임을 아뢰었으며, 황온(토지신)이 상서(祥瑞)를 저장해 놓은 곳이다."

좌향 : 술좌 진향

격식 등도 그것에 맞게 하였다. 그 후 예종대왕이 13개월 재위 후 세상을 떠나자 뒤를 이은 성종대왕이 1470년 자신의 아버지 의경세자를 덕종대왕으로 추숭하면서 장순빈도 장순왕후로 추숭하여 오늘의 공릉이 되었다. [7)

그러나 대왕대비 정희왕후가 "왕릉 격식으로 무덤의 석물을 가설하지 말라."라는 전교를 내려 석물 등은 현재도 '원(園)'의 형식으로 있다.

---

7) 『성종실록』(1년 1470년 1월 22일 신축) 전교하기를, "장순빈의 시호는 '휘인소덕장순왕후'로 하고, 능호는 공릉으로 하고, (후략)

3. 공릉 풍수 분석

백두대간 분수령에서 분맥하여 백빙산 - 대성산 - 백운산 - 수원산 - 죽
엽산 - 축석령 - 고장산 - 양주산성 - 한강봉을 지나며 산줄기가 크게 한
북정맥과 신한북정맥(오두지맥)으로 나뉜다. [8] 한강봉에서 남서쪽으로 약
700m 내려와 북서쪽으로 갈라진 산줄기가 꾀꼬리봉 - 양주시 고령산 - 파
주시 개명산 - 뒷박고개 - 고양시 비호봉 - 우암산 - 고양시 덕양구와 파
주시 광탄면 경계의 혜음령 - 용미리 공원묘지 서쪽의 명봉산으로 이어지
는 신한북정맥 산줄기에 조선 8대 예종대왕의 정비인 장순왕후의 공릉이
위치하고 있다.

세조대왕은 조카인 단종대왕의 왕위를 빼앗아 보위에 올랐는데, 장남
의경세자가 사망하자 정역(鄭易)의 묘를 이장시킨 뒤 묘를 만들었고, 작은
며느리인 장순왕후 공릉은 강회백의 어머니 묘가 있던 곳에 만들었다.

그리고 세조대왕도 사후에 정흠지의 묘터에 들어가게 되었으며, 이후
예종대왕 때는 세종대왕의 영릉을 이계전의 묘터로 천릉하였다.

이후에도 기존의 왕릉 터가 나쁘다고 이장해 간 자리에 다시 왕릉이 만
들어지기도 하였으며, 명문가 집안에서 무덤을 만들 때도 풍수적으로 좋
은 터라면 생지인지 파묘 터인지를 따지지 않은 사례가 많다.

---

8) 신한북정맥은 한북정맥 한강봉에서 남쪽 첼봉을 거쳐 도봉산 - 북한산으로 내려가는 일반적으로 알
려진 한북정맥과는 다른 줄기이고, 자유로 변의 오두산 통일전망대가 있는 오두산까지 이어지기 때
문에 오두지맥이라고도 한다.

입수룡

공릉 용세(龍勢)

공릉의 용맥은 명봉산에서 북쪽으로 약 400m를 행도하고 가지를 나눈 다음, 서쪽으로 약 1km를 뻗어 내려가고 나서 북두고개(장곡 삼거리)를 건너간다.

그런 다음 약 150m를 서쪽으로 가 세 개의 능선으로 나뉜다. 공릉의 주룡이 되는 산줄기는 방향을 북쪽으로 잡고 시계 반대 방향으로 크게 돌며 파주 삼릉 능역과 공릉관광지 경계가 되는 능고개를 지나고, 그 후에 남쪽으로 방향을 돌려 해발 약 105m의 공릉봉을 만든다.

공릉봉에서는 남쪽 공릉천 방향으로 내려간 산줄기가 백호 능선들을 만들고, 북동쪽으로 출맥한 주룡은 기복과 위이를 하며 반원을 그리듯이 내려가 동남향으로 용진혈적을 하며 행도를 마친다.

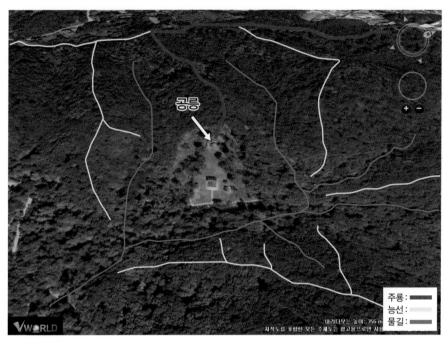

공릉 사격(砂格)

공릉의 사격을 현장에서 보면 완벽하다는 느낌은 없다. 청룡은 처음에
는 덩치가 컸지만 아래로 내려오면서 많이 낮아져 청룡 쪽에 있는 몇 개의
물길이 바람을 막아 주기에 부족하다는 생각이 든다. 반면에 시각적으로
보이는 첫 번째 백호는 처음 출발할 때의 높이와 거의 비슷하게 재실 부근
까지 내려왔다. 형체가 뚜렷하고 능선의 끝도 안으로 굽은 형상이라서 외
수구에서 불어오는 바람을 막아 주는 데 전혀 부족함이 없는 형상이다.

또한 앞쪽의 사격은 높이도 적당하면서 지각들이 있어 튼실해 보이는
데, 너머에 있는 순릉과 영릉 주변의 물길로 지나다니는 바람을 완벽하게
막아 주고 있다.

공릉 수세(水勢)

　청룡 쪽 물길은 주룡을 따라 내려오는 물길, 능고개 방향에서 내려오는 물길, 그리고 그 중간 골짜기에서 내려오는 물길 등 세 개의 물길이 북동쪽 약 150m 지점에서 합쳐진다. 그런 다음 남쪽으로 내려가서 백호 쪽에서 내려오는 물과 동남쪽 약 210m 지점에서 합쳐진 다음 내수구를 향해 흘러간다.

　이후 백호 능선 끝자락에 의해 밀려나면서 남쪽으로 약 130m를 더 내려간 물길은 순릉과 영릉의 골짜기에서 내려온 물길과 합수되어 공릉천 방향 외수구를 향해 빠져나간다. 파주 삼릉 역사문화관 부근에서부터는 물길의 크기가 커져 팔봉천이라는 이름을 얻고 공릉천으로 내려간다.

공릉 자연 지형

공릉의 주룡은 곡장 뒤 약 60m 지점에서 백호 쪽으로 지각을 만들어 길게 앞으로 내려보내 백호 쪽 물길을 통행하는 바람을 막도록 하였다.

그런 다음 아래로 내려와 세 갈래로 나뉘면서 자기보국을 만들었는데, 이 능선 중에서 가운데 능선은 혈을 결지하였고, 좌측의 능선은 짧게 끝을 맺었다. 우측의 능선이 앞을 감싸고 돌아가면서 두 개의 지각을 차례로 만들었는데, 그 능선에 수라간과 정자각, 비각이 각각 터를 잡았다.

현장에서는 비각과 수복방이 있는 주변은 높낮이 판단이 쉽지 않지만, 능 백호 쪽 옆과 수라간 주변은 능선과 물길의 흔적을 비교적 선명하게 볼 수 있다.

12장

9대 선릉
(성종대왕 정현왕후)

1. 성종대왕 계보도

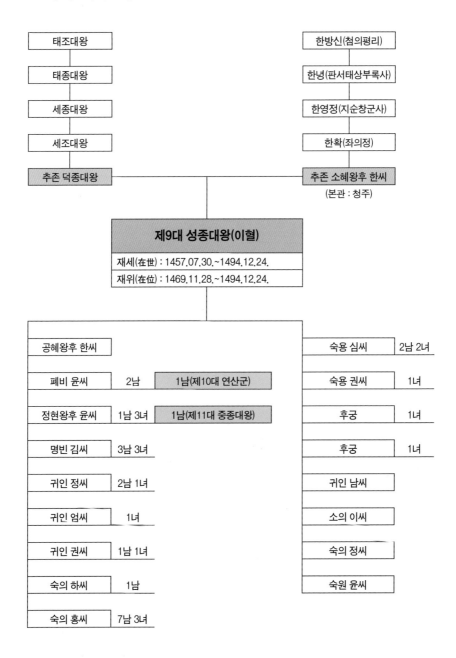

2. 선릉 조성 기록

조선 8대 임금 예종대왕이 1469년 11월 28일 갑자기 사망하자 왕위 계승 문제가 대두되었다. 예종대왕의 아들 제안대군과 의경세자의 장남 월산대군 둘 중 누가 왕위를 계승하는가가 문제였다.

이 시기 의경세자와 소혜왕후의 1457년 7월 30일생 차남이 1461년 자산군에 봉해졌다가 1468년 자을산군으로 개봉된 상태였다. 대왕대비인 정희왕후는 우선 순위 왕자들을 제쳐 두고 자을산군을 예종대왕의 양자로 입적시켜 조선 9대 임금으로 보위에 앉혔다. [1]

이렇게 열세 살에 왕위에 오른 성종대왕은 할머니인 정희왕후의 수렴청정을 받다가 스무 살이 되어서야 친정을 하게 된다. 그런데 성종대왕의 나이가 38세가 되던 해에 건강에 이상 신호가 왔다. 1494년 가을에 이질과 천식 증상이 나타났고 두 달 뒤에는 배꼽 밑에 종기가 생겼다. 그 후 증상이 점차 심해져 열이 나고 맥박이 빨라지며 호흡 장애가 온 성종대왕은 결국 1494년 12월 24일 세상을 떠났다.

능지는 광평대군묘와 고양과 김포 마전 관사 터, 정역 묘, 구성량 묘가

---

1) 『성종실록』(즉위년 1469년 11월 28일 무신) 대비가 말하기를 "원자는 바야흐로 포대기 속에 있고, 월산군은 본디부터 질병이 있다. 자산군은 비록 나이는 어리지만 세조께서 매양 그의 기상과 도량을 일컬으면서 태조에게 견주기까지 하였으니, 그로 하여금 주상(主喪)하게 하는 것이 어떻겠는가?" 하니 (중략) 신숙주가 최항과 더불어 교서를 찬술하고 또 위사를 보내어 자을산군을 맞이하려고 했는데, 미처 아뢰기 전에 자산군이 이미 부름을 받고 대궐 안에 들어왔다.

성종대왕릉

소재지 : 서울특별시 강남구 선릉로 100길 1 선릉·정릉 내

후보지로 되었으나, 최종적으로 광평대군의 묘를 능지로 결정하였다.[2]

　다만 광평대군의 외아들 영순군이 27세에 사망하였고, 영순군의 차남 청안군이 34세, 삼남 회원군이 30세에 사망한 점이 거슬려 건해좌(乾亥坐)였던 광평대군묘의 좌향 대신 임좌(壬坐)로 하여 선릉을 조성하였다.[3]

---

2) 『역주 선정릉지』, 장서각 編, 유지복 譯註, 한국학중앙연구원출판부, 2014, p.116. 주변 20리(동쪽 정릉, 남쪽 독고리, 서남쪽 역촌과 간초리, 서쪽 방하교, 북쪽 신촌과 논고개 및 해악곡, 동북쪽 은동)를 화소로 한다.

3) 『연산군일기』(1년 1495년 1월 11일 을미)

정현왕후릉

좌향 : 임좌 병향(성종대왕) / 간좌 곤향(정현왕후)

　　그 후 성종대왕의 세 번째 정비인 정현왕후가 1530년 8월 22일 세상을 떠나자 선릉의 청룡 능선 지각에 흙을 보충하고 장례를 치러 동원이강릉 형식으로 만들었다. [4] 그러나 선릉은 인근의 정릉(靖陵)과 함께 임진왜란 때 왜군에 의해 능이 파헤쳐지고 유골도 불태워지는 변고를 당했다. [5]

---

4) 『중종실록』(25년 1530년 8월 28일 을유) 아뢰기를 "옛 능의 청룡 가닥이 매우 좋은데, 새 묘혈 서쪽 면에 흙을 많이 보충해야 하지만, (후략)

5) 『선조실록』(26년 1593년 6월 28일 신해) 총호사 최흥원이 치계하였다. "신이 당초 선릉을 봉심할 때 에 안의 재궁이 모두 불에 타버려서 (후략)

3. 선릉 풍수 분석

조선 9대 임금 성종대왕과 그의 세 번째 정비인 정현왕후의 선릉은 백두대간 - 속리산 천황봉 - 한남금북정맥 - 한남정맥으로 이어지는 산줄기가 북서진하다가 백운산에서 다시 갈라진 관악지맥에 있는 관악산의 한 자락에 위치하고 있다.

관악지맥의 중심인 관악산에서는 사방팔방으로 많은 산줄기들이 뻗어 나가는데, 이 중 북동쪽으로 뻗어 나간 산줄기가 남태령 과협을 지나 우면산을 만든다. 우면산 동쪽 끝자락에 해당하는 서초구청 뒷산에서 양재역 사거리 - 싸리고개 근린공원을 지나 매봉산을 세운다.

매봉산에서는 산줄기가 크게 둘로 나뉘는데, 여기서 북쪽으로 치고 올라간 가지가 현재 한국은행 강남 본부 뒤를 지나 충현교회 부근에 해발 약 68m 봉우리를 만들었다.

이 봉우리에서 북동쪽으로 나간 용맥이 과협을 한 후 현재 학동초등학교 서쪽에 해발 약 87m의 도앙봉을 세운다. 여기서 북동쪽으로 뻗어 가는 산줄기가 남쪽 방향으로 몇 개의 능선을 내려보내는데, 가장 먼저 생긴 용맥에 성종대왕릉이 위치하고 있으며, 그다음으로 내려간 능선에 정현왕후릉이 자리를 잡고 있다.

성종대왕릉 자리는 세종대왕의 다섯째 아들인 광평대군의 묘가 있던 곳으로, 왕릉을 풍수 길지에 만들기 위해서는 종조부(할아버지 형제)의 무덤을 옮기는 것까지도 거리낌 없이 행해졌다.

선릉 용세(龍勢)

 우면산에 이어 매봉산을 만든 용맥은 양재천, 탄천, 한강이 둘러싼 구역과 반포천 북단부로 넓게 뻗은 산줄기인데, 그중 학동초등학교 서쪽 해발약 87m의 도앙봉에서 나온 두 줄기 능선에 선릉이 위치하고 있다.

 성종대왕의 능이 있는 용맥은 능역 북쪽 담장에서 곡장까지 약 80m 구간에서 활발히 기복하는 모습을 확인할 수 있고, 능 앞에도 길게 여유 공간이 있어 안정감을 준다.

 정현왕후릉이 위치한 능선은 재실 방향으로 내려가는 줄기가 활발히 변화하는 모습을 볼 수 있지만 정작 능이 있는 곳은『중종실록』에 기록되었듯이 작은 지각에 보토를 해서 만든 자리임을 알 수 있다.

주룡:
능선:
물길:

정현왕후릉

성종대왕릉

저수지

선릉 사격(砂格)

항공 사진에 보이는 성종대왕릉의 백호는 상당히 높고 큰 능선인데, 그 능선이 능역을 감싸 안아 주듯 안으로 굽었고, 또 여러 개의 지각들이 내려와 더욱 튼실하게 보이는 형태이다.

반면에 청룡은 높이나 크기도 양호하고 몇 개의 지각이 생기기는 하였지만 전체적으로 끝이 반배를 하는 형상이라서 수구를 완전히 관쇄시키지는 못하고 있다. (현재 선릉에서 사격을 보면 1970년대 이후에 강남 개발 사업이 진행되어 백호 쪽과 앞쪽에 높은 빌딩과 건물들이 빼곡하게 서 있다. 그래서 자연 상태의 지형을 판단하기 쉽지 않기 때문에 1960년대 국립지리원 항공 촬영 사진을 참고하여 설명하였다.)

선릉 수세(水勢)

　선릉은 성종대왕릉의 서쪽에는 능역 담장이 가깝게 쌓아져 있다. 그런데 이 능역 담장 바깥에는 자연 상태의 큰 물길이 있었다. 하지만 지금은 대로가 만들어져 있어 시각적으로 물길로 인식을 하지는 못하는 상태이다. 다만 능이 있는 능선과 도로 건너편의 지형을 살펴보면 물길의 위치를 가늠해 볼 수 있다.

　성종대왕과 정현왕후의 두 능은 먼 곳에서 갈라진 각각 다른 능선에 있으므로 그 중간에는 제법 규모가 큰 물길이 있어야 하는 것이다. 현재는 정현왕후릉 앞쪽의 능역 바깥에서 들어오는 배수 구멍부터 홍살문 동쪽에 배수관을 매설한 구간까지의 자연 물길은 육안으로 확인이 가능하다.

선릉 자연 지형

성종대왕릉이 있는 곳의 자연 상태 지형은 현재 학동초등학교 서쪽 봉
우리에서 분맥한 용맥이 약 700m를 내려와 산줄기가 끝나는 지점이었다.
그런데 재실 앞에 저수지가 만들어질 정도로 수구가 벌어져 있어 장풍의
조건이 완전히 갖추어지지 못한 지형이었다.

이 문제를 해결하기 위해 곡장 뒤 첫 번째 볼록한 부분에서 개장과 천심
이 일어났다. 개장한 백호 능선이 길게 앞으로 나간 다음 한 가지는 홍살
문 쪽으로 뻗고, 또 한 가지는 동쪽으로 돌며 부족한 장풍의 조건을 보완
하면서 안산의 역할까지 하고 있다. 개장한 청룡 능선은 짧게 마무리되었
고, 중출한 천심맥은 가운데로 들어가 혈을 결지하였다.

13장

9대 순릉
(공혜왕후)

1. 공혜왕후 계보도

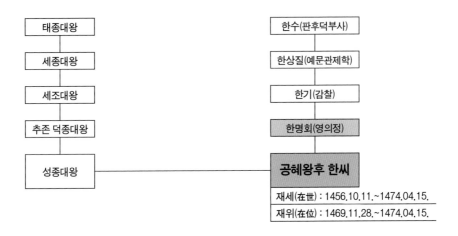

☞ 공혜왕후는 상당부원군 한명회의 넷째 딸로, 큰언니는 신숙주의 며느리, 둘째 언니는 세종대왕의 서장녀인 정현옹주의 며느리, 셋째 언니는 예종대왕의 첫 부인인 장순왕후이다.
예종대왕의 조카인 자을산군과 혼인을 하여 장순왕후와는 친정에서는 자매이지만 시댁인 왕실에서는 시숙모와 조카며느리 관계가 된다.

2. 순릉 조성 기록

　조선 9대 임금 성종대왕의 원비인 공혜왕후는 1456년 10월 11일에 한양 연화방에서 상당부원군 한명회와 황려부부인 민씨의 넷째 딸로 태어났고, 1467년 1월 12일에 12세의 나이로 의경세자의 차남인 자을산군과 혼례를 올렸다. [1]

　이때까지는 왕비가 될 가능성이 전혀 없었는데, 1468년 9월 8일 세조대왕이 세상을 떠났고, 이어서 보위에 오른 예종대왕마저 이듬해 11월 28일 갑자기 사망했다. 그러자 대왕대비인 정희왕후는 예종대왕의 아들 제안대군은 어리다는 이유로, 의경 세자의 장남 월산대군은 건강하지 않다는 이유로 왕위에서 배제하고, 한명회의 사위인 자을산군을 예종대왕의 양자로 입적시켜 보위를 잇게 하여 1469년 11월 28일 왕비가 되었다. [2]

　왕비 책봉 후 약 4년이 지나도 회임하지 못하였는데, 1473년 3월 19일 고(故) 판봉상시사 윤기견의 딸이 종2품 숙의로 간택되었다. 공교롭게 그해 7월 초 공혜왕후의 건강이 나빠지자 피병을 위해 친정집으로 이어를 했다. 약 40일 만인 9월 11일에 돌아와 선정전에서 양로연을 베푸는 등 건강이 회복한 듯하였으나 12월에 병이 다시 재발하였다. 왕비의 건강 회복을 위해 종묘, 사직, 명산대천에 기도를 올렸으나,[3] 1474년 4월 15일에 사망

---

1) 『세조실록』(13년 1467년 1월 12일 기묘) 자을산군이 한명회의 딸을 친영하다.

2) 『성종실록』(즉위년 1469년 11월 28일 무신) 대비의 명에 의해 경복궁에서 즉위하다.

3) 『성종실록』(5년 1474년 3월 23일 무신) 중궁이 편치 않아 조관을 보내 명산대천에 기도하게 하다.

소재지 : 경기도 파주시 조리읍 파주 삼릉 내

하였다.

　성종대왕은 능지를 언니인 장순왕후의 공릉 주변에서 찾도록 지시하였
다. [4] 그리고 예조에 직접 "이번에 만드는 능은 공릉의 도국 안에서 을방으
로 내려온 산맥의 묘좌 유향에 터를 잡으라."라고 전교하여 불과 7일 만에
터가 정해졌다. [5]

---

4) 『성종실록』(5년 1474년 4월 20일 갑술) 공릉 부근에다 능지를 살펴보게 하였다.

5) 『성종실록』(5년 1474년 4월 22일 병자) 친정아버지인 한명회의 뜻이 반영되었을 가능성이 높은데,

좌향 : 묘좌 유향

　왕비의 장례일을 통상적인 기간보다 짧게 잡았는데, 하필 이 무렵이 장마철이었다. 6월 2일 재궁이 발인을 하였는데, 숭례문에 이르렀을 때 마침 큰비가 내려 상여를 메는 담여군 군사들이 갈 수 없을 정로도 모두 젖어 예비로 뽑아 놓은 가초군 군사 200명을 보낸 끝에 6월 7일 장례를 마쳐 순릉이 만들어졌다. [6]

　미리 자리를 준비해 놓은 것처럼 신속하게 결정되었다.

6) 『성종실록』(5년 1474년 6월 2일 을묘)

3. 순릉 풍수 분석

조선 9대 성종대왕의 정비인 공혜왕후의 순릉은 공릉과 같은 능역에 있으므로 따라서 큰 산줄기 체계는 같다. 백두대간 분수령에서 분맥하여 백빙산 - 대성산 - 백운산 - 수원산 - 죽엽산 - 축석령 - 고장산 - 양주산성을 지난 한북정맥이 한강봉을 만든다. 여기서 남서쪽으로 약 700m 내려와 한북정맥과 분리되어 북서쪽으로 갈라진 산줄기가 꾀꼬리봉 - 양주시 고령산 - 파주시 개명산 - 됫박고개 - 고양시 비호봉 - 우암산 - 고양시 덕양구와 파주시 광탄면 경계의 혜음령 - 용미리 공원묘지 서쪽의 명봉산으로 이어지는 신한북정맥 산줄기에 순릉이 위치하고 있다.

한명회는 벼슬길에는 늦게 올랐으나 조부 한상질이 명나라에 가서 국호를 '고려'에서 '조선'으로 바꾸는 재가를 받아 오기도 하는 등 고려 말부터 이어진 명문가의 자손으로, 현재까지도 이름이 많이 알려져 있다.

풍수 측면에서 한 가지 짚어 볼 것은 한명회의 큰딸은 신숙주의 장남 신주와 혼인하였는데, 신주가 22세에 사망하여 청상이 되었다. 또 셋째 딸은 예종대왕이 세자일 때 결혼하여 세자빈이 되었으나 17세에 세상을 떠났으며(후에 장순왕후로 추숭), 넷째 딸은 자을산군과 결혼한 후 엉겁결에 왕비가 되었지만 19세에 사망하였다.

한명회 본인은 1등 공신에 네 번이나 오르며 73세의 세수를 누렸으나, 두 딸이 10대에 죽어 단명하였고, 다른 딸은 젊어 과부가 되는 불행이 이어졌다. 어느 조상의 묘터에 문제가 있는 것은 아닐까 생각해 본다.

순릉 용세(龍勢)

순릉의 용맥도 공릉과 같이 해발 약 245m의 명봉산에서 이어지는 용맥의 한 줄기에 있다. 명봉산에서 북쪽으로 약 400m를 행도한 용맥이 분맥을 하고, 여기서 다시 서쪽으로 약 1km를 뻗어간 산줄기가 북두고개(장곡삼거리)를 건너간다.

북두고개 삼거리를 건너 약 150m를 서쪽으로 간 다음 세 개의 능선으로 분맥을 하고, 여기서 북쪽으로 약 400m를 올라간 용맥이 다시 두 개의 산줄기로 나뉘는데, 하나는 공릉의 용맥이자 순릉의 백호 능선이 되며, 하나는 순릉의 주룡이 된다.

순릉의 주룡은 북서쪽 방향으로 활기찬 기복과 위이를 하며 행도하다가 용진처에 가까워지면 방향을 서쪽으로 돌리며 행도를 마무리한다.

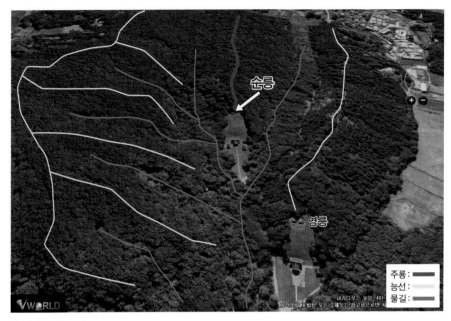

순릉 사격(砂格)

　순릉의 사격은 많은 조선 왕릉 중에서 으뜸이라 할 만큼 보국이 잘 만들어진 곳이다. 북두고개 근처에서 갈라져 남쪽에서 주룡을 호종하며 내려온 능선이 청룡이 되는데, 처음에는 능선의 방향이 서쪽이었다가 끝으로 가면서 북서쪽으로 굽으면서 수구를 막아 주고 있다.

　또 북두고개 부근에서 북쪽으로 간 다음, 순릉의 주룡과 분리된 다른 능선은 능고개를 지나 시계 반대 방향으로 돌면서 공릉봉을 만드는 과정에서 여러 지각들을 내려보내 순릉의 백호가 되도록 하고 있다.

　순릉의 능상에서 보면 청룡 쪽은 추존 진종대왕의 영릉으로 내려가는 하나의 능선만 보이지만 백호 쪽은 여러 개의 능선들이 내려와 겹겹이 둘러싸고 있어 수구가 완벽하게 막혀 있다.

순릉 수세(水勢)

　순릉의 청룡 쪽 수세는 턱골(주룡과 청룡 능선 사이의 골짜기)에서 내려오는 물길로 대체로 단순한 형태이다. 반면 백호 쪽 물길은 많은 지각들 사이에서 시작된 물길들이 내려오면서 차례차례 모이기 때문에 복잡하며, 물길의 형상이 구불구불하여 "구곡육수(九谷六水)가 면전취합(面前聚合) 한다."라는 표현과 부합하게 능 옆으로 흘러온다.

　이렇게 청룡과 백호 양쪽 골짜기에서 내려온 물은 홍살문 서쪽 약 40m 지점에서 합수되어 관쇄된 수구로 흘러가는데, 능상에서는 이 수구까지만 물길이 보이고 그 밖으로는 보이지 않는다. 이후 영릉에서 내려오는 물길과 합쳐지고, 이어서 공릉 주변에서 내려온 물과 만나 외수구를 통해 공릉천으로 흘러간다.

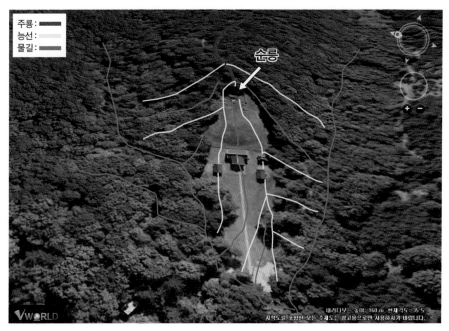

순릉 자연 지형

순릉의 주룡은 아주 큰 능선은 아니지만 굽이굽이 방향을 틀며 행도하다가 곡장 뒤 약 70m 지점에 약간 볼록한 봉우리를 만들고 양옆으로 개장 능선을 만든다. 이어 천심한 중출맥이 곡장 뒤에서 다시 백호 쪽으로 지각을 내려보내 백호 쪽 물길로 지나다니는 바람을 차단하도록 하는데, 이 능선에 수라간이 자리 잡고 있다.

가운데로 내려온 주룡은 혈을 결지하고 나서 앞으로 갱진하는 능선을 내려보내는데, 이 능선에 비각과 수복방이 건축되어 있다. 그리고 이 지각에서 만들어진 작은 지각들이 청룡 물길 쪽으로 만들어져 물길로 오르내리는 바람이 능역으로 다가오지 못하도록 막아 주는 역할을 하고 있다.

14장

10대 연산군묘
(연산군 거창군부인 신씨)

1. 연산군 계보도

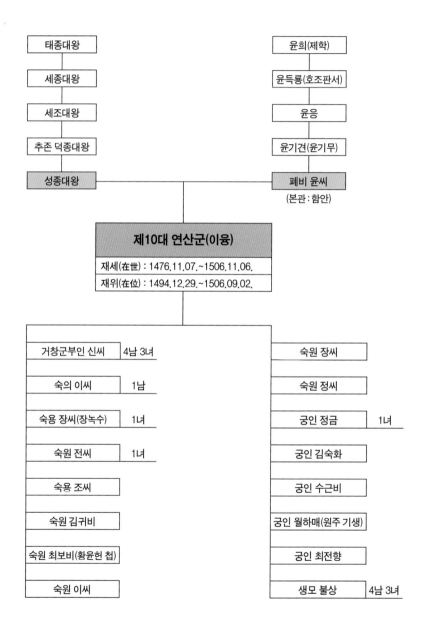

태종대왕

세종대왕

세조대왕

추존 덕종대왕

성종대왕

윤희(제학)

윤득룡(호조판서)

윤응

윤기견(윤기무)

폐비 윤씨
(본관 : 함안)

제10대 연산군(이융)

재세(在世) : 1476.11.07.~1506.11.06.

재위(在位) : 1494.12.29.~1506.09.02.

거창군부인 신씨　4남 3녀

숙의 이씨　1남

숙용 장씨(장녹수)　1녀

숙원 전씨　1녀

숙용 조씨

숙원 김귀비

숙원 최보비(황윤헌 첩)

숙원 이씨

숙원 장씨

숙원 정씨

궁인 정금　1녀

궁인 김숙화

궁인 수근비

궁인 월하매(원주 기생)

궁인 최전향

생모 불상　4남 3녀

2. 연산군묘 조성 기록

조선 10대 임금 연산군은 1476년 11월 7일 성종대왕과 폐비 윤씨(윤기견 딸) 사이에서 태어났으며, 1483년 2월 6일에 세자로 책봉되었고, 거창부원 군 신승선의 딸과 1488년 2월 6일에 혼례를 올렸다.

그로부터 6년여 뒤인 1494년 12월 24일 성종대왕이 사망하자 닷새 뒤인 12월 29일 연산군이 왕위에 올랐다. 이후 연산군은 재위 4개월 뒤 성종대 왕의 묘지문을 쓰는 과정에서 자신이 네 살 때인 1479년 6월 2일 생모 윤 씨는 폐서인이 되었고, 1482년 8월 16일 사약을 받고 죽었다는 사실을 알 게 되었다.[1]

폐비 윤씨에게 사약을 가지고 갔던 이세좌를 1504년 사사하는 것으 로 갑자사화가 시작되었다. 폐비의 일에 관련된 사람들 가운데 살아 있는 이는 처형을 하고, 이미 죽은 사람은 부관참시를 하였으며, 사소한 연관 만 있어도 유배를 보내거나 곤장을 쳤다. 그리고 성종의 후궁이었던 귀인 엄씨와 장씨를 장살(杖殺)한 다음 시신을 훼손하는 악행을 저질렀으며,[2] 1504년 3월 24일에 폐위된 생모의 시호를 '제헌왕후', '회묘'를 '회릉'이라 추숭하였다.

---

1) 『연산군일기』(1년 1495년 3월 16일 기해) 성종의 묘지문 관계로 생모 윤씨가 죄로 폐위되어 죽은 줄 알다.

2) 『연산군일기』(10년 1504년 3월 20일 신사) 왕이 모비 윤씨가 폐위되고 죽은 것이 엄씨와 정씨의 참 소 때문이라 하여, (후략)

소재지 : 서울특별시 도봉구 방학동 562-3

또 안순왕후, 공혜왕후는 물론 생모인 윤씨의 제사도 지내지 않으면서[3] 향락을 위해 흥청악과 운평악, 광희악 등을 계속 확대하였다.[4]

이같은 폭정으로 1506년 9월 2일 중종반정이 일어났고, 왕위에서 쫓겨난 연산군은 강화 교동에 유배되었다. 유배된 지 약 두 달 만에 연산군이

---

3) 『연산군일기』(11년 1505년 4월 13일 무진) 안순왕후 등의 기를 행하지 않다. 생모 윤씨의 기신까지 폐지하다.

4) 『연산군일기』(11년 1505년 4월 16일 신미) 흥청악 300, 운평악과 광희악을 1,000씩 단오까지 채우라 전교하다.

좌향 : 임좌 병향(천반봉침)

역질로 1506년 11월 8일 향년 31세에 사망하자, 중종대왕은 왕자의 예에 준하여 장사를 치르도록 하였으며, 명절마다 치제토록 하였다.

약 7년 후 거창군부인이 홍수로 침식된 연산군묘 이장 요청을 하자 중종 대왕이 쌀과 베 등 필요한 물품 등을 보내 주며 허락해 주어 양주 해촌으로 이장을 하였다.[5] 그 뒤 1537년 4월 8일 거창군부인이 향년 62세로 세상을 떠나 남편 연산군 옆에 묻혀 오늘에 이르고 있다.

─────────────

5) 『중종실록』(7년 1512년 12월 12일 임자) 신씨가 연산군을 양주 해촌으로 이장할 것을 상언하다.

3. 연산군묘 풍수 분석

조선 10대 임금이었다가 폐위된 연산군과 역시 왕비였다가 폐비가 된 거창군부인의 묘는 백두대간 분수령에서 분맥한 산줄기가 백빙산 - 대성산 - 백운산 - 죽엽산 - 축석령 - 고장산 - 양주산성 - 한강봉으로 이어지고, 여기서 남서쪽으로 약 700m 내려온 다음 도봉산으로 연결되는 한북정맥에 위치하고 있다.

한강봉에서 쳴봉 - 사패산 - 도봉산 신선대를 지나고 남쪽으로 약 2km를 내려온 다음 원통사 북서쪽 약 200m 뒤 분지처에서 인수봉 - 보현봉 - 형제봉을 거쳐 한양 도성의 궁궐 등으로 가는 산줄기를 갈라 보낸다. 이 산줄기를 경계로 동쪽으로는 중랑천이 흐르고, 서쪽으로는 송추계곡을 시작으로 창릉천이 만들어져 흐르게 된다.

원통사 북서쪽에서 분맥을 한 산줄기는 다시 약 2km를 남쪽으로 행도하여 천주교 방학동 공원묘원 북쪽에 당도하는데, 여기서 두 갈래로 나누면서 서서히 혈을 결지할 준비를 시작한다.

폭군이었던 연산군도 어릴 때 자신을 키워 준 중종대왕의 생모 자순대비(정현왕후)와 자신의 아들을 키워 준 월산대군 부인인 승평부대부인은 각별히 챙겼다.

그래서 중종대왕도 이복형 연산군의 유배나 장례, 이장 등에서 많은 배려를 하였는데, 특히 거창군부인이 요청한 이장할 특정 장소를 허락해 준 것을 보면 연산군에 대한 중종대왕의 마음을 읽을 수 있다.

입수룡

연산군묘 용세(龍勢)

한북정맥 첼봉에서 사패산을 거쳐 계속 남쪽으로 내려온 큰 산줄기는 천주교 방학동 공원묘원 북쪽에 해발 약 225m 봉우리를 만들면서 동쪽으로 가는 산줄기와 남쪽으로 내려가는 산줄기로 나뉜다.

이곳에서 남쪽으로 내려간 산줄기가 약 200m를 행도한 다음 점차 살기를 털어 내며 방향을 남서쪽으로 바꿔 약 450m를 가고 다시 동남쪽으로 머리를 돌려 450m를 더 가서 과협처를 만든다.

이 과협처는 서울 강북구와 도봉구의 경계가 되는 고개로, 현재는 '왕실 묘역 길'이라는 둘레길이 시작되는 곳 부근에 있다. 이 과협처에서 동쪽으로 약 700m를 행도하는 과정에 기복과 위이를 계속 반복하면서 힘센 생룡의 모습으로 묘역에 다가간다.

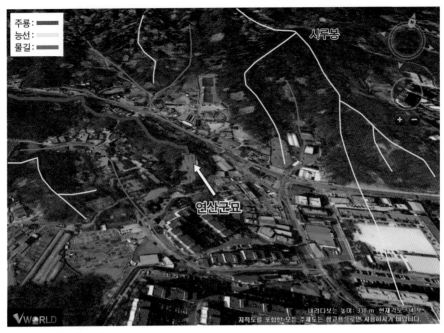

연산군묘 사격(砂格)

　천주교 방학동 공원묘원 북쪽 해발 약 225m의 분지처에서 동쪽으로 분맥한 산줄기가 약 200m를 가서 남쪽으로 큰 줄기 하나를 내려보내는데, 이 능선에 시루봉이 만들어졌다. 시루봉에서는 여러 능선들이 생겨나서 정의공주묘, 목서흠 선생 묘 등이 있으며, 방학천을 만나는 곳까지 내려가 연산군묘의 외청룡 능선들이 된다.

　천주교 방학동 공원묘원에서 내려온 주룡은 과협처를 지나면서 나뉜다. 여기서 남쪽으로 약 1km를 내려가 쌍문근린공원 부근에서 동쪽으로 방향을 돌리고 중랑천 방향으로 간 능선이 연산군 묘역의 백호 능선이 된다. 이 산줄기는 멀리 초안산과 영축산을 만들고 석계역 부근에서 끝난다.

연산군묘 수세(水勢)

연산군묘 남서쪽에 있는 원당샘 안쪽의 골짜기에서 시작되어 연산군묘 재실 앞을 지나 방학천으로 흘러가는 물줄기가 백호 쪽 수세이다.

또 주룡의 과협처에서 동쪽으로 흐르는 물과 천주교 묘원의 여러 골짜기에서 내려온 물들이 합쳐진 다음 동남쪽으로 가서 정의공주 묘역 주변의 물과 함께 내려오는데, 이 물이 연산군묘 청룡 쪽 수세이다.

청룡 쪽과 백호 쪽 물이 합쳐지면서 제법 규모가 큰 방학천이 만들어지는데, 이 하천은 동쪽으로 약 2.5km를 흘러가 중랑천으로 이어지게 된다.

현재 방학천은 신방학파출소 위쪽은 복개되었고, 아래쪽은 복개되지 않은 상태이다.

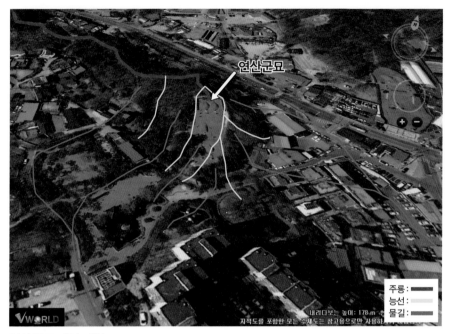

연산군묘 자연 지형

태종대왕의 마지막 후궁인 의정궁주가 단종대왕 때인 1454년 2월 8일 세상을 떠났고, 이곳에 무덤이 만들어졌다. 그 뒤 중종대왕 때 연산군묘를 이장해 왔고, 거창군부인 사후 쌍분 형태로 묘가 만들어졌으며, 나중에 연산군의 적장녀 휘순공주 부부의 묘까지 생겨 지금의 형태가 되었다.

이런 과정을 거치며 지형이 바뀌었는데, 꿈틀거리며 행도한 용맥이 마지막에 치고 올라와 야트막한 봉우리를 만들며 방향을 바꾸는 박환을 한다. 곡장 뒤에서 능선이 세 갈래로 나뉘어 좌우의 능선은 청룡과 백호가 되어 보국을 만들고, 가운데 능선은 혈을 결지하고 있다. 능상 청룡에서 생긴 지각에 서울특별시 기념물 제33호 은행나무가 서 있다.

15장

11대 정릉(靖陵)
(중종대왕)

1. 중종대왕 계보도

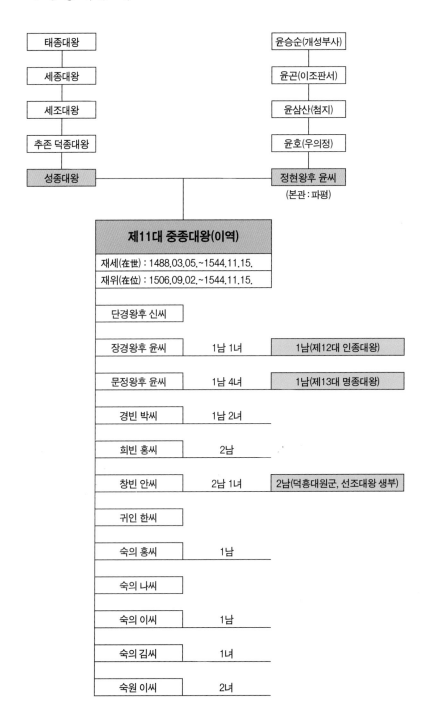

태종대왕

세종대왕

세조대왕

추존 덕종대왕

성종대왕

윤승순(개성부사)

윤곤(이조판서)

윤삼산(첨지)

윤호(우의정)

정현왕후 윤씨
(본관 : 파평)

제11대 중종대왕(이역)

재세(在世) : 1488.03.05.~1544.11.15.
재위(在位) : 1506.09.02.~1544.11.15.

왕비/후궁	자녀	
단경왕후 신씨		
장경왕후 윤씨	1남 1녀	1남(제12대 인종대왕)
문정왕후 윤씨	1남 4녀	1남(제13대 명종대왕)
경빈 박씨	1남 2녀	
희빈 홍씨	2남	
창빈 안씨	2남 1녀	2남(덕흥대원군, 선조대왕 생부)
귀인 한씨		
숙의 홍씨	1남	
숙의 나씨		
숙의 이씨	1남	
숙의 김씨	1녀	
숙원 이씨	2녀	

2. 정릉 조성 기록

조선 11대 중종대왕은 1488년 3월 5일 성종대왕의 둘째 아들로 태어났는데, 어머니는 성종대왕의 세 번째 정비인 정현왕후이다. 1494년 진성대군으로 봉해졌으며, 1506년 9월 2일 박원종 등이 일으킨 반정으로 연산군이 폐위되면서 19세의 나이에 왕이 되었다. [1]

신하들에 의해 엉겁결에 왕위에 옹립되다 보니 실권이 없었으며, 강압에 의해 본처인 단경왕후와 강제로 이혼도 하게 되었다. [2] 또 재위 기간 내내 훈구파와 사림파 간의 다툼 속에 기묘사화와 작서의 변 등이 발생하였으며, 뚜렷한 업적을 남기지는 못하였다.

중종대왕은 재위 39년이 되던 1544년 봄부터 견갑통이 생기더니 10월 초에는 오른쪽 귀밑에 종기가 생겼고, 변비와 빈맥, 심열(心熱) 등이 발생하였다. 그해 11월 14일 음축증(음경 축소증)이 발생하자 세자에게 전위를 하겠다고 유언을 한 후 다음 날 저녁 무렵인 유시(酉時) 사망하였다. [3]

왕위에 오른 인종대왕은 신하들에게 경릉의 청룡 바깥(현재 순창원 또는 수경원 터로 추정) 터, 장경왕후의 희릉(현재 서삼릉 경내) 서쪽 100보 지점을 추천받았다. 외숙인 윤임이 풍수상 문제를 제기하여 잠시 고민을 하였으

---

1) 『연산군일기』(12년 1506년 9월 2일 기묘) 중종이 경복궁에서 즉위하고 연산군을 폐하여 교동현에 옮기다.

2) 『중종실록』(1년 1506년 9월 9일 을유) 신수근의 딸을 궁 밖으로 내치다.

3) 『중종실록』(39년 1544년 11월 15일 경술) 유시에 상이 환경전 소침에서 훙하다.

소재지 : 서울특별시 강남구 선릉로 100길 1 선릉·정릉 내

나, 여러 신하들의 의견에 따라 희릉 옆에 장사를 지냈다. [4]

그 후 인종대왕이 재위 약 8개월 만에 세상을 떠나고, 문정왕후의 아들 명종대왕이 임금이 되었는데, 1549년 8월 문정왕후가 중종대왕의 능이 풍수적으로 문제가 있다고 천릉을 지시하였으나, [5] 문제가 없다는 상지관들

---

4) 『중종실록』(39년 1544년 12월 5일 기사) 부제학 송세형 등이 아뢰기를 "대행대왕의 능소는 총호사 윤인경 등이 두 번씩이나 가서 살피고 희릉에다 결정한 사실을 (중략) 근자에 어떤 필부(윤임)의 간특한 말로써 (후략)

5) 『명종실록』(4년 1549년 8월 19일 병진) 자전이 상지를 잘하는 자에게 정릉을 살필 것을 명하다.

좌향 : 건좌 손향(천반봉침)

의 의견에 따라 천릉 문제는 수면 아래로 내려갔다.

　그러다 1559년 4월 명종대왕이 직접 천릉을 명하였으나 사헌부와 사간원 등의 반대로 다시 미뤄졌다가 마침내 1562년 9월 4일 선릉 동쪽 능선으로 천릉을 하였다. 『역주 선정릉지』에는 정릉은 광주 서학동에 자리 잡고 있는데, 주산은 도앙봉, 내안산은 내남산, 외안산은 대모산(헌릉의 주산)이라 기록되어 있다. [6]

---

6) 『역주 선정릉지』, 장서각 編, 유지복 譯註, 한국학중앙연구원출판부, 2014, p.176.

3. 정릉 풍수 분석

조선 11대 임금 중종대왕의 정릉은 성종대왕의 선릉과 같은 능역에 있으므로 큰 틀에서 산줄기의 체계는 같다.

따라서 백두대간 - 속리산 천황봉 - 한남금북정맥 - 한남정맥으로 이어지는 산줄기가 북서진하다가 백운산에서 다시 갈라진 관악지맥에 관악산이 있다. 관악산에서 북동쪽으로 뻗어 나간 산줄기가 남태령 과협을 지나 우면산을 만들었는데, 우면산 동쪽 끝자락에서 양재역 사거리 - 싸리고개 근린공원을 지나 매봉산을 세운다.

매봉산에서 도곡중학교 부근을 지나 북쪽으로 치고 올라간 가지가 현재 한국은행 강남 본부 뒤를 지나 충현교회 부근에 해발 약 68m의 봉우리를 만든다. 이 봉우리에서 북동쪽으로 나간 용맥이 과협을 한 후 현재 학동초등학교 서쪽에 해발 약 87m의 도앙봉을 일으킨다. 여기서 북동쪽으로 뻗어 간 산줄기가 언주중학교 근처까지 가서 남쪽 방향으로 능선을 내려보내는데, 이 능선의 끝자락에 정릉이 자리 잡고 있다.

『명종실록』작성에 관여한 사관은 "중종대왕과 장경왕후의 능이 함께 있는 것을 질투한 문정왕후가 자신이 죽은 후 같은 무덤에 묻힐 계획으로 천릉을 한 것인데, 요승 보우와 적신 윤원형 때문에 15년 동안 편안하던 능이 옮겨졌다."라고 하였다.

정릉과 선릉은 임진왜란 때 내부가 파헤쳐지고 시신 등이 불태워지는 참변을 겪었다. 정릉을 천릉하지 않았다면 무탈했을 것인데…….

정릉 용세(龍勢)

우면산에 이어 매봉산을 만든 용맥에서 갈라진 한 줄기가 북쪽으로 올라가 학동초등학교 서쪽에 해발 약 87m의 도앙봉을 만든다.

이 도앙봉에서 북동쪽으로 뻗어 나간 산줄기는 현재 경기고등학교(봉은사 뒤)와 삼성동 아이파크 터로 이어지는 능선이다. 이 능선에서 성종대왕릉과 정현왕후릉이 있는 능선을 분맥하고, 또다시 가지를 나누는데, 이 능선의 끝자락에 중종대왕의 정릉이 위치하고 있다.

중종대왕릉이 위치한 능선의 상단부는 현재 능역 바깥에 있어 자연 지형을 분석하기가 어려운데, 능 가까운 곳의 자연 상태 능선을 자세히 보면 좌우의 기울기가 비대칭인 편룡으로 확인된다.

중종대왕릉

주룡 :
능선 :
물길 :

정릉 사격(砂格)

항공 사진에 보이는 중종대왕릉의 백호는 정현왕후릉이 있는 능선인데, 크기나 높이가 충분하고 형태도 어느 정도 안으로 굽어 있어서 비교적 양호한 모양이라고 할 수 있다.

반면 청룡은 형태가 앞으로 곧게 뻗어 있고 끝부분의 높이가 낮아져 보국을 만드는 데 충분하지 못함을 볼 수 있다. 또한 남쪽의 산도 길이가 부족하여 수구가 헤벌어져 있음을 확인할 수 있다.

이처럼 백호를 제외한 청룡과 남쪽의 산이 제내로 울타리를 만들어 주지 못한 형태라서 탄천 방향에서 능이 위치한 곳으로 바람이 불어온다. (1960년대 국립지리원 항공 촬영 사진을 참고하여 설명하였다.)

정릉 수세(水勢)

　정릉의 주룡과 정현왕후릉이 있는 백호 능선 사이에는 약 100m 정도의 간격이 있는데, 이곳은 두 개의 큰 산줄기에 의해 만들어진 작은 계곡이었다. 예전에는 이 물길에 계단식 논이 있었으나, 현재는 논이 있던 곳에 흙을 채우고 나무를 심어 조경을 한 상태이다.

　두 능선의 비탈면 경사도 등을 참고하여 지형을 관찰해 보면 자연 상태에서 물길이 있던 곳은 정릉의 주룡 쪽에 가까이 붙어 있었으며, 현재 그 물길은 능 옆까지만 노출이 되어 있는 상태이다.

　정릉 청룡 쪽에는 바로 옆에 태초의 물길이 있었는데, 이곳에 있는 건물들의 땅바닥을 보면 높낮이 차이가 있어 태초의 물길을 유추할 수 있다.

정릉 자연 지형

　『선조실록』1582년 7월 15일 기록에는 "장마 때는 정릉 정자각 섬돌까지 물이 차 재실에서 배를 타고 다녀야 해서 정자각 앞에 흙과 돌을 쌓았다." 라고 되어 있다. 1593년 4월 29일 기록에도 "강물이 불어나면 홍살문 있는 곳까지 배가 통행하고 하루가 지나도 물이 빠지지 않는다."라고 되어 있다. 이처럼 정릉 앞의 자연 지형은 지대가 매우 낮았었다.

　수맥 분포를 따져 정자각 주변의 지형을 조사해 보면 능상에서 갈라진 청룡 쪽 능선은 짧게 끝나고 백호 쪽 능선은 아래로 내려온 후 그 끝이 모두 서쪽으로 돌아간 것을 확인할 수 있다. 이는 어딘가의 청룡 역할을 하기 위함일 것이다.

16장

11대 온릉
(단경왕후)

1. 단경왕후 계보도

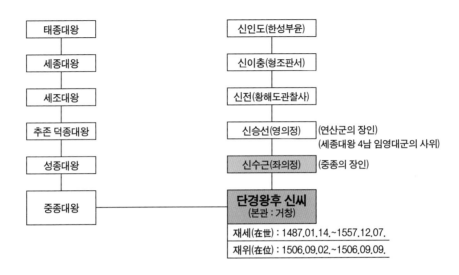

태종대왕 — 세종대왕 — 세조대왕 — 추존 덕종대왕 — 성종대왕 — 중종대왕

신인도(한성부윤) — 신이충(형조판서) — 신전(황해도관찰사) — 신승선(영의정) (연산군의 장인) (세종대왕 4남 임영대군의 사위) — 신수근(좌의정) (중종의 장인)

단경왕후 신씨
(본관 : 거창)
재세(在世) : 1487.01.14.~1557.12.07.
재위(在位) : 1506.09.02.~1506.09.09.

☞ 세종대왕의 넷째 아들인 임영대군의 큰딸이 신승선(단경왕후 조부)과 혼인을 하여 신수근과 거창군부인(연산군 부인)을 낳았다. 따라서 신수근은 임영대군의 외손자이며 단경왕후는 진외증 손녀가 된다. 이처럼 왕실과 혼맥이 연결되어 있음에도 중종반정 뒤 신하들의 압박으로 폐출된 단경왕후는 조선 왕조에서 재위 기간이 가장 짧은 왕비가 되었다.

2. 온릉 조성 기록

조선 11대 임금 중종대왕의 원비인 단경왕후는 1487년 1월 14일 익창부원군 신수근과 청원부부인 청주 한씨 사이에서 태어났다. 성종대왕이 1479년 6월 원비 윤씨를 폐하고, 1480년 11월 계비로 맞은 정현왕후가 1488년 낳은 진성대군과 1499년 13세의 나이로 혼인하였다. [1]

1506년 9월 2일 신수근 등을 죽이고 중종반정을 일으킨 박원종 등이 연산군을 폐위시키고 나서 진성대군을 왕으로 옹립하여 왕비가 되었다. 그러나 왕비가 반정에 동참하지 않은 신수근의 딸이며, 연산군 부인의 조카라는 이유로 7일 만에 궁궐에서 쫓겨나게 되었다. [2] 궁궐에서 나와 처음에는 하성위 정현조의 집에서 머물렀으나, [3] 나중에는 왕비가 되기 전에 진성대군과 살던 잠저에서 생활하게 되었다. [4]

폐비 신씨 부인은 본인이 폐비가 될 만한 잘못을 한 사실이 없었기 때문에 중종대왕의 지원을 받으며 생활하였는데, 중종대왕에 이어 왕위에 오른 인종대왕과 명종대왕도 비슷한 수준의 지원을 했던 것으로 보인다. [5]

---

1) 『국역 연려실기술 II』, 이긍익 著, 민족문화추진회, 1966, p.222.

2) 『중종실록』(1년 1506년 9월 9일 을유) 신수근의 딸을 궁 밖으로 내치다.

3) 『중종실록』(1년 1506년 9월 9일 을유) 신수근의 딸이 하성위의 집에 우거하다.

4) 『중종실록』(23년 1528년 1월 29일 임인) "어의동 폐비 신씨의 집(바로 금상의 잠저 때 집이다.)의 수직 군사를 6명으로 늘려 지키도록 하라."

5) 『인종실록』(1년 1545년 4월 6일 무술) 정원에 폐비궁을 돌볼 것을 전교하다.

소재지 : 경기도 양주시 장흥면 호국로 255-41

그렇게 삶을 이어 가던 신씨 부인이 1557년 12월 7일 향년 71세로 세상을 떠나자 명종대왕은 장생전의 관곽을 보내 주고, 왕후의 예에 의하여 염습을 하도록 하는 등 1등례로 상을 치르도록 하였다.[6] 이렇게 물품 등은 부족함이 없이 장례를 치르게 되었지만, 폐비가 되었기 때문에 전주 이씨 집안사람이 아닌 것으로 보고, 장지를 왕가의 선영에 정할 수는 없었다.

결국 묘소는 신수근의 묘 북쪽 5리에 있는 경기도 양주 장흥면 수회동에

6) 『명종실록』(12년 1557년 12월 7일 병술) 폐비 신씨가 졸하였다.

좌향 : 해좌 사향

만들어졌고, 친정 조카 신사원(愼思遠)이 제사를 모셨으나, 신사원의 손이 끊어져 다시 외손에게로 넘어가게 되었다. [7]

그 후 영조대왕 때인 1739년 3월 28일에 폐비 신씨를 230여 년 만에 왕비로 복위시키고, 시호를 '단경', 능호를 '온릉'으로 결정하였으며, [8] 봉릉도감을 만들어 능의 화소를 정하고 공사를 하여 오늘에 이르고 있다.

---

7) 『국역 연려실기술 II』, 이긍익 著, 민족문화추진회, 1966, p.238.

8) 『영조실록』(15년 1739년 3월 28일 갑술) 빈청에서 의논하여 신비의 시호 등을 정하게 하다.

3. 온릉 풍수 분석

백두대간 분수령에서 분맥한 한북정맥이 백빙산 - 대성산 - 백운산 - 수원산 - 죽엽산으로 이어진다. 이어 축석령 - 고장산 - 양주산성을 통과한 산줄기가 한강봉을 만들고, 한강봉에서 남서쪽으로 약 700m 내려와 북서쪽 꾀꼬리봉으로 가는 신한북정맥을 나누고, 남쪽 첼봉에서 사패산으로 가는 한북정맥과도 분리된다. 첼봉에서 남서쪽의 양주시 장흥면 고비골고개를 지나 생긴 일영봉 아래 산줄기에 조선 11대 임금 중종대왕의 원비인 단경왕후의 온릉이 위치하고 있다.

첼봉에서 고비골고개와 일영봉을 거쳐 양주시 장흥면 삼상리의 삼상교까지 이어지는 산줄기를 경계로 동남쪽에는 장골천, 울대천, 송추계곡 등이 공릉천과 합쳐지고, 서북쪽에는 장흥유원지가 있는 석현천이 내려와 삼상교에서 두 계곡이 합수되어 흘러간다.

1506년 단경왕후가 폐출된 뒤 중종대왕은 1507년 장경왕후를 왕비로 맞아들였다. 그런데 1515년 2월 말 장경왕후가 인종대왕을 출산하고 6일 만에 사망하는 일이 발생하였다. 그해 8월 담양 부사 박상 등이 단경왕후를 복위시킬 것을 상소하였으나, 반정의 주도자들은 모두 사망한 상태임에도 중종대왕이 받아들이지 않았다.

이후 1517년 17세인 문정왕후를 두 번째 계비로 맞아들였다. 당시 단경왕후의 나이는 28세였으니 충분히 출산도 가능하였는데……. 인왕산 치마바위의 전설이 무색해지는 듯하다.

온릉 용세(龍勢)

　해발 약 520m의 첼봉에서 남쪽으로 약 450m를 내려온 용맥은 남서쪽으로 용맥 하나를 나눈다. 이 용맥이 고비골고개에서 과협을 하고, 연이어 크고 작은 봉우리들을 만들며 좌우로 지각들을 늘어뜨리고 약 3km를 뻗어 가서 해발 약 444m의 일영봉을 세운다.

　일영봉에서 먼저 외청룡이 될 큰 능선을 남쪽으로 내려보내고, 주룡은 계속해서 서남쪽으로 1.1km를 내려와서 내청룡과 조산(朝山)이 될 능선을 떨구고, 다시 200m를 더 가서 동남쪽으로 주룡을 나눠 보낸다.

　여기서 분맥한 주룡은 처음에는 다소 가파르게 출발하지만 중간 부분부터 경사도를 줄이고 내려오다가 마지막에는 S 자 형태를 그리며 행도를 마무리한다.

온릉 사격(砂格)

온릉의 주룡 가까이에 있는 청룡 하나는 짧게 마무리되고 있지만, 그 바깥의 청룡은 서남쪽으로 내려간 후 홍살문 라인을 지나면서 방향이 서쪽으로 90° 꺾이면서 공릉천을 만나는 지점까지 내려간다. 그 능선의 지각과 끝은 장풍의 조건을 만들기 위해 안으로 굽은 것을 볼 수 있다.

일영봉의 큰 산줄기가 능터로 용맥을 보내고 서남쪽으로 계속 뻗어 가면서 여러 개의 지각을 만들어 온릉 터의 백호가 되도록 하고 있다. 현재의 능역 안에만 세 개의 백호가 있으며, 대로(39호 국도)를 건너서는 더 웅장한 백호를 만들었고, 공릉천 건너의 노고산에서 뻗어 온 산줄기와 톱니바퀴처럼 맞물려 수구를 막고 있다.

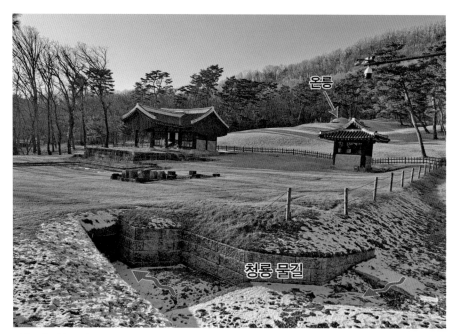

온릉 수세(水勢)

온릉의 수세는 청룡 쪽 물과 능 정면 앞쪽 산에서 내려오는 물이 서쪽으로 흘러간 다음, 재실 주변의 물과 능 입구 양쪽 산에서 내려오는 물들과 순차적으로 합쳐져 공릉천으로 흘러가는 형태의 지형이다.

그런데 청룡 쪽에서 백호 쪽으로 흘러가는 물길이 홍살문과 정자각 사이 참도 중간 부분 지하에 매설된 것이 온릉 수세의 특징이다.

이것은 능으로 격상되어 좁은 공간에 홍살문과 정자각 등 시설 배치를 위해 선택한 부득이한 방법이라 생각된다. (조선 왕릉 중에 참도 중간에 큰 물길이 있는 곳은 온릉과 효종대왕 영릉(寧陵) 두 곳인데, 영릉은 이 물길에 금천교가 만들어졌지만 온릉은 지하에 배수관이 매설되었다는 차이가 있다.)

온릉 자연 지형

온릉의 보국은 형태나 크기는 문제가 없는 듯 보인다. 하지만 내백호의 높이가 낮고, 홍살문부터 수구까지의 물길이 거의 직선에 가까운 형태라서 수구처의 바람이 홍살문까지 쉽게 오는 구조이다.

그래서 곡장 뒤 약 30m 지점에서 주룡에서 청룡 쪽으로 지각 하나가 만들어진다. 이 지각이 능상 옆에서 둘로 나뉘어 각각 앞으로 굽으면서 물길을 타고 오는 바람이 용진처로 오지 못하도록 하고 있는데, 한 가지에는 정자각, 다른 가지에는 비각이 위치하고 있다.

그리고 곡장 뒤 약 10m 지점에서는 용맥이 다시 세 갈래로 나뉘어 양쪽 청룡과 백호는 보국을 만들고 가운데 능선은 혈을 결지하고 있다.

17장

11대 희릉
(장경왕후)

1. 장경왕후 계보도

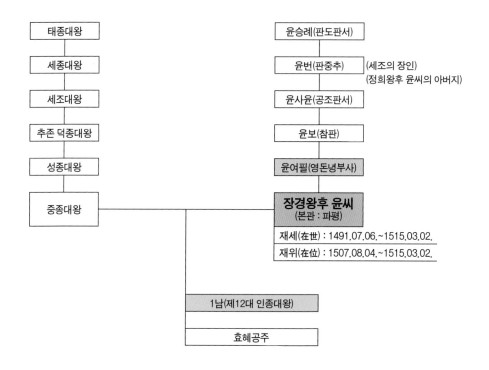

☞ 장경왕후 희릉 초장지는 구룡산과 대모산 중간에 있는 능선에 있다. 이 터를 1970년대에 발굴 조사 후 세종대왕 구 영릉 터라 발표하였으나 2008년 문화재청에서 재조사한 결과 쌍분 형태가 아니었고 발견된 유물 등으로 미루어 희릉 초장지로 밝혀졌다.

2. 희릉 조성 기록

　조선 11대 임금 중종대왕의 첫 번째 계비인 장경왕후는 1491년 7월 6일 파원부원군 윤여필의 딸로 태어났다. 단경왕후가 중종반정을 일으킨 신하들의 압력으로 폐출되자 후궁으로 간택되었다가 1507년 8월 4일 왕비로 책봉되었고,[1] 4년이 지나 1511년 5월에 효혜공주를 낳았다.

　그 뒤 1515년 2월 25일 원자를 출산하였는데, 산후 후유증으로 6일 만인 3월 2일 향년 25세의 나이에 갑자기 세상을 떠났다.[2]

　능 후보지는 추존 덕종대왕의 경릉 주변과 태종대왕의 헌릉이 있는 두 곳이 추천되었는데, 중종대왕은 차후 쌍분의 형태를 만들 수 있다는 말을 듣고 헌릉 주변으로 정하였다.[3]

　그런데 처음 정한 자리의 땅을 5자쯤 파 보니 커다란 암반이 박혀 있어, 수도(隧道, 봉분 앞 관을 내려놓았다가 밀어 넣는 곳)를 삼으려고 했던 곳으로 조금 내려서 작업을 진행하였다.[4]

　그 무렵 "그 자리는 양반이 묘를 쓰는 것은 괜찮으나 국릉으로 사용하면 임금에게 좋지 않고 백성들도 은성(慇盛)하지 못한다."라는 소문을 퍼트리

---

1) 『중종실록』(2년 1507년 8월 4일 을해) 근정전에 나가 중궁의 책봉례를 행하다.

2) 『중종실록』(10년 1515년 3월 2일 기미) 삼경 오점에 중궁이 승하하다.

3) 『중종실록』(10년 1515년 3월 12일 기사) 지리관 조윤 등에게 산릉의 묘터를 하문하다.

4) 『중종실록』(10년 1515년 3월 29일 병술) 도승지 손중돈이 산릉의 묘터에 돌이 있어 옮기는 일을 아뢰다.

소재지 : 경기도 고양시 덕양구 서삼릉 내

는 자들을 처벌하고,[5] 1515년 윤4월 4일에 건좌 손향으로 장례를 치렀다.

그로부터 약 22년의 세월이 흐른 다음 중종대왕은 장경왕후릉을 조성할 때 광중에 돌이 있었는지에 대해 조사하게 하였는데, 모두 사실로 확인되었다.[6] 중종대왕은 큰 돌이 있는 곳은 습기가 차게 된다는 신하들의 말을

---

5) 『중종실록』(10년 1515년 윤4월 1일 무오) 의금부에서 산릉에 관한 요언을 한 자들을 장 일백 도 삼년에 처하도록 아뢰다.

6) 『중종실록』(32년 1537년 4월 23일 신미) "광 안에 돌이 있다는 말을 듣고 가 보니, 거친 돌이 매우 많으므로 정으로 부수어 내고 지금의 혈을 썼습니다." / 1537년 6월 26일 기록에는 "수레 20여 대분의

좌향 : 간좌 곤향

들고 천릉을 결심한다. [7]

    천릉을 위해 능을 파 보니 내재궁과 외재궁 사이에 끼워 넣은 옷가지는 다 젖었고, 외재궁 본판 아래의 흙은 진흙 같았다. [8] 새 희릉지는 고양군 원당리 터로 정하여 1537년 9월 초 천릉을 하여 오늘에 이르고 있다.

    돌을 캐냈다."라고 기록되어 있음.

7) 『중종실록』(32년 1537년 4월 25일 계유) 희릉을 옮기도록 하다.

8) 『중종실록』(32년 1537년 8월 26일 임신)

3. 희릉 풍수 분석

백두대간 분수령에서 분맥하여 백빙산 - 백운산 - 수원산으로 한북정맥의 산줄기가 이어진다. 다시 사패산 - 도봉산 - 문수봉 - 상장봉에서 노고산 - 옥녀봉으로 이어지는 산줄기가 남쪽으로는 창릉천, 북쪽으로는 공릉천을 거느리며 행도한다.

계속해서 숫돌고개(고양시 삼송동)를 지난 다음 농협대학교 뒤에 이르러 해발 약 95m의 봉우리를 만들고 몇 개의 능선으로 나눠진다. 여기서 북쪽으로 뻗어 올라간 다음 서쪽으로 행도해 간 능선에 장경왕후의 희릉이 자리 잡고 있다.

희릉은 처음에는 구룡산과 대모산의 중간에 있는 작은 봉우리에서 동남쪽으로 내려간 산줄기 끝에 있었다. 광을 팔 때부터 커다란 암반이 나온다는 사실이 임금에게 보고되었으나, 그 약간 아래쪽은 토질이 좋다고 해서 능을 조성하였지만 나중에 이것이 문제가 되어 천릉을 하게 되었다.

1973년과 1974년에 세종대왕 기념사업회에서 구 희릉 터 주변을 발굴하였는데, 세종대왕 신도비 등이 발견되어 '구 영릉' 터로 알려지기도 하였다. 그러나 2008년 다시 발굴 조사를 한 결과 바닥에 암반층이 있고 그 위에 너비 1,615mm, 길이 2,900mm, 높이 1,420mm 회격으로 현궁을 조성한 것이 『중종실록』 기록과 일치하여 희릉 초장지로 확인되었다. [9]

---

9) 김상협, 「조선왕릉 회격현궁 축조방법 연구」, 한국건축역사학회, 『건축역사연구』, 제21권 4호 통권 83호 2012년 8월, p.44.

희릉 용세(龍勢)

백두대간에서 한북정맥으로 이어지며 수없이 많은 분맥을 하면서 먼 거리를 행도해 온 산줄기는 농협대학교 북쪽의 봉우리에서 여러 개로 갈라지는데, 이 중 북동쪽으로 뻗어 올라간 용맥이 약 400m를 가서 뉴코리아CC 클럽하우스 부근에서 다시 가지 나눔을 한다.

주룡은 이곳에서 서쪽으로 약 300m 가서는 둘로 갈라지는데, 북서쪽으로 간 용맥은 효릉과 예릉으로 행도하는 산줄기이고, 남서쪽으로 내려온 줄기가 희릉 터로 내려오는 것이다.

마지막 분지를 한 산줄기는 완만한 경사로 내려오는데, 중간에서 방향을 살짝 바꾸는 것 이외에는 특별히 변화하는 모습은 보이지 않는다.

희릉 사격(砂格)

희릉의 사격은 동남쪽에 있는 농협대학교 북쪽의 산이 청룡이 되고, 북서쪽의 예릉이 있는 능선이 백호가 되는 지형으로, 큰 틀에서 보면 보국에 문제가 없어 보인다.

그런데 지형이 많이 변한 지금도 양쪽 산에서 여러 개의 지각들이 내려온 흔적이 보이는데, 이것은 희릉 터가 자연 상태의 지형에서는 능침살이나 사협수를 받는 자리였다는 의미가 된다.

또 청룡과 백호 능선의 끝이 교차하지 않고 벌어져 앞쪽 약 1km 정도가 뻥 뚫려 있는 지형이었으나, 능역과 종마 목장 사이 담 근처에 있는 나무 때문에 앞이 막혀 있는 것처럼 보이는 곳이다.

희릉 수세(水勢)

희릉 수세의 특징은 청룡 쪽 물길과 백호 쪽 물길의 크기가 현저하게 다르다는 점이다. 백호 쪽의 물길은 북동쪽 목초지에서 내려오는 물과 북서쪽 예릉 구역에서 내려오는 물이 제법 큰 배수로로 만들어져 있는데, 이 물은 홍살문 옆에서 합쳐져 지하로 흐른 뒤 종마 목장으로 흘러 나간다.

그렇다면 청룡 쪽에도 비슷한 크기의 물길이 있어야 하는데, 참도 동남쪽에는 작은 배수로만이 만들어져 있다. 이것은 청룡 쪽 물의 양이 적어서가 아니고, 경마 교육원 부근에서 시작된 물과 동남쪽 산에서 내려오는 물 대부분을 지하 배수로를 통하여 농협 젖소개량사업소 앞까지 흘려보내기 때문이다.

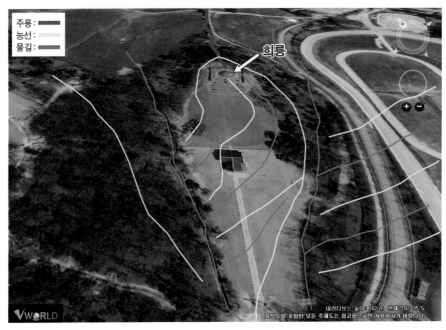

희릉 자연 지형

　희릉의 주룡은 밋밋하게 내려와 곡장 뒤 약 15m 지점에서 세 개의 능선으로 갈라진다. 백호 쪽 능선은 목초지에서 내려오는 물길을 만나 바로 끝나는데, 가운데 능선에는 능 봉분이 자리 잡았고, 더 내려간 능선 끝에 정자각도 지어졌다. 청룡 쪽으로 갈라진 능선은 동남쪽 산에서 내려오는 물길들이 능역으로 흘러오지 못하도록 막아 주는 역할을 하고 있다.

　희릉에서 풍수적으로 관찰할 사항은 참도 동남쪽 배수로 안쪽과 바깥쪽의 지면 높이를 비교해 보는 것이다. 배수로 바깥쪽이 안쪽보다 약간 높음을 볼 수 있는데, 이것은 산줄기가 능역 담장 안까지 내려왔었음을 알 수 있는 사항이다.

18장

11대 태릉
(문정왕후)

1. 문정왕후 계보도

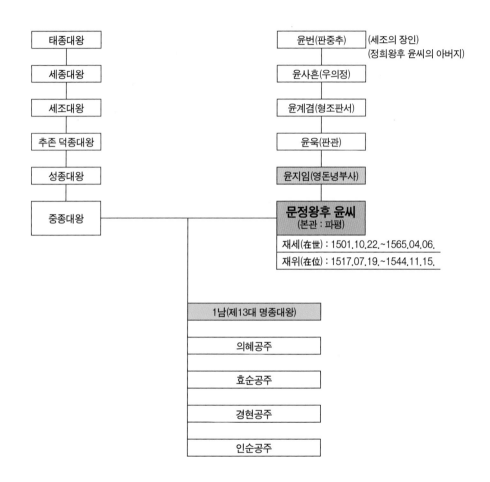

☞ 문정왕후의 능은 중종대왕 정릉 근처에 만들고자 하였으나 풍수상 문제로 포기하였다. 이후 대방동의 김사청 묘와 장단의 김영렬 묘를 검토한 끝에 자손이 월등히 많은 김사청의 묘로 정하였다.

2. 태릉 조성 기록

조선 11대 중종대왕의 두 번째 계비인 문정왕후는 1501년 10월 22일(선원보감 3월 21일) 파산부원군 윤지임의 딸로 태어났으며, 1515년 3월 2일 장경왕후가 사망하자 1517년 7월 19일 17세에 왕비로 책봉되었다.

문정왕후는 장경왕후의 아들을 양자로 입적시켜 처음에는 양육에 선의를 보였으나, 1534년 5월 22일 자신이 아들을 낳게 되자 자기 아들을 보위에 올리려는 욕심이 생기기 시작하였다.

1544년 11월 15일 중종대왕이 세상을 떠나고 보위에 오른 인종대왕이 재위 약 8개월 만인 1545년 7월 1일 사망하였다.[1] 후사가 없는 인종대왕의 뒤를 이어 문정왕후의 아들 경원대군이 1545년 7월 6일 12세의 나이에 보위에 올랐다.

그 후 4년이 지난 1549년 8월 문정왕후가 정릉(현재 서삼릉 예릉 터)이 풍수적으로 문제가 있다며 천릉을 지시하였으나,[2] 문제가 없다는 상지관들의 의견에 따라 천릉 문제는 수면 아래로 내려간다.[3] 그러다 약 10여 년의 시간이 흐른 1559년 4월 명종대왕이 직접 천릉을 명하였으나,[4] 사헌부와 사간원 등의 반대로 다시 미뤄졌다. 그러다 1562년 9월 4일 신릉 동쪽 능

---

1) 『인종실록』(1년 1545년 7월 1일 신유) 묘시에 상이 청연루 아래 소침에서 훙서하였다.

2) 『명종실록』(4년 1549년 8월 19일 병진) 자전이 상지를 잘하는 자에게 정릉을 살필 것을 명하다.

3) 『명종실록』(4년 1549년 10월 7일 계묘) 상진 등이 정릉을 간심한 후 흠잡을 데가 없다고 아뢰다.

4) 『명종실록』(14년 1559년 4월 23일 갑자) 빈청에 정릉을 천릉할 뜻을 전교하다.

소재지 : 서울특별시 노원구 화랑로 727

선으로 천릉을 하여 오늘의 정릉(靖陵)이 되었다. [5]

약 3년 후 1565년 4월 6일 문정왕후가 사망하여 정릉 부근에 능지를 정하고 땅을 파니 뽑아 낼 수 없을 정도의 큰 돌부리가 박혀 있었다. 명종대왕이 군장리 동쪽 능선에 능지를 잡아 보도록 하였으나 그곳은 '산체가 잔

---

5) 『명종실록』(17년 1562년 9월 4일 을유) 천릉 도감이 간시에 하관하고, 묘시에 안릉제를 지냈음을 아뢰다. / 중종대왕 정릉의 천릉에 대하여 사관은 "문정왕후가 중종대왕이 장경왕후와 같은 경내에 있는 것을 싫어하여 요승 보우가 봉은사 곁에 자리를 정하였다."라고 적었다.

좌향 : 임좌 병향(천반봉침)

약(殘弱)하여 쓸 수 없는 곳'이라는 신하들의 의견에 따라 김사청(선산 김씨)의 묘가 있던 대방동에 장사를 지냈다. [6] 『역주 태릉지』에는 태릉은 "양주 남쪽 노원면 대방동에 있으며, 지계(地界)는 남쪽 5리를 가서 사현이 있고, 동쪽 강릉 화소와 720보 거리이며, 북쪽 3리에 노원이 있으며, 서쪽은 2리를 가서 동구에 닿는다."라고 적혀 있다. [7]

---

6) 『명종실록』(20년 1565년 5월 30일 을축) 총호사 심통원이 신릉의 점혈에 관하여 아뢰다.

7) 『역주 태릉지』, 국립문화재연구소, 2012, pp.22~24.

3. 태릉 풍수 분석

조선 11대 중종대왕의 두 번째 계비인 문정왕후의 태릉은 백두대간 분수령 - 한북정맥 백빙산 - 죽엽산으로 행도하다 축석령에 도달하기 직전에 갈라진 수락지맥이 먼저 수락산을 만들고 덕릉고개를 지나 해발 508m의 불암산을 세운다.

주봉에서 동쪽과 서쪽으로 산줄기들을 내려보내고 나서 주룡은 남쪽으로 크게 과협을 한 다음 해발 약 420m의 두번째 봉우리를 만들고 다시 몇 개의 능선으로 갈라지는데, 계속하여 남쪽으로 행도한 용맥은 중간중간 작은 봉우리를 만들며 내려와서 노원고개를 지나서는 해발 약 200m에서 수평으로 내려가며 혈을 결지할 장소를 탐색한다.

명종대왕은 중종대왕의 능을 옮긴 후 이듬해 9월 20일에 자신의 유일한 아들인 순회세자가 13세로 요절하자 천릉한 것을 후회하면서 문정왕후의 능지는 잘 살펴서 선택하라고 지시하였다. 그런데 문정왕후가 사망하고 능지로 정한 터에 큰 돌이 박힌 풍수적 문제가 생겨 새로 찾아야 하는 상황이 발생하자, 갑자기 남의 무덤을 파내고 태릉을 만들게 되었다. [8]

임진왜란 때 정릉은 내부까지 완전히 훼손되었으며, 태릉은 겉 일부가 피헤쳐지는 화를 당했다. 정릉을 고양의 희릉 주변에 그대로 두었다면 무탈했을 것인데, 부질없는 욕심이 화를 부른 것은 아닐까?

---

8) 『명종실록』(20년 1565년 5월 30일 을유)

태릉 용세(龍勢)

태릉의 주룡은 불암산 남쪽 해발 약 200m 지점에서부터 본격적으로 혈을 결지할 준비를 시작하는데, 먼저 서쪽으로 불암산 스포츠센터, 서울여자대학교, 태릉 국제종합사격장 등의 자리가 되는 큰 산줄기를 내려보내서 백호의 역할을 하도록 한다.

그런 다음 약 300m를 더 내려와서 내백호를 만들면서 청룡이 될 능선들을 동쪽으로 보내고, 혈을 결지하기 위해 남쪽으로 계속 행도하는데, 직선형태처럼 보이지만 쉬지 않고 기복과 작은 위이를 하면서 내려온다.

능이 있는 지점을 지나서 더 내려가 정자각 약 70m 뒤에서는 평평한 형태를 보이다가 마침내 행도가 마무리된다.

태릉 사격(砂格)

　다른 왕릉들 대부분이 보국이 잘 갖추어지고 수구가 관쇄된 것에 비하여 태릉이 위치한 곳은 정자각 바깥으로는 평평한 지형으로 되어 있어 수구가 완전히 열린 형상이다.

　그러므로 현재 눈에 보이는 사격만을 기준으로 한다면 태릉은 풍수적으로 높은 점수를 주기는 어렵다.

　수맥을 분석해 보면 가장 가까이에 있는 백호는 정자각이 있는 선에 도달하기 진에 낮아져 버리고, 그 아래로는 능선의 형체는 전혀 보이지 않게 내려왔으며, 개울 건너에 있는 외백호 역시 길게 뻗어 나간 모양이다.

　청룡 쪽도 몇 개의 능선이 내려오지만 홍살문 선을 지나면서는 높이가 낮아져 형체가 겨우 보일 뿐이다.

태릉 수세(水勢)

태릉의 백호 쪽에는 서쪽 계곡에서 발원하여 외백호에서 내려오는 물길들을 모아 관리사무실 옆을 지난 다음 남쪽 묵동천으로 내려가는 물길이 있다.

그리고 능의 동쪽에는 주룡과 청룡 능선 사이에서 만들어져 안으로 꺾이지 않고 그대로 남쪽으로 흘러가는 청룡 쪽 큰 물길이 있다.

대개의 경우 남향으로 만들어진 능에서는 동서로 흐르는 자연 물길 위에 금천교를 만든다. 그런데 태릉의 능역 안은 그 물길들이 사라진 상태라서 내금천교의 정확한 위치를 모르고 있다. 현재 진입로에 있는 금천교 석재는 처음부터 그 자리에 있던 것이 아니고 공사 중 발견된 외금천교 석재를 옮겨 놓은 것이다.

태릉 자연 지형

태릉의 주룡은 뒤 곡장 부분에서 개장과 천심을 하였는데, 천심한 주룡은 아래쪽 평평한 곳에서 다시 세 갈래로 나뉘었으며, 가운데 능선이 정자각을 지나서야 행도를 마쳤다. 곡장에서 개장한 청룡이 길게 아래로 내려온 다음 안으로 굽었고, 정자각 뒤에서 생긴 백호와 함께 수구를 틀어막은 지형이었다.

태릉은 다른 조선 왕릉보다 능역 안의 지형이 많이 바뀐 곳이라 할 수 있다. 태릉의 앞쪽이 자연 상태에서는 지금처럼 평탄한 지형은 아니었는데, 언제 어떤 이유로 바뀌었는지 알기는 어렵다. 1918년 제작된 지형도에도 침엽수가 심어진 평지로 표시되어 있으므로 그 이전인 것은 확실하다.

19장

12대 효릉
(인종대왕 인성왕후)

1. 인종대왕 계보도

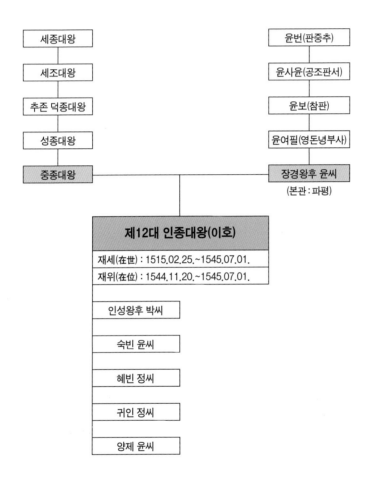

세종대왕

세조대왕

추존 덕종대왕

성종대왕

중종대왕

윤번(판중추)

윤사윤(공조판서)

윤보(참판)

윤여필(영돈녕부사)

장경왕후 윤씨
(본관 : 파평)

제12대 인종대왕(이호)

재세(在世) : 1515.02.25.~1545.07.01.

재위(在位) : 1544.11.20.~1545.07.01.

인성왕후 박씨

숙빈 윤씨

혜빈 정씨

귀인 정씨

양제 윤씨

☞ 인종대왕의 재위 기간은 약 9개월로 조선 임금 중에서 가장 짧다. 인성왕후는 자식 없이 왕대비가 되어 드센 시어머니 문정왕후 밑에서 약 20년을 숨죽이며 살아야 했다.

2. 효릉 조성 기록

조선 12대 임금 인종대왕은 중종대왕의 첫 번째 계비인 장경왕후의 소생으로 1515년 2월 25일 태어났다. 그러나 불과 엿새 만에 어머니 장경왕후가 산후병으로 세상을 떠났는데, 1517년 7월 19일 왕비가 된 문정왕후의 양자로 입적되었다. 그 후 여섯 살이 되던 1520년 4월 22일에 세자로 책봉되었으며, 1524년 3월 7일 금성부원군 박용의 11세 된 딸을 세자빈으로 맞이하였다.

장경왕후와 함께 후궁이 되었던 숙의 박씨(후에 경빈)는 인종대왕이 태어나기 이전인 1509년 9월 15일에 아들을 낳은 상태였다. 어린 세자는 친모가 없고, 문정왕후는 아들을 낳지 못하자 빈으로 승격된 박씨는 자신의 아들 복성군을 왕위에 옹립하고 싶은 욕심이 생겼다.

1527년 2월 25일 동궁과 3월 1일 대비전 침실에서 쥐를 지져 저주한 이른바 '작서의 변'이 발생하여 경빈 박씨가 폐출되었다. [1]

그 후 경빈이 고향인 상주에 유배 중이던 1533년 5월 17일, 종이로 만든 사람 머리 모양에 세자와 임금과 왕비를 저주하는 글이 써진 목패가 걸린 속칭 '가작 인두의 변'이 보고되었다. 이 사건은 경빈의 둘째 사위가 하인들을 시켜 한 것으로 밝혀졌고, 결국 경빈 박씨에게는 사약이 내려졌다. [2]

---

1) 『중종실록』(22년 1527년 4월 21일 정묘)
2) 『중종실록』(28년 1533년 5월 23일 을축)

소재지 : 경기도 고양시 덕양구 서삼릉 내

　경빈 박씨로 인한 위기가 지나간 후 1534년 5월 22일 문정왕후가 아들을 낳게 되자 그녀도 자신의 아들을 보위에 올리고 싶은 욕심이 생겼다.

　1543년 1월 7일 세자가 머무는 동궁에 화재가 발생하였는데, 사람들은 실화가 아니고 세자에게 위해를 가하기 위한 방화라고 이야기를 하였다.

　인종대왕은 이렇게 온갖 일을 겪으면서 25년 동안 세자로 있다가 중종대왕이 1544년 11월 15일 사망하고 5일 뒤인 11월 20일 보위에 올랐다.

　그러나 중종대왕의 장례를 치르느라 건강이 나빠진 인종대왕은 1545년

좌향 : 간좌 곤향

6월 초 이질이 생겨 음식을 제대로 먹지 못하다가 날씨가 더워지면서 기력이 더 떨어져 재위 약 9개월 만인 7월 1일 향년 31세로 삶을 마쳤다.

능지는 부모인 중종대왕과 장경왕후의 능 부근으로 정하였고, 1545년 10월 15일 장례를 치렀다. 그 뒤 1577년 11월 29일 인성왕후가 향년 64세로 세상을 떠나자 초라하게 75일 만에 쌍분 형태로 장례를 치렀다.[3]

---

3) 『선조수정실록』(11년 1578년 2월 1일 임오) 인성왕후를 효릉에 부장하였다. 발인 시 큰 바람이 불어 장막이 쓰러져 상여를 덮쳤으나 곁에는 시위가 없었고, 조졸 두어 명이 떠들썩할 뿐이었다.

3. 효릉 풍수 분석

조선 12대 임금 인종대왕과 인성왕후의 효릉은 장경왕후의 희릉에서 서쪽으로 약 500m 떨어진 곳에 위치하고 있어 큰 산줄기는 같다. 그래서 백두대간에서 분맥한 한북정맥이 사패산 - 도봉산 - 문수봉 - 상장봉 - 노고산 - 옥녀봉으로 이어진다. 이 산줄기가 남쪽으로는 창릉천을, 북쪽으로는 공릉천을 거느리며 내려와서 숫돌고개(고양시 삼송동)를 지난 다음 농협대학교 뒤로 행도한다.

조선 시대 왕의 장례 기간은 관행적으로 5개월이었으므로, 7월 1일에 사망한 인종대왕의 장례는 12월 초순에 치러야 했다. 그러나 문정왕후는 겨울이 다가온다는 것을 핑계로 약 한 달을 줄여 10월 27일로 정했다가 다시 10월 12일로 일정을 단축하도록 하였다. 이때 사헌부와 많은 신하들이 강력하게 반대를 하였으나 그대로 장례를 치렀다.

이와 관련하여 『선조수정실록』 1578년 10월 1일 기록에는 "을사년(명종 즉위년)에 여러 간신들이 '인종대왕이 해를 넘기지 못한 임금'이라 하여 상례를 감쇄하였고, 산 능의 공역마저 신중을 기하지 않은 부분이 많아서 봉분을 잘 쌓고 석병(石屛) 등도 새로 안치하였다."라고 적혀 있다.

그런데 이때도 인성왕후의 봉분에는 병풍석을 만들지 않아서 현재 인종대왕 봉분에는 병풍석과 난간석이 있으나 인성왕후의 봉분에는 난간석만 있어 서로 다른 모습이다. 대를 이을 아들을 두지 못한 비애와 권력의 냉혹함이 보이는 곳이다.

효릉 용세(龍勢)

농협대학교 북쪽의 봉우리에서는 산줄기가 여러 개로 갈라진다. 이 중 북동쪽으로 약 400m를 뻗어 올라간 용맥이 뉴코리아 CC 클럽하우스 부근에서 다시 나뉘어 북서쪽으로 간 용맥이 중간에 희릉 능선을 내려보낸다. 여기서 계속 약 550m를 더 뻗어 나가 해발 약 95m의 봉우리를 만들고 또다시 두 개의 능선으로 갈리는데, 이곳에서 북쪽으로 올라간 능선은 낙타고개를 지나 공릉천과 원당천을 만나 행도를 마친다.

해발 약 95m의 봉우리에서 남서쪽으로 약 70m를 내려간 용맥은 먼저 북쪽으로 소경원(소현세자묘)이 있는 작은 지각을 떨군다. 계속해서 약 450m를 내려가서는 남쪽으로 예릉의 용맥을 만들어 보내고, 다시 기복과 위이를 하며 약 380m를 더 내려가 효릉이 있는 곳에 다다른다.

효릉 사격(砂格)

효릉의 사격은 소경원 동쪽에서 분맥하여 기세 좋게 기복과 위이를 하며 행도한 주룡이 효릉 현무봉 뒤 약 70m 지점에서 백호를 만드는 것부터 시작된다.

이 백호 능선이 회묘(연산군 생모 묘)가 있는 곳까지 뻗어 나가면서 여러 개의 백호들을 순차적으로 만들어 북서쪽 바람을 막아 주고 있다.

또한 곡장 뒤 약 100m 지점에는 아담한 현무가 만들어졌는데, 이곳에서 청룡이 만들어지기 시작하여 동남쪽 - 남쪽 - 서쪽으로 이어지며 둥글게 원을 그리는 형태이다. 이 과정에서 내려온 여러 개의 청룡 쪽 지각들이 홍살문 부근까지 내려온 백호 쪽 능선과 가까이서 서로 마주 보며 수구를 완벽히 관쇄하여 바람을 막아 주고 있다.

효릉 수세(水勢)

　효릉과 관련이 있는 물길들은 청룡과 백호에서 내려오는 지각에 따라 굽이굽이 흐르는 모양이다.

　먼저 홍살문 안쪽의 물길은 백호 쪽에서 청룡 쪽으로 가서 앞으로 흘러간 다음 홍살문을 벗어나면서부터 백호 쪽으로 굽어지면서 내려간다. (현재 포장도로와 백호 능선 사이의 물길은 인공 물길이고, 자연 물길은 도로 남쪽 약 10m 떨어진 목초지 안에서 흐르고 있다.)

　이후 S 자 형태로 다시 청룡 쪽으로 흘러갔다가 북쪽으로 90° 가까이 꺾어진 다음 약 100m를 흘러가 연지에 이른다. 여기서 외백호에서 내려오는 물과 합수된 다음 보국 밖으로 나가는데, 다시 희릉과 예릉에서 내려오는 물과 합쳐진 다음 원당천으로 흘러가는 것이다.

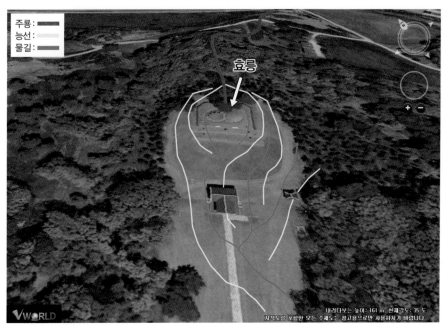

효릉 자연 지형

효릉의 홍살문 바깥 보국은 자연 상태에서는 청룡과 백호에서 지각들이 내려와 겹겹이 감싸 주는 멋진 보국이었다. (지형이 목초지를 조성하는 과정에서 많이 훼손되어 현재는 앞으로 길게 물이 빠져나가는 것처럼 보인다.)

그런데 청룡과 백호에서 만들어진 지각들이 앞쪽을 막아 주는 형태는 양호하였지만 높이가 충분하지 않았을 것으로 판단된다. 그래서 용맥이 스스로 자기보국을 만들기 위해 곡장 뒤 약 36m 지점에서 능선들이 나뉘었다. 능상의 청룡 쪽 지각이 앞을 감싸 주면서 안산이 되었고, 이 능선에 정자각이 건축되어 있다. 능상의 백호 쪽 지각은 앞으로 길게 내려와서 다시 앞바람을 막아 주는 역할을 하는 지형이다.

20장

13대 강릉
(명종대왕 인순왕후)

1. 명종대왕 계보도

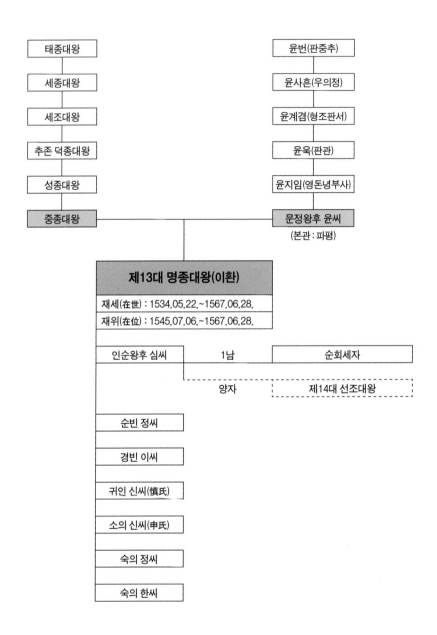

태종대왕

세종대왕

세조대왕

추존 덕종대왕

성종대왕

중종대왕

윤번(판중추)

윤사흔(우의정)

윤계겸(형조판서)

윤욱(판관)

윤지임(영돈녕부사)

문정왕후 윤씨
(본관 : 파평)

제13대 명종대왕(이환)

재세(在世) : 1534.05.22.~1567.06.28.

재위(在位) : 1545.07.06.~1567.06.28.

인순왕후 심씨 — 1남 — 순회세자

양자 — 제14대 선조대왕

순빈 정씨

경빈 이씨

귀인 신씨(愼氏)

소의 신씨(申氏)

숙의 정씨

숙의 한씨

2. 강릉 조성 기록

조선 13대 임금 명종대왕은 1534년 5월 22일 중종대왕과 두 번째 계비인 문정왕후의 아들로 태어났으나,[1] 위로 장경왕후의 아들이 있었으므로 왕위 계승 서열에는 오르지 못했다.

1544년 11월 15일 중종대왕이 세상을 떠나고 인종대왕이 왕위에 올랐다. 그런데 몸을 돌보지 않고 장례를 치르는 일에 지나치게 집중하여 건강이 나빠졌고, 보위에 오른 지 약 9개월 만인 1545년 7월 1일 사망하였다.

아들을 낳지 못한 인종대왕의 뒤를 이어 문정왕후의 아들 경원대군이 12세의 나이에 임금이 되었다.[2] 임금의 나이가 어렸기 때문에 곧바로 문정왕후가 수렴청정을 시작하였고, 명종대왕이 20세가 되던 1553년부터 친정을 하게 되었으나, 문정왕후의 영향은 줄어들지 않았다.[3]

1553년 7월 12일 친정을 시작한 명종대왕은 서얼방금법 개정을 시도하면서 존재감을 나타내려 하였으나,[4] 문정왕후를 의식하여 보우를 처벌하지는 못하였다.[5] 이런 보우의 자문을 들은 문정왕후의 뜻대로 1562년 9월

---

1) 『선원보감 I』, 선원보감편찬위원회, 계명사, 1989, p.127.

2) 『인종실록』(1년 1545년 7월 6일 병인)

3) 『명종실록』(6년 1551년 6월 25일 임오) 문정왕후는 신하들이 처벌을 강력히 요청한 승려 보우를 판선종사도대선사 봉은사 주지로 임명하였다.(사관이 반대 의견 기록)

4) 『명종실록』(8년 1553년 10월 7일 경진) 서얼방금법 개정을 결정하다.

5) 『명종실록』(9년 1554년 10월 9일 병자) 보우에 대한 소장을 들고 성균관 재 안에 침입한 중 선기를 치죄하다.

소재지 : 서울특별시 노원구 화랑로 727(삼육대학교 정문 앞)

4일 중종대왕의 정릉을 성종대왕의 선릉 동쪽 능선으로 천릉을 하였다. [6]

천릉 이듬해인 1563년 9월 20일에 외아들 순회세자가 사망하자 명종대왕은 심적 충격을 받았다. 게다가 1565년 4월 문정왕후 사후에는 보우와 윤원형을 처벌해야 한다는 신하들의 주청으로 스트레스를 받았고, 육체적으로는 심열(心熱)과 해소병으로 점차 쇠약해지더니 1567년 6월 28일 향년

---

6) 『명종실록』(17년 1562년 1월 8일 계사) 대왕대비가 정권을 차지한 뒤로 한 나라의 정사가 그의 하고 싶은 대로만 되어 한번 먹은 마음은 돌릴 수가 없었다.

좌향 : 임좌 병향(『선조실록』 해좌 사향)

34세에 사망하였다. 어머니 문정왕후의 태릉 북동쪽에 장례를 치렀고, 약 8년 뒤인 1575년 1월 2일 인순왕후가 세상을 떠나 쌍분 형태로 강릉이 완성되었다. 『역주 강릉지 목릉지』에는 "강릉은 양주 노원면 대방동에 있으며, 서쪽으로 경성과 20리 떨어져 있고, 북쪽으로 양주와 40리 떨어져 있으며, 동쪽으로 건원릉과 10리 거리이고, 남쪽으로 태릉과 5리 거리이다." 라고 기록되어 있다.[7]

---

7) 『역주 강릉지 목릉지』, 장서각 編, 유지복 譯註, 한국학중앙연구원출판부, 2015, p.26.

3. 강릉 풍수 분석

조선 13대 명종대왕과 인순왕후의 강릉은 태릉과 같은 구역에 있는데, 큰 틀에서의 산줄기 흐름은 다음과 같다. 백두대간 분수령 - 한북정맥 백빙산 - 죽엽산으로 행도하다 축석령에 도달하기 직전에 수락지맥이 갈라져 해발 637m의 수락산을 만들고 덕릉고개를 지난 다음 해발 508m의 불암산을 세운다.

불암산 주봉에서 주룡은 남쪽으로 크게 과협을 한 다음 해발 약 420m의 두 번째 봉우리를 만들고 다시 몇 개의 능선으로 갈라진다. 계속하여 남쪽으로 행도한 용맥은 중간중간 작은 봉우리를 만들며 내려와서 노원고개를 지나서 약 350m를 행도한 후 서쪽으로 큰 능선 하나를 분지한다.

이후 남쪽으로 300m를 내려온 주룡은 태릉 용맥을 내려보내고 동쪽으로 방향을 틀어 강릉의 터로 행도한다. 『역주 강릉지 목릉지』에는 "수락산에서 왼쪽으로 내려오면 천보산이고, 천보산에서 또 왼쪽으로 내려와 좌측으로 돌면 건해방에 능이 놓여 있는데, 해좌 사향이다. 내안산은 방현이고 외안산은 건왕산이다."라고 기록되어 있다.

1562년 중종대왕의 정릉 천릉 후 이듬해에 손자인 순회세자, 1565년에는 왕비 문정왕후, 1567년에는 아들 명종대왕이 사망하였다.

문정왕후는 중종대왕과 혈족이 아니기 때문에 풍수적으로 정릉의 영향을 받은 것은 아니지만, 사람들은 연이어 국상을 치러야 하는 상황이 발생한 것에 대하여 천릉의 후유증을 이야기했을 것이다.

강릉 용세(龍勢)

노원고개를 지나고 해발 약 200m 높이를 유지하며 행도한 용맥이 해발 약 210m의 봉우리를 만든 다음 약 300m를 내려와 태릉의 주룡을 분맥하여 남쪽으로 내려보낸다.

이후 동남쪽으로 방향을 돌려 뻗어 가면서 태릉의 내청룡이 되고 강릉의 외백호가 되는 능선을 분지하고, 다시 방향을 동쪽으로 바꿔 태릉 국제빙상장 뒤를 지나 계속 행도한다.

이렇게 약 500m를 가서 내청룡이 되는 능선을 나누고, 계속 행도하여 용진처 부근에서는 동쪽의 불암천에서 담터고개로 넘어오는 바람을 경계하여 우측으로 약 80° 방향을 꺾는 횡룡입수 형태로 행도를 마친다.

강릉 사격(砂格)

    강릉의 보국은 태릉에 비해서는 규모는 작지만 시각적으로 보이는 형태는 잘 갖추어진 곳이다.

    강릉의 청룡은 주룡이 혈처에 도달하기 약 200m 전에 능선을 만들어 동쪽으로 돌며 둘러싸도록 하였는데, 길이가 짧은 점이 조금 아쉬운 점이다.

    강릉의 백호는 태릉 국제빙상장과 경계를 만드는 능선으로, 청룡 능선이 갈라진 비슷한 지점에서 남쪽으로 내려오다가 금천교 옆에서는 동쪽으로 가지를 내려보내 온전하게 보국이 만들어지도록 하고 있다. 청룡 능선이 단순하게 한 가지로 내려오는 것과 다르게 백호 능선은 두세 차례 가지를 내려보내 물길도 정돈하고 보국의 완성도도 높이고 있다.

강릉 수세(水勢)

　강릉은 서쪽(백호)에 있는 작은 물길들이 내려와 수라간 뒤를 지나 남쪽으로 내려오다가 백호 능선의 지각이 앞으로 가로막으면서 방향을 동쪽으로 바꾸어 흘러 나가는데, 이 물길 위에 내금천교가 만들어져 있다.

　강릉의 주룡과 청룡 능선 사이에서 내려오는 물은 남쪽으로 계속 흘러간다. 그런 다음 능역 안 정자각 주변의 물길과 합쳐진 후 능역 담장을 지나 내수구인 삼육대학교 입구 삼거리 방향으로 내려간다.

　여기서 능역 백호 쪽에서 내려온 물, 삼육대학교 구내에서 내려오는 물, 외청룡인 담터고개에서 내려오는 물들과 합쳐진 다음 서쪽으로 흘러 나가면서 외수구를 지나 묵동천으로 내려간다.

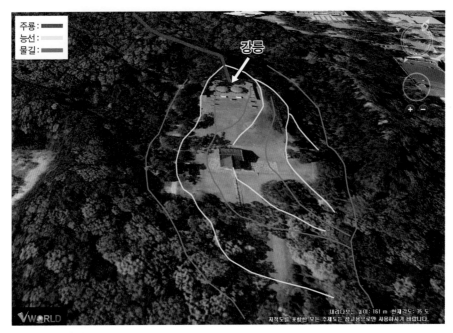

강릉 자연 지형

　강릉의 주룡은 동남쪽으로 내려오다가 갑자기 방향을 틀면서 개장과 천심을 하여 능선이 세 갈래로 나뉘는데, 여기서 가운데 주룡은 혈을 결지한다. 청룡 쪽으로 개장한 능선은 내수구를 보완하도록 하였는데, 현재는 그 능선에 비각이 만들어져 있으며, 백호 쪽으로 개장한 능선은 백호 쪽 물길에서 오는 바람을 막아 주면서 앞으로 길게 내려가 내수구를 보완하는 역할을 하고 있다.

　강릉 능역 안의 지형을 관찰해 보면 참도를 기준으로 서쪽은 평탄 작업이 잘되어 있으나 동쪽은 푹 꺼진 곳이 있다. 약간의 보토만으로도 평탄하게 만들 수 있었을 텐데, 혹시 다음 임금이 방계라서일까?

21장

14대 목릉
(선조대왕 의인왕후 인목왕후)

1. 선조대왕 계보도

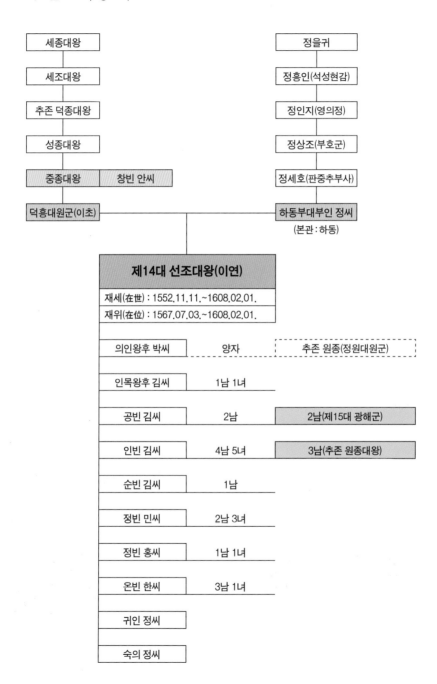

세종대왕

세조대왕

추존 덕종대왕

성종대왕

중종대왕 ― 창빈 안씨

덕흥대원군(이초)

정을귀

정흥인(석성현감)

정인지(영의정)

정상조(부호군)

정세호(판중추부사)

하동부대부인 정씨
(본관 : 하동)

제14대 선조대왕(이연)
재세(在世) : 1552.11.11.~1608.02.01.
재위(在位) : 1567.07.03.~1608.02.01.

의인왕후 박씨	양자	추존 원종(정원대원군)
인목왕후 김씨	1남 1녀	
공빈 김씨	2남	2남(제15대 광해군)
인빈 김씨	4남 5녀	3남(추존 원종대왕)
순빈 김씨	1남	
정빈 민씨	2남 3녀	
정빈 홍씨	1남 1녀	
온빈 한씨	3남 1녀	
귀인 정씨		
숙의 정씨		

2. 목릉 조성 기록

조선 14대 임금 선조대왕은 중종대왕 후궁인 창빈 안씨 소생 덕흥군의 셋째 아들(하성군)로 1552년 11월 11일 태어났다. 명종대왕이 1567년 향년 34세로 세상을 떠났는데, 외아들 순회세자는 1563년에 이미 사망한 상태였다. 결국 인순왕후의 뜻에 따라 하성군이 명종대왕의 양자로 입적되어 1567년 7월 3일 16세에 왕위에 올랐다. 이로써 조선 왕조 최초로 왕비 혈족이 아닌 후궁의 혈족이 왕위에 오르게 되었다.

선조대왕은 보위에 오른 지 2년 뒤인 1569년 12월 29일 반성부원군 박응순의 딸과 혼례를 올렸으나, 자녀를 두지는 못하였으며, 약 30여 년의 세월이 흐른 후 1600년 6월 27일 의인왕후가 향년 49세에 사망하였다.

의인왕후의 능 후보지로는 헌릉 남서쪽에 있는 이지방 묘, 포천 신평 터, 안산 소족고개 등이 보고되었는데, 포천의 신평으로 결정되어 공사를 시작하였다. 그런데 "신평 터는 풍수적으로 문제가 있다."라는 前 참봉 박자우의 상소로 인하여 연인원 약 5천 명이 40일 동안 했던 공사를 중지하고,[1] 다시 여러 곳을 찾은 끝에 건원릉 동쪽 세 번째 능선에 장례를 치르고 유릉(裕陵)이라 하였다.[2]

그로부터 2년 후인 1602년 7월 13일 당시 51세였던 선조대왕은 연흥부

---

1) 『선조실록』(33년 1600년 9월 2일 임인) 대행 왕비의 장지에 대해 전교하다.

2) 『선조실록』(33년 1600년 12월 22일 신묘) 의인왕후를 유릉에 장사 지내다.

의인왕후릉

선조대왕릉

소재지 : 경기도 구리시 인창동 동구릉 내

원군 김제남의 19세 딸을 인목왕후로 맞아들여 정명공주와 영창대군을 출산하였으나, 선조대왕은 1608년 2월 1일 향년 57세로 사망하였다.

능지는 임영대군묘가 있는 산과 건원릉 서쪽 다섯 번째 능선 등이 후보지가 되었다. 그러나 "한강 너머는 쓰고 싶지 않다."라고 한 선조대왕의 유지에 따라 건원릉 옆 유좌 묘향의 터(현재 헌종대왕 경릉)로 정하고 능호를 숙릉(肅陵)으로 하려다가 목릉으로 바꾸어 6월 12일 장례를 치렀다.

그해 장마철에 능 여기저기가 무너지고 병풍석이 갈라지는 문제가 계속

인목왕후릉

좌향 : 임좌 병향(선조대왕 의인왕후) / 갑좌 경향(인목왕후) 천반봉침 공통

발생하였다. 그 뒤 반정으로 보위에 오른 인조대왕은 결국 1630년 11월 건원릉 동쪽 두 번째 능선으로 목릉을 옮겼다.

1632년 6월 28일 인목왕후가 사망하자 건원릉 첫 번째 능선으로 능지가 정해졌는데, 시조 능 옆을 훼손하면 산의 기운이 새어 나가서 복력이 줄어드니 피해야 한다는 최명길의 상소에 따라 다섯 번째 능선에 장사 지내고, 세 능의 능호는 목릉으로 통일하였다. [3]

3) 『역주 강릉지 목릉지』, 장서각 編, 유지부 譯註, 한국학중앙연구원출판부, 2015, p.146.

3. 목릉 풍수 분석

조선 14대 임금 선조대왕과 의인왕후, 인목왕후의 능인 목릉은 백두대간 분수령에서 나뉘어 백빙산 - 죽엽산으로 이어진 한북정맥이 다시 수락지맥 불암산을 만들고, 삼육대학교 동쪽으로 돌아 담터고개와 새우개고개로 연결된 산줄기의 검암산 보국 안에 있다.

새우개고개를 올라온 산줄기는 봉우리를 만들고 둘로 나뉘는데, 이 중 남쪽으로 뻗은 산줄기는 가까이에는 숭릉 바깥으로 동구릉 전체 보국의 외백호를 만들고, 멀리로는 망우산 - 용마산 - 아차산으로 해서 뚝섬 끝까지 내려간다.

북동쪽으로 갈라진 또 하나의 산줄기는 동구릉 동쪽으로 내려가면서 원릉과 휘릉, 건원릉 용맥을 차례로 분맥하여 보내고, 이후 계속 행도하며 건원릉 능선 바로 동쪽 옆에 순차적으로 남쪽으로 내려가는 산줄기 세 개를 만든다. 이어 방향을 남쪽으로 바꾼 다음 다시 세 개의 능선을 만들고, 이번에는 서쪽으로 몸을 돌려 문종대왕 현릉 자리로 이어지며 ㄱ(逆 ㄷ 자) 형태의 지형을 만든다.

목릉은 검암산 보국에 태조대왕 건원릉과 문종대왕 현릉이 만들어지고 나서 세 번째로 들어선 능으로, 지금의 터에 의인왕후의 능이 먼저 들어오고, 후에 선조대왕과 인목왕후의 능이 만들어졌다. 능호는 하나인데 무덤이 각각 다른 능선에 만들어진 동원이강릉(同原異岡陵) 형식인데, 조선 왕릉 중 유일하게 세 개의 언덕으로 이루어져 있다.

선조대왕릉

목릉 용세(龍勢)

목릉에서 선조대왕의 능이 있는 용맥은 건원릉에서 동쪽으로 두 번째 능선이다. 직선형으로 곧게 내려오는 듯하지만 작은 기복도 있고 외관이 단단하여 생룡의 형체가 확실해 보이며, 급하지 않은 완경사로 행도하다가 곡장 뒤에서는 잠시 더 평평해져 안정적으로 보인다.

의인왕후의 능이 있는 능선은 기록에 건원릉 세 번째 능선이라고 적혀 있다. 앞쪽으로는 보토를 많이 한 흔적이 보이며, 자연 상태에서는 끝이 동쪽으로 꺾어진 작은 지각이었던 모습이 보인다.

인목왕후의 능이 있는 능선은 기록에는 건원릉 다섯 번째 능선이라고 하였으며, 등성이가 평퍼짐하여 지맥이 없는 전형적인 사룡의 모습이다.

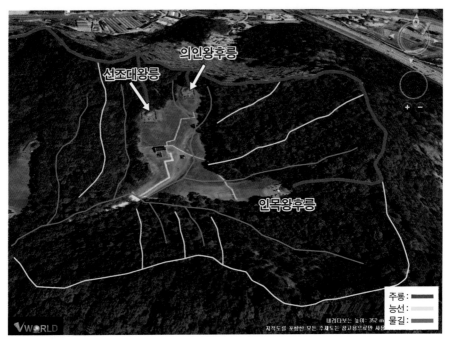

목릉 사격(砂格)

　목릉이 위치한 곳에는 검암산이 만든 큰 보국 안에 또 하나의 작은 보국이 만들어졌는데, 이 보국의 수구는 건원릉 비각 방향이다.

　선조대왕의 능을 기준으로 사격을 설명하면 서쪽으로 첫 번째 능선이 내백호가 되고 태조대왕의 건원릉 능선은 두 번째 백호가 되며, 동쪽의 산들은 청룡이 되며, 남쪽에 있는 산들은 조산이 되는 것이다.

　인목왕후의 능을 기준으로 하면 선조대왕과 의인왕후의 능이 있는 방향의 산들이 백호가 되고 현릉으로 내려가는 산줄기가 청룡이 된다.

　사격은 이렇지만 목릉 중에서 인목왕후의 능은 수구가 정면에 보이기 때문에 장풍이 되지 않는 터이며, 따라서 혈이 결지될 수 없는 곳이다.

목릉 수세(水勢)

목릉의 수세를 방향별로 분류해 보면 북쪽 산에서 남쪽으로 내려오는 물은 선조대왕의 능이 있는 능선과 백호 능선 사이에서 내려오는 물, 그리고 의인왕후릉의 양옆에서 내려오는 물길들이다.

동쪽 산에서 서쪽으로 내려오는 물은 인목왕후릉의 좌우에서 내려오는 물길들이고, 남쪽 산에서 북쪽으로 내려오는 물은 현릉으로 내려가는 산줄기의 지각 사이에서 만들어진 물길들인데, 이 물들이 홍살문 부근에서 차례로 모여 서쪽으로 흘러 나간다.

풍수적으로 물길은 바람길이 되는 것이고, 혈은 장풍이 되는 곳에만 결지되는 것이므로, 물길의 모양과 혈의 결지에 대해 학습할 수 있다.

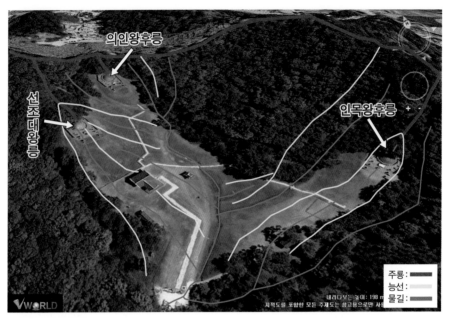

목릉 자연 지형

목릉 중 선조대왕릉의 용맥은 곡장 뒤에서 한 차례 개장 천심이 생기는데, 이때 만들어진 백호 쪽 능선이 곡장을 따라 수라간 뒤를 지나 홍살문 부근까지 내려간다. (이 능선은 현재도 형태가 보인다.) 그리고 가운데 능선은 정자각 지점으로 내려오고, 청룡 쪽의 두 개의 능선은 의인왕후릉의 양옆에서 내려오는 물길을 멀리 밀어내는 역할을 하고 있다.

인목왕후릉이 위치한 곳은 곡장 뒤 약 20m 지점에서 두 개의 능선으로 갈라서 직선 형태로 계속 내려간다. 능선이 갈라지면서 생긴 물길이 봉분의 중앙에 위치하고 있으며, 아래로 흘러가 수복방 앞을 지난 다음 청룡 쪽과 합쳐진다.

22장

15대 광해군묘
(광해군 문성군부인 류씨)

1. 광해군 계보도

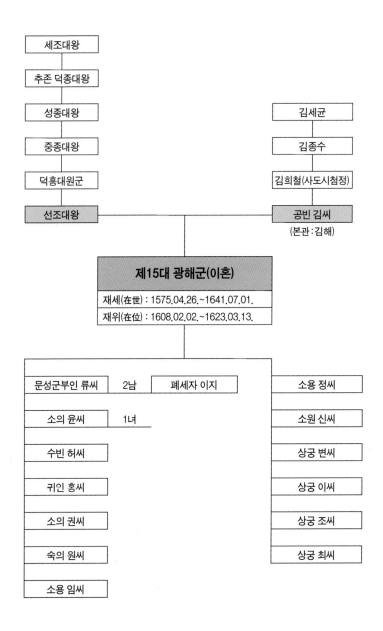

세조대왕

추존 덕종대왕

성종대왕

중종대왕

덕흥대원군

선조대왕

김세균

김종수

김희철(사도시첨정)

공빈 김씨
(본관:김해)

제15대 광해군(이혼)

재세(在世) : 1575.04.26.~1641.07.01.

재위(在位) : 1608.02.02.~1623.03.13.

문성군부인 류씨   2남   폐세자 이지

소의 윤씨   1녀

수빈 허씨

귀인 홍씨

소의 권씨

숙의 원씨

소용 임씨

소용 정씨

소원 신씨

상궁 변씨

상궁 이씨

상궁 조씨

상궁 최씨

2. 광해군묘 조성 기록

선조대왕과 후궁 공빈 김씨는 1572년 임해군을 낳았고, 3년이 흐른 뒤 1575년 4월 26일 조선 15대 임금 광해군을 출산하였다. 그로부터 약 2년 뒤인 1577년 5월 27일 공빈이 사망하여 선조대왕의 정비인 의인왕후가 자식을 낳지 못한 상태에서 임해군과 광해군을 길렀다.

1592년 4월 13일 임진왜란이 발발하자 피난을 떠나기 직전인 4월 29일 광해군을 세자로 세웠고,[1] 광해군은 왜군과의 전투에서 많은 활약을 하게 되었다. 전쟁이 끝난 후 1600년 6월 27일 의인왕후가 사망하였다.

1600년 12월 22일 의인왕후의 장례를 치를 당시 51세였던 선조대왕은 1602년 7월 13일 김제남의 19세 딸과 혼례를 올렸고, 인목왕후는 1606년 3월 6일 영창대군을 낳았다.

1608년 2월 1일 선조대왕이 사망하고 광해군이 보위에 올랐는데 곧이어 임해군의 역모 사건이 발생하였다. 광해군은 신하들의 성화를 이기지 못하고 강화 교동으로 유배를 보내면서 목숨은 살릴 것을 지시하였으나,[2] 수장(守將) 이정표가 1609년 4월 29일 임해군을 살해하였다.

그로부터 4년 후 왕위 계승권에서 논란의 소지가 있는 영창대군을 제거하기 위해 대북파들은 1613년 4월 25일에 시작된 세칭 '칠서의 옥'을 꾸며

---

1) 『선조실록』(25년 1592년 4월 29일 무오) 광해군을 세자로 세우다.

2) 『광해군일기』(즉위년 1608년 6월 1일 병진) 임해군을 죽일 수는 없다고 홍문관의 차자에 답하다.

소재지 : 경기도 남양주시 진전읍 송능리 337-4

1613년 5월 30일 인목왕후의 친정아버지 김제남과 세 아들 및 사위를 죽였다. 그리고 1613년 7월 27일 영창대군을 폐서인으로 강등하고 강화도에 위리안치시켰으며, 1614년 2월 10일 강화부사 정항이 살해하였다.

이렇게 거센 피바람이 지나고 나자 광해군은 1615년 3월 성지와 시문룡의 말을 듣고 인왕산 아래에 인경궁 공사를 시작하였고, 1617년 6월에는 이복동생인 정원군의 집터에 왕기가 서렸다는 김일룡의 말을 듣고 그곳에 경덕궁(현재 경희궁)을 짓도록 하였다.

좌향 : 해좌 사향

　결국 1623년 3월 13일 인조반정으로 왕위에서 쫓겨난 광해군은 문성군부인과 함께 강화에 유배되었다. 그해 10월 8일 문성군부인이 유배지에서 사망하자 인조대왕의 명에 의해 윤10월 29일에 양주 땅 적석동에 왕자군부인의 예로 장사를 치렀다. 광해군은 1627년 1월 20일 교동으로, 1637년 제주로 유배지를 옮겼는데, 1641년 7월 1일 향년 67세에 생을 마감했다.

　인조대왕은 광해군의 시신을 운구하여 1641년 10월 4일 문성군부인 옆에 쌍분 형식으로 장례를 치렀다.

3. 광해군묘 풍수 분석

　조선 15대 임금이었다가 폐위된 광해군과 문성군부인 묘의 산줄기를 전개하면, 백두대간 분수령에서 분맥한 한북정맥이 백빙산 - 백운산 - 국망봉 - 운악산으로 이어지고 포천시 내촌면 서파교차로 북단의 아치산 부근까지 간다. 여기서 본줄기인 한북정맥은 남서쪽으로 계속 행도하고, 남쪽으로 천마지맥이 떨어져 나가 개주산 - 주금산 - 철마산 - 천마산 - 예봉산을 거쳐 남양주시 조안면까지 가서 한강을 만나며 끝나게 된다. 이 중 천마지맥의 중간쯤인 천마산에서 분리되어 서쪽으로 뻗어 나간 산줄기에 묘가 위치하고 있다.

　아치산과 수원산이 이어지는 서파교차로 동쪽의 물길은 십이탄천으로 시작하여 조종천이 되어 청평유원지를 거쳐 북한강으로 흘러간다. 그리고 서쪽에서는 왕숙천이 발원하여 크고 작은 물길들을 모아 구리시 토평 IC 옆에서 한강으로 합류하게 된다.

　광해군은 연산군과 함께 조선 왕조에서 폐위된 임금 중 한 명이다. 하지만 두 임금의 상황과 처지는 많이 달랐다. 연산군은 폐위 후 사이가 나쁘지 않았던 이복동생이 왕위에 올랐으나 광해군은 사이가 나빴던 이복 조카가 왕위에 오른 것이 가장 큰 차이였다.

　연산군의 묘터가 거창군부인의 요청을 받아들여 정해진 반면 광해군의 묘터는 부부가 유배 중이었기 때문에 인조대왕이 정해 준 대로 자리를 잡은 것이다. 과연 좋은 곳에 자리를 잡아 주었을까?

광해군묘 용세(龍勢)

광해군묘는 조선 6대 단종대왕 왕비인 정순왕후의 사릉이 있는 터로 내려가는 산줄기에 붙어 있기 때문에 용세의 설명이 비슷하다.

천마산에서 나누어져 서쪽으로 나간 산줄기가 약 4km를 가서 남양주시 진건읍 송능리에 관음봉을 세우고, 여기서 분지되어 남서쪽으로 약 1.8km를 뻗어 나간 산줄기가 된봉을 만든다. 된봉에서 서쪽으로 약 1.5km를 내려간 용맥은 영락교회 묘지 북단에서 다시 갈라지는데, 이곳에서 남쪽으로 약 1km를 행도한 산줄기의 지각에 광해군묘가 있다.

사진에서 볼 수 있듯이 행도하는 용맥의 긴 과협처에서 생겨난 작은 지각에 묘가 있다.

광해군묘 사격(砂格)

　위성 사진으로 보는 광해군묘의 사격은 청룡과 백호가 감싸 주는 형태를 하고 있어 그리 나쁜 형태는 아니다. 또 맞은편에는 바로건너산이 있어 전면의 바람을 염려하지 않아도 될 것처럼 보인다.

　그러나 용세, 사격, 수세 등 풍수 요소별 중요도를 따져보면 가장 먼저 용이 혈을 결지할 수 있는 생룡이어야 하는데, 앞에서 언급하였듯이 광해군묘가 있는 곳은 사릉으로 내려가는 큰 산줄기의 과협처에 있는 지각에 불과하기 때문에 청룡과 백호가 그럴듯해 보여도 혈을 결지할 수 없다.

　아마도 다른 사람의 이목을 의식해서 얼핏 보면 좋아 보이는 터를 골라 준 것으로 생각된다.

광해군묘 수세(水勢)

　광해군묘는 길이가 짧은 지각에 있기 때문에 수세도 크게 눈에 띄는 것이 없다. 광해군묘를 중심으로 각각 청룡과 백호 안쪽에서 시작되는 건류수가 있는데, 특히 청룡 쪽은 비탈면이 가파르고 물길은 상대적으로 깊은 느낌이 들어 산고곡심의 터라 할 수도 있다.

　또 청룡 쪽과 백호 쪽에서 내려간 물은 묘의 정면에서 합쳐져 급하게 아래로 흘러 내려가 견비수 형태이다. 그리고 맞은편에 있는 바로건너산에서 내려오는 골짜기는 충심수 형태이며, 된봉 남쪽에서 발원하여 내려오는 물은 광해군묘 앞에서는 반궁수 형태로 흐르고 있다. 이 물은 사릉천과 왕숙천을 거쳐 한강으로 흘러간다.

광해군묘 자연 지형

광해군묘가 있는 곳은 현재는 하나의 능선처럼 보이지만 자연 상태에서는 곡장 뒤 약 13m 지점에서 양쪽으로 갈라져 두 개의 지각이 내려왔던 터였다. 이 두 지각의 가운데에 있는 작은 골을 메운 후 문성군부인의 묘를 만들었고, 나중에 광해군묘까지 만든 것이다. 그래서 현재도 곡장 뒤 7~8m 지점을 자세히 보면 골의 흔적을 볼 수 있다. 묘가 쌍분 형태로 만들어져 물길은 두 봉분 사이로 흘러 그나마 다행이라 할 수 있다.

또 이 지각들은 경사도가 많이 심했었는데, 뒤를 깎고 앞쪽에 흙을 내쌓아 공간을 만들었기 때문에 장명등 아래 제절이 아주 협소한 상태이다.

23장

추존 장릉(章陵)
(원종대왕 인헌왕후)

1. 추존 원종대왕 계보도

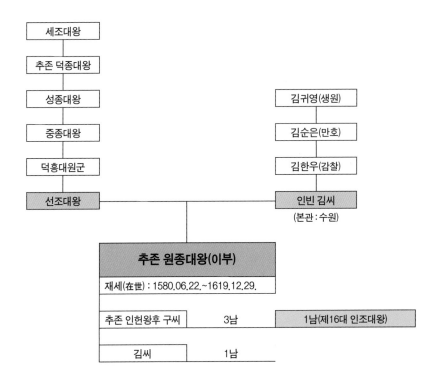

☞ "정원군(추존 원종대왕)의 집터에 왕기가 서려 있다 하여 광해군이 빼앗아 경희궁을 지었다."
라는 기록 때문에 광해군은 선량한 정원군의 집을 빼앗은 군주로 많이 알려져 있다. 그러나『선조
실록』40년 3월 18일 자 기록을 보면 정원군과 임해군, 순화군이 많은 문제를 일으켰던 것을 알
수 있다. 역사는 승자가 기록하는 것이라는 사실을 다시 한번 확인하게 된다.

2. 장릉 조성 기록

추존 원종대왕은 선조대왕과 후궁 인빈 김씨 소생으로 1580년 6월 22일 태어났으며, 8세에 정원군으로 봉해졌다. 인헌왕후 구씨는 구사맹과 신씨 부인 사이에서 1578년 4월 17일 태어났고[1] 1590년 10월 3일 두 사람이 가례를 올렸다. 이후 능양군, 능원군, 능창군 세 아들을 낳았는데 1615년 신경희의 역모에 연루되었다고 하여 셋째 아들 능창군이 교동에 위리안치되었고, 같은 해 11월 17일에 사망하였다.

1617년에 광해군은 인왕산 아래에 인경궁을 짓던 중에 정원군의 집터에 왕기가 서려 있다는 술인(術人) 김일룡의 말을 듣고 빼앗아 경덕궁(현재 경희궁)을 짓도록 하였다.[2]

또 양주 풍양에 있는 인빈 김씨의 묘가 길지라는 말을 들은 광해군이 감시를 하는 등 계속되는 핍박에 정원군은 병을 얻어 1619년 12월 29일 향년 40세의 나이로 사망했고,[3] 1620년 2월 22일 경기도 양주군 군장리(현재 남양주시 금곡동) 신씨 부인(인헌왕후 모친)의 선영 남쪽에 장사를 치렀다.[4]

1623년 3월 13일 인조반정으로 광해군이 폐위되고 능양군이 조선 16대

---

1) 『선원보감 III』, 선원보감편찬위원회, 계명사, 1989, p.251.

2) 『광해군일기』(9년 1617년 6월 11일 갑진) 술인 김일룡이 또 이궁을 새문동에다 건립하기를 청하였는데, 바로 정원군의 옛 집이다. 왕이 그곳에 왕기가 있음을 듣고 그 집을 빼앗아 관가로 들였는데, (후략)

3) 『광해군일기』(11년 1619년 12월 29일 무인) 광해군 축출 후 작성된 실록에 있는 내용임.

4) 『선원보감 I』, 선원보감편찬위원회, 계명사, 1989, p.303.

소재지 : 경기도 김포시 장릉로 79

인조대왕에 즉위하자 정원군은 정원대원군으로 추존되었고, 무덤은 흥경
원으로 부르게 되었다.

그로부터 3년여의 시간이 흐르고 인헌왕후가 사망하여 교하 객사 뒷산,
고양 옛 고을의 뒷산, 김포 객사의 뒷산 등이 장지로 추천되었으나, 풍수
상 가장 좋다는 김포로 결정되었다. [5]

그런데 처음 정한 터의 땅속에서 돌이 나와 할 수 없이 현재의 터인 오른

---

5) 『인조실록』(4년 1626년 2월 9일 임오) 계운궁의 묘소를 김포로 결정하다.

좌향 : 자좌 오향

쪽 능선에 승군 650명이 15일, 강화 연군 500명이 10일 동안 보토를 하고 나서 1626년 5월 18일 장례를 치르고[6] 육경원이라 원호를 붙였다.

그러면서 곧바로 정원군의 무덤 흥경원을 옮기려 하였으나 정묘호란으로 일시 미뤄졌다. 이후 1627년 8월 27일 쌍분 형식으로 천장을 하고, 흥경원이라 원호를 바꿨다. 그 뒤 1632년 5월 정원대원군이 많은 논란 끝에 원종대왕으로 추존되면서 장릉으로 승격되었다.

---

6) 『인조실록』(4년 1626년 4월 13일 을유) / 『인조실록』(4년 1626년 4월 21일 계사)

3. 장릉 풍수 분석

　백두산에서 지리산으로 이어지는 백두대간의 속리산 천황봉에서 한남
금북정맥이 나뉘어 행도한다. 이 한남금북정맥이 충북 음성군 황색골산을
지나고 나서, 칠장산의 한남정맥과 칠현산의 금북정맥으로 분리된다. 칠
장산에서 석성산 - 광교산 - 오봉산 - 수암봉 - 성주산 - 계양산 - 꽃매산
을 지난다. 꽃매산에서 강화도로 계속 뻗어 가는 한남정맥과 분리되어 북
쪽으로 만수산 - 고산 - 금정산 - 김포시 장릉산(북성산)으로 이어지는 산
줄기에 추존 원종대왕과 인헌왕후의 장릉(章陵)이 있다. 『역주 장릉지』에
는 "계양산은 평야에 우뚝 솟아 세 봉우리가 아득하고 북쪽을 향하여 열려
있다. 서쪽으로 낮아지고 북쪽으로 뻗었는데, 여러 번 낮아졌다 높아지면
금정산이 된다. 또 북쪽으로 뻗어 북성산이 된다. 남쪽으로 낮아지는데,
감방(북쪽)의 험준함을 등지며 이방(남쪽)을 감싸 안는 형태의 빙 두른 언덕
이 되며, 돌아 나오면 계양산을 마주한다."라고 표현하였다. [7]

　선조대왕은 많은 자녀를 두었는데, 그중에서 공빈 김씨 소생 임해군, 순
빈 김씨 소생 순화군, 인빈 김씨 소생 정원군이 많은 문제를 일으켰다. 그
럼에도 처벌을 받지 않았으며, 정원군은 아들이 반정으로 임금이 되자 악
행은 덮이고, 핍박 받은 것 위주로 알려져 있다.

---

7) 『역주 장릉지』, 국립문화재연구소, 2014, pp.24~27. 장릉의 주산을 현재는 장릉산이라 부르는데, 일
　제 강점기에 제작된 지도에는 응봉(鷹峰)으로 표기되어 있으며, 『역주 장릉지』에는 북성산으로 기록
　되어 있다.

입수룡 →

장릉 용세(龍勢)

계양산을 지난 용맥은 북쪽으로 올라가서 해발 약 123m의 고산을 만드는데, 고산에서 둘로 나뉜 주룡은 다시 약 500m를 북진하여 금정산을 만든다. 그리고 다시 약 1km를 북쪽으로 행도하여 해발 약 150m의 장릉산을 세우는데, 이 봉우리가 장릉의 주산이 된다.

여기서 동남쪽으로 뻗어 가 만들어진 봉우리에서 남쪽으로 약 250m 내려간 곳에 장릉이 자리 잡고 있어 장릉을 '회룡고조형'이라 한다.

현재 곡장 뒤 내룡을 관찰해 보면 펑퍼짐하여 지맥이 없는 사룡(死龍)처럼 보이나, 이것은 앞에서 언급하였듯이 많은 인원이 투입되어 보토를 했기 때문이다.

장릉 사격(砂格)

장릉의 사격은 고산에서 금정산으로 가는 주룡에서 분리되어 북동쪽으로 가는 줄기가 장릉의 먼 외백호가 되면서 장릉의 조산(朝山) 역할을 하고 있다. (장릉은 계양산에서 온 용맥이 크게 한 바퀴를 돌아 다시 계양산을 바라보는 회룡고조형인데, 이 산줄기에 아파트가 건축되어 계양산이 보이지 않게 되었다.)

다시 금정산에서 장릉산으로 이어지는 능선에서 만들어진 우람한 능선이 가까운 외백호가 되는데, 이 능선의 끝이 장릉저수지 방수로까지 이어져 있어 수구를 관쇄시키고 있다.

장릉산에서 동남쪽으로 뻗어 가는 산줄기에서 몇 개의 능선들이 내려와 청룡들이 되었고, 현재 주차장 진입로 밖에서 산줄기가 남서쪽으로 꺾여 저수지 둑까지 내려가면서 먼 외청룡이 만들어졌다.

장릉 수세(水勢)

　장릉의 백호 쪽 물길은 크게 두 줄기로 내려와 단순하면서 홍살문 앞으로 흘러오지 않고 장릉저수지로 내려간다.

　반면 청룡 쪽에는 여러 개의 물길이 있으면서 또 재실 옆에 연지까지 만들어져 있는 등 수세가 다소 복잡한 형태로 되어 있다. 현재 주차장 부근에서 시작된 청룡 물길은 내려가면서 좌우의 물길을 모아 연지로 흘러갔다가 장릉정수지로 가는 형태였다. 그런데 능 가까이에 있는 청룡 물길은 연지로 흘러가지 않고 서쪽으로 흘러가 백호 쪽에서 내려오는 물을 만나 장릉저수지로 가는 물길이었다.

　능역 공사 과정에서 지형이 바뀌었고, 홍살문 밖 첫 번째 금천교는 인공 물길에, 두 번째 다리는 자연 물길에 있다.

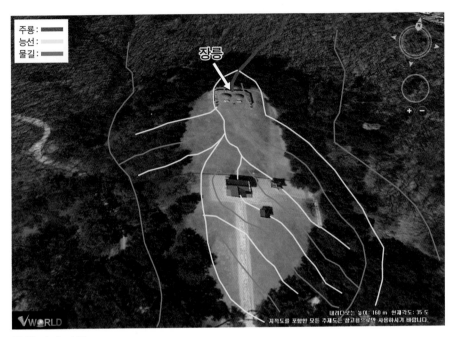

주룡 :

능선 :

물길 :

장릉

장릉 자연 지형

장릉은 좌우의 청룡과 백호가 우람하게 받쳐 주고는 있는데, 그 끝이 교차하지 않고 살짝 맞닿는 형태이다. 이렇게 만들어진 수구가 능의 정면에 있는데, 멀리에 조산이 있기는 하지만 수구를 통해 들어오는 바람이 우려되는 지형인 것이다.

이런 문제를 해결하기 위해 곡장 약 30m 뒤에서 주룡이 스스로 보국을 만들었는데, 백호 능선이 앞으로 감싸고 돌며 정자각 능선, 비각 능선이 만들어졌으며, 청룡 능선도 동쪽에서 오는 바람을 막을 형태를 갖추었다.

능역 공사 중에 급하게 보토 작업을 했기 때문인지 능 앞의 좌우 측 비탈면에는 지각과 물길의 흔적이 육안으로 쉽게 확인되고 있다.

24장

---◇◇◇---

16대 장릉(長陵)
(인조대왕 인열왕후)

1. 인조대왕 계보도

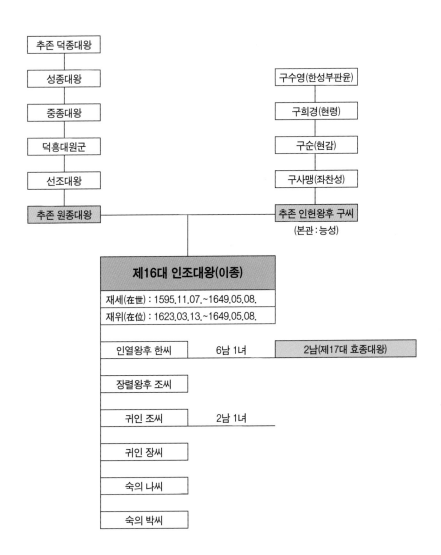

추존 덕종대왕
성종대왕
중종대왕
덕흥대원군
선조대왕
추존 원종대왕

구수영(한성부판윤)
구희경(현령)
구순(현감)
구사맹(좌찬성)
추존 인헌왕후 구씨
(본관 : 능성)

제16대 인조대왕(이종)
재세(在世) : 1595.11.07.~1649.05.08.
재위(在位) : 1623.03.13.~1649.05.08.

| 인열왕후 한씨 | 6남 1녀 | 2남(제17대 효종대왕) |

장렬왕후 조씨

| 귀인 조씨 | 2남 1녀 |

귀인 장씨

숙의 나씨

숙의 박씨

2. 장릉 조성 기록

　조선 16대 임금 인조대왕은 선조대왕과 후궁 인빈 김씨 사이에서 태어난 추존 원종대왕(정원군)의 아들로 1595년 11월 7일 태어났는데, 1607년 능양도정이 되었다가 후에 능양군으로 봉해졌다. [1]

　인열왕후 한씨는 1594년 7월 1일 서평부원군 한준겸과 회산부부인 황씨 사이에서 태어났다. 1610년 9월 능양군과 혼례를 올려 청성현부인에 봉해졌고,[2] 1612년 소현세자, 1619년 봉림대군(효종), 1622년 인평대군 등을 낳았다.

　능양군은 1623년 반정을 일으켜 광해군을 폐출하고 왕위에 오르게 되었다. 이후 인열왕후가 42세의 나이로 1635년 12월 5일 왕자를 출산하였지만 아이는 당일 사망하였고 왕비는 나흘 후인 12월 9일에 세상을 떠났다.

　인열왕후의 능지는 지관 이간의 추천으로 파주 이유징 묘가 있는 묘좌 유향의 터로 정해졌는데,[3] 화소 안에 있던 756개의 기존 묘를 옮기고,[4] 1636년 4월 11일 장례를 치렀고, 능호는 장릉이라 하였다.

　그로부터 약 13년의 세월이 흐른 1649년 5월 초 인조대왕은 몸에 한기

---

1) 『선원보감 I』, 선원보감편찬위원회, 계명사, 1989, p.307.

2) 『선원보감 III』, 선원보감편찬위원회, 계명사, 1989, p.259.

3) 『인조실록』(14년 1636년 2월 9일 갑신) 영상 윤방과 우상 홍성봉이 산릉으로 파주를 추천하다.

4) 『인조실록』(14년 1636년 2월 19일 갑오) 새 능의 구역 내에 있던 고총의 주인 없는 뼈를 거두어 주게 하다.

소재지 : 경기도 파주시 탄현면 장릉로 90

를 느끼고 학질 증상이 나타나더니 불과 7일 만에 사망하였다.[5]

장지는 당연히 인열왕후의 능이 있는 곳으로 생각하고 있었다. 그런데 대사헌 조익이 "풍수적으로 터가 좋지 않으니 다시 검토해야 한다."라고 조언을 하였으나 묵살되었고,[6] 1649년 9월 20일에 장례를 치렀다.

숙종대왕 시기에 장릉이 풍수상 흠결이 있다는 의견이 다시 대두되어

---

5) 『인조실록』(27년 1649년 5월 8일 병인) 상이 창덕궁 대조전 동침에서 승하하다.

6) 『효종실록』(즉위년 1649년 5월 18일 병자) 장능이 좋지 않음을 건의한 조익을 체직시키다.

좌향 : 해좌 사향

임금이 직접 봉심을 했으나 천릉은 하지 않고, 백호에 보토만 하였다.[7]

　영조대왕이 즉위한 후 장릉에 뱀이 출몰한다는 보고에 따라 결국 천릉을 결정하였다.[8] 교하 읍치가 있는 곳을 새 능지로 정하였고, 1731년 8월 30일 천릉을 마쳐 오늘에 이르고 있다.

---

7)『숙종실록』(13년 1687년 10월 13일 무오) 임금이 장릉 터를 흡족해하여 천릉이 중단되다.

8)『영조실록』(7년 1731년 3월 23일 병술) 조문영 등이 말하기를, "신이 이틀 사이에 아홉 마리의 뱀을 보았는데 (후략)

3. 장릉 풍수 분석

조선 16대 임금 인조대왕과 원비인 인열왕후의 장릉은 신한북정맥에 있다. 따라서 백두대간 분수령에서 분맥하여 백빙산 - 대성산 - 백운산 - 수원산 - 죽엽산 - 축석령 - 고장산 - 양주산성으로 이어진 산줄기가 한강봉에서 남서쪽으로 약 700m 내려와 북서쪽으로 갈라져 꾀꼬리봉 - 양주시 고령산 - 파주시 개명산 - 됫박고개까지 이어지는 큰 산줄기 체계는 파주 삼릉과 같다.

됫박고개를 건너온 산줄기는 파주 삼릉으로 가는 산줄기와 분리되어 북쪽으로 올라간 다음 경기도 파주시 광탄면 분수3리 마을의 고개를 지나 남서쪽에 봉우리를 만든다. 다시 북서쪽으로 계속 행도하여 오산리 산업단지를 통과하고, 월롱산을 거쳐 파주 농산물물류센터 북쪽 - 탄현 농협미곡처리장 남쪽 - 영집궁시박물관 - 법흥 삼거리 앞 고개를 지나 장릉 능역에 당도한다.

인조대왕과 인열왕후의 처음 장릉 터는 현재 경기도 파주시 문산읍 운천리 54-2에 있었는데, 뱀이 많이 나온다는 이유로 1731년(영조 7년) 천릉을 하여 약 270년 동안 비어 있었다.

그 후 1906년 비어 있던 이 터로 서울 마포 공덕리에 있던 흥선대원군의 묘가 옮겨 왔는데, 1966년 다시 경기도 남양주시 화도읍 창현리로 이장되었다. 그리고 1968년 세종대왕의 증손자 의인군의 묘가 경기도 시흥군 동면 독산리에서 옮겨 와 현재에 이르고 있다.

장릉 용세(龍勢)

장릉으로 이어지는 산줄기는 법흥 삼거리 뒤에서 동남쪽의 과협처를 지나온 다음 활발하게 기복과 위이를 하며 약 350m를 행도하고 나서, 남쪽으로 용맥을 내려보낸다.

남쪽으로 생겨난 능선은 처음에는 두 갈래로 내려오는데, 서쪽 능선이 곡장 뒤 약 50m 지점에서 동쪽으로 작은 능선이 분맥하면서 곡장 뒤에서는 모두 세 개의 능선과 두 개의 물길이 만들어지게 된다.

이런 내룡 형태는 다른 조선 왕릉에서는 볼 수 없는 것으로, 뒤쪽의 능선이나 물길이 그리 크지도 않아 약간의 흙만 채우면 하나의 능선처럼 보일 것인데, 왜 그대로 두었을까 하는 의문이 생기는 곳이다.

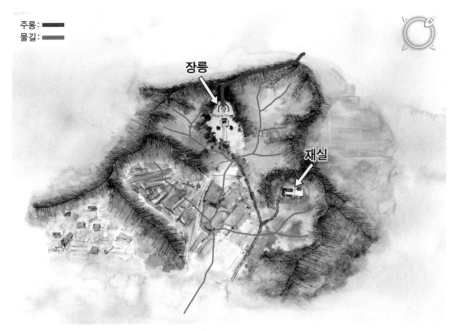

장릉 사격(砂格)

　장릉의 청룡은 법흥 삼거리를 지나온 산줄기에서 먼저 남쪽으로 나뉜 능선이 능역의 울타리를 만들며 내려가면서 재실 뒤와 앞에 각각 큰 능선을 남서쪽으로 뻗어 동쪽과 남쪽의 바람을 막아 주도록 하고 있다.

　또 법흥 삼거리 북쪽의 봉우리에서 동쪽으로 뻗어 간 능선이 갈현초등학교 인근을 지나 갈현리 공동묘지 뒤로 이어지며 외청룡이 만들어졌는데, 이 산줄기에 순조대왕의 초장지가 '을좌 신향'으로 있었다.

　장릉의 백호 능선은 법흥 삼거리에서 내려온 산줄기가 주룡을 분맥한 후, 남서쪽으로 약 200m를 간 다음, 방향을 돌려 남쪽으로 내려가면서 재실 뒤와 앞으로 내려오는 청룡 쪽 능선과 대칭이 되게 지각을 내려보냈다.

장릉 수세(水勢)

　장릉의 수세는 먼저 백호 쪽에서 내려오는 물길이 홍살문 뒤를 지나 동남쪽으로 흐른 다음 청룡 쪽에서 내려오는 물과 금천교 있는 곳에서 합쳐져 남서쪽으로 흘러 나가는 형태였다. 그 남쪽 아래는 재실 앞에서 내려오는 청룡 쪽 물과 외백호 안에서 내려오는 물이 모이는 지형이었다.

　국립중앙박물관의 일제 강점기 자료를 보면 현재 재실 남서쪽 방향에 동서와 남북의 길이가 약 100m 정도 되는 저수지가 있었으나 현재는 매립된 상태이다.

　또 능역 밖은 농지 조성 과정에 약간의 지형 변화가 있었을 것인데, 현재는 경지 정리까지 된 상태라서 자연 상태의 물길을 판단하기는 어렵다.

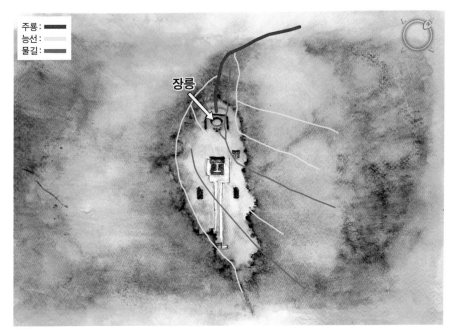

장릉 자연 지형

주릉: ▰
능선: ▰
물길: ▰

장릉

장릉은 앞 용세에서 언급하였듯이 내룡이 세 갈래가 있는데, 이 중 가운데 능선에 능의 봉분이 자리 잡고 있다. 다른 대부분의 조선 왕릉 곡장과는 다르게 장릉의 뒤쪽 곡장은 가운데가 올라간 형태라는 점을 주목할 필요가 있는데, 이것은 가운데에 능선이 있었다는 흔적이다.

그리고 능상 서쪽에도 작은 능선 흔적이 남아 있는데, 이 능선이 아래로 내려오다가 동남쪽으로 분지한 지각에 정자각과 수복방이 건축되었으며, 계속 내려간 끝에는 홍살문이 세워져 있다.

이렇게 가운데 능선의 모양과 서쪽 지각의 형태를 추적하고, 그에 따른 두 능선 사이의 물길을 따져 보면 봉분이 물길에 있음을 알 수 있다.

25장

16대 휘릉
(장렬왕후)

1. 장렬왕후 계보도

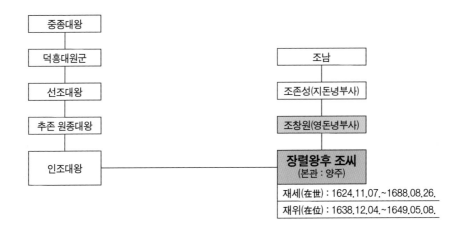

☞ 1624년생인 장렬왕후는 15세 때 44세였던 인조대왕과 혼례를 올려 계비가 되었으나, 당시 인열왕후의 아들인 소현세자(27세), 봉림대군(20세)보다 나이가 어렸다. 장렬왕후의 언니가 신익전(신흠의 아들)과 혼인하여 낳은 딸이 인조대왕 서자 숭선군의 부인이 되었다.

2. 휘릉 조성 기록

조선 16대 임금 인조대왕의 계비 장렬왕후는 한원부원군 조창원의 셋째 딸로 1624년 11월 7일 태어났다.[1] 인조대왕의 원비인 인열왕후가 1635년 12월 5일 왕자를 출산하고 산후 후유증으로 나흘 뒤인 12월 9일에 사망하자, 15세에 인조대왕의 계비로 간택되어 1638년 12월 4일 혼례를 올려 왕비가 되었다.[2]

이 시기는 병자호란 때문에 남한산성으로 피신해 있던 인조대왕이 항전을 포기하고 삼전도에서 항복을 한 후 채 2년이 되지 않은 때라서 나라의 분위기도 좋지 않을 때였다.[3]

약 10여 년의 세월이 흐른 1649년 5월 초 인조대왕이 한기가 있고 학질 증상이 나타나더니, 건강을 회복하지 못하고 5월 8일에 사망하였다. 뒤를 이어 효종대왕이 즉위하여 장렬왕후는 자의대비가 되었는데, 인조대왕의 후궁이었던 귀인 조씨와 관련된 역모 사건이 터지게 되었다.[4] 이 사건으

---

1) 『선원보감 III』, 선원보감편찬위원회, 계명사, 1989, p.90.

2) 『인조실록』(16년 1638년 12월 4일 임진) 가례를 거행하고 대사령을 내리다.

3) 『인조실록』(15년 1637년 1월 30일 경오) 삼전도에서 삼배구고두례를 행하다. (중략) 왕세자와 빈궁 및 두 대군과 부인은 모두 머물러 두도록 하였는데, 이는 대체로 장차 북쪽으로 데리고 가려는 목적에서였다.

4) 『효종실록』(2년 1651년 11월 23일 정유) 귀인 조씨가 자신의 딸 효명옹주의 여종 '영이'를 아들 숭선군의 첩으로 살게 하였는데, 숭선군 본처가 이모인 자의대비에게 하소연을 하자, 자의대비가 '영이'를 꾸짖는 과정에서 귀인 조씨가 '앵무'라는 무당과 대궐 안 및 인평대군 집에 사람의 뼛가루를 뿌리는 등 자의대비와 효종대왕을 저주한 사실이 드러난 사건을 말한다.

소재지 : 경기도 구리시 인창동 동구릉 내

로 귀인 조씨는 자결하였고, 딸 효명옹주의 남편 김세룡과 시할아버지 김
자점은 정형(사형)을 당했는데, 그 결과 장렬왕후와 효종대왕의 관계는 가
깝게 되었다. [5]

그 뒤 효종대왕, 인선왕후, 현종대왕, 명성왕후 등이 먼저 세상을 떠나면
서 자의대비가 상복을 입는 법도를 가지고 예송논쟁이 생기기도 하였다.

---

5) 『국역 연려실기술 Ⅶ』, 이긍익 著, 민족문화추진회, 1966, p.7. 을미년 여름에 자의대비의 거처가 협
　착하다 하여 임금이 몸소 터를 보아 별전을 짓고 만수전, 춘휘전이라 하였다.

좌향 : 신좌 을향(『승정원일기』유좌 묘향)

장렬왕후는 자녀를 낳지 못하였고, 법적으로 증손자인 숙종대왕 14년 1688년 초 감기에 걸리고 나서 8월 26일 향년 65세로 사망하였다.

능 후보지로는 장릉(長陵) 안 해좌, 순릉 안 을좌, 희릉 주변 묘좌와 을좌, 경릉(敬陵) 안 묘좌, 건원릉 안 유좌, 광릉의 건좌 혹은 해좌 등이 추천되었다.[6] 그리고 용맥의 길이와 혈장의 풍비(豊備) 등을 따져 건원릉 국내(局內)의 유좌 능선으로 정하여 1688년 12월 16일 장례를 치렀다.

---

6) 『승정원일기』(숙종 14년 1688년 9월 13일 임오)

3. 휘릉 풍수 분석

조선 16대 인조대왕의 계비 장렬왕후의 휘릉도 구리시 동구릉의 검암산 보국 안에 있어 태조대왕 건원릉 등과 큰 산줄기 체계는 같다. 백두대간 분수령 부근에서 나뉘어 한북정맥의 백빙산 - 대성산 - 광덕산 - 백운산 - 원통산 - 수원산 - 죽엽산으로 이어지는 산줄기가 경기도 의정부시와 포천시의 경계가 되는 축석령 직전에 한북정맥에서 분리된다.

여기서 분리된 수락지맥이 용암산을 만들고, 의정부시 비루고개를 통과한 다음, 수락산과 불암산을 지나, 삼육대학교 동쪽으로 돌아 담터고개와 새우개고개를 거쳐 만들어진 검암산이 솟는다. 검암산에서 양팔로 감싸 안듯 커다란 울타리로 만들어졌는데, 그 가운데에 흐른 동구천의 서쪽 편에 휘릉이 위치하고 있다.

이 터에 대해『조선왕조실록』에는 건원릉 서쪽 다섯 번째 능선으로 표현하고 있는데, 1600년 의인왕후 능지를 찾을 때와 1608년 선조대왕의 능지를 정할 때 각각 후보지가 되었던 곳이다.

왕비 재위 기간은 약 10년에 불과하였고, 그 기간마저도 후궁인 귀인 조씨를 더 총애하는 인조대왕 때문에 속앓이를 해야 했다.[7] 그 뒤로도 왕대비로 약 10년, 대왕대비로 약 30년 재위하는 동안 남편, 아들, 손자가 먼저 죽어 순탄하지 못한 삶을 살았다고 볼 수 있다.

---

7)『인조실록』(23년 1645년 10월 2일 경진) 숙원 조씨를 소의로 삼았다. 이때 중전 및 장숙의가 모두 사랑을 받지 못하고 소의만이 더욱 총애를 받았으며, (후략)

휘릉 용세(龍勢)

검암산을 일으킨 용맥은 둘로 갈라지는데, 이 중 남쪽으로 뻗은 능선은 망우산 방향으로 가는 것이며, 북동쪽으로 간 산줄기가 원릉, 휘릉, 건원릉, 목릉, 현릉, 수릉 등으로 이어지는 산줄기이다.

북동쪽으로 약 700m를 행도한 용맥은 해발 약 150m의 봉우리를 만들고, 여기에서 원릉이 있는 동쪽으로 용맥을 나눠 보낸다. 다시 약 500m 더 뻗어 가서 해발 약 120m의 봉우리를 만들면서 건원릉으로 가는 줄기와 휘릉으로 이어지는 주룡으로 가지를 나눈다. 분리된 주룡은 약 150m를 내려와 크게 과협을 한 후 해발 약 95m의 현무봉을 만들면서 완만한 경사를 유지하며 용진처로 행도한다.

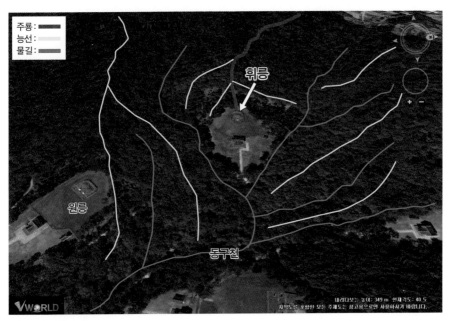

휘릉 사격(砂格)

휘릉의 주룡과 건원릉의 주룡 사이에는 세 개의 능선이 있는데, 이 능선이 휘릉의 청룡이다. 그런데 휘릉의 주룡 가장 가까이에 있는 능선은 길이가 짧아 청룡으로서 큰 의미가 없다. 그다음 능선은 위쪽에서는 형체가 눈에 확 뜨일 정도로 높은데 아래로 내려오면서 빠르게 낮아져 능선이라고 인식하지 못할 정도이지만 청룡이 되는 것이다.

그리고 휘릉의 주룡이 내려오면서 만든 몇 개의 지각을 백호라고 할 수 있지만 길이가 짧고 형태도 감싸 주지 못하므로 장풍의 기능이 충분하지 않다. 하지만 원릉의 주룡 능선이 남쪽을 감싸고 동구천까지 이어져 제대로 된 백호의 역할을 하고 있다. 또한 휘릉 홍살문 남쪽에 있는 백호 쪽 큰 물길 건너에 있는 평평한 능선 부분도 백호가 된다.

휘릉 수세(水勢)

    휘릉은 동구릉 보국의 중앙부에 위치해 있는데, 건원릉과 목릉의 주변에서 발원하여 내려오는 물과 휘릉의 청룡 쪽 물이 모여 수량(水量)이 어느 정도 많아진 동구천을 접하고 있다.

    휘릉의 청룡 쪽 물은 휘릉 북쪽에서 시작된 두 줄기 물이 능역 가까이 와서 합쳐진 다음 홍살문 옆을 지나간다. 백호 쪽 물은 서쪽에서 출발하여 남동쪽으로 내려오다가 백호 능선인 원릉의 주룡을 만나면서 동쪽으로 방향을 바꿔 홍살문 근처로 온다.

    이 두 물이 홍살문 동쪽 약 20m 지점에서 합수되어 S 자 형태로 구불거리며 동구천으로 흘러가는데, 이로써 청룡과 백호 능선의 끝이 그 지점까지 내려와 수구를 막아 주고 있었음을 알 수 있다.

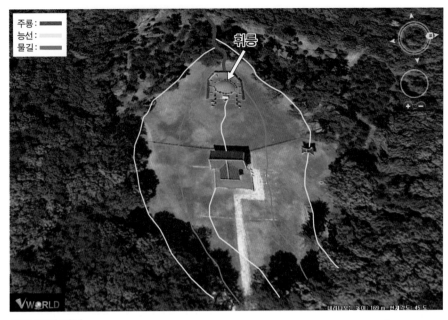

휘릉 자연 지형

휘릉의 주룡은 곡장 뒤 약 150m 지점의 현무봉에서 1차 개장과 천심을 하고, 중출맥이 곡장 뒤 약 21m 지점에서 또다시 개장과 천심을 한다. 이 때 개장한 백호 능선의 흔적은 현재도 능 아래쪽에서 뚜렷하게 볼 수 있으며, 이 백호 능선이 원을 그리듯 안으로 굽으며 홍살문 근처까지 이어진 지형이었다.

청룡 쪽으로 개장한 능선은 흔적이 선명하지는 않으나 이 능선도 앞으로 내려왔고, 그 위에 현재 비각과 수복방이 만들어졌다.

가운데로 들어온 중출맥은 혈을 결지하고 앞으로 더 뻗는 갱진을 하여 홍살문까지 내려갔는데, 이 갱진하는 지각에 정자각이 자리 잡고 있다.

26장

17대 영릉(寧陵)
(효종대왕 인선왕후)

1. 효종대왕 계보도

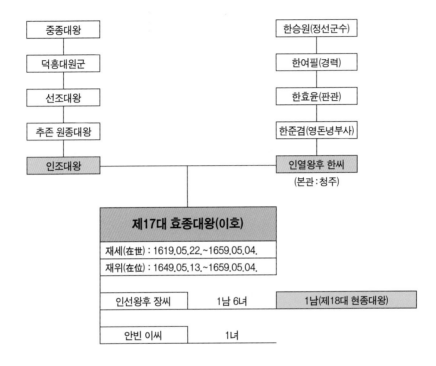

☞ 우리 역사는 효종대왕이 병자호란의 치욕을 갚기 위해 '북벌'을 계획하였다고 서술하고 있다. 그러나 실제로는 급격히 성장했던 청나라를 공격할 힘이 없었으며 국내 정치용으로 활용한 것으로 보아야 한다.

2. 영릉 조성 기록

조선 17대 효종대왕은 1619년 5월 22일 인조대왕과 인열왕후의 차남으로 태어났다. 아버지가 1623년 3월 반정을 일으켜 왕위에 오르자 형은 소현세자가 되었고, 자신은 봉림대군에 봉해졌으며, 1631년에 1618년 12월 25일 태어난 신풍부원군 장유의 딸과 혼례를 올렸다.

1636년 12월 8일 병자호란이 발발하였고, 이듬해 1월 30일 인조대왕이 항복하여 소현세자와 봉림대군 등이 1637년 2월 청나라에 인질로 잡혀가게 되었다. 1645년 2월 18일 귀국한 소현세자가 4월 26일 침을 맞고 사망하자, 5월 14일 귀국한 봉림대군이 9월 27일 세자로 책봉되었다.

1649년 5월 8일 인조대왕이 사망하자 5일 후 효종대왕이 즉위하였다. 재위 10년이 되던 1659년에 머리에 생긴 작은 종기가 악화되어 4월 27일 치료를 시작하였지만, 5월 4일 종기 부위에 침을 맞고 침 구멍의 출혈이 멈추지 않아 갑작스럽게 향년 41세로 사망하였다.

효종대왕의 능지로는 여주 홍제동, 임영대군묘 터, 건원릉 첫 번째 산줄기, 헌릉이 있는 이수동, 수원 호장 집터 뒷산 등이 후보지로 보고되었으나, 예조 판서 윤강이 "홍제동은 풍수 길지가 아니다."라며 수원을 추천하자 현종대왕은 수원을 장지로 정하였다.[1]

이에 송시열 등이 수원은 도회지가 있던 곳이라 오환(五患)이 있는 터라

---

1) 『현종실록』(즉위년 1659년 6월 19일 무신) 상이 이르기를 "나는 수원도 멀다는 느낌이지만 다른 데 적당한 곳이 없기 때문에 그곳으로 정한 것이다."

소재지 : 경기도 여주시 세종대왕면 영릉로 327

서 불가하다고 하자 현종대왕은 "풍수를 모르는 자는 산릉에 대해 절대 상소를 올리지 말라."라고 명을 내리며 수원을 계속 고집하였다. [2]

장례일을 10월 1일로 정해 놓고 산역을 하는 중에도 수원에 대한 반대 의견이 계속 제기되었고, "건원릉 서쪽에 건좌(乾坐)의 좋은 터가 있다."라는 보고를 듣고 7월 11일에 능지를 변경하여 1659년 10월 29일 장례를 치

_____

2) 『현종실록』(즉위년 1659년 6월 21일 경술)

좌향 : 자좌 오향(상하릉 동일)

렀다. [3] 그러나 그 이듬해부터 능의 석물에 틈이 벌어지는 등 문제가 생기자 현종대왕은 1673년 10월 7일 영릉을 여주 홍제동으로 옮겼는데, 옛 능안에는 빗물이 고였던 흔적이 보였고 석물들에는 흠이 생겨 있었다.

1674년 2월 23일 향년 57세로 인선왕후가 사망하자 6월 4일에 효종대왕릉 아래쪽에 장례를 치러 조선 왕릉 최초로 상하릉이 만들어졌다.

───────────

3) 『현종실록』(즉위년 1659년 7월 11일 경오) 여러 대신에게 이르기를, "대신 이하 제신들 말이 모두 건좌의 산이 수원보다 낫다고 하니 그리로 정하는 것이 좋겠다."

3. 영릉 풍수 분석

백두대간이 행도하다 속리산 천황봉에서 한남금북정맥으로 나뉘고 이 산맥이 청주 상당산을 거치고 죽산 칠장산에서 한남정맥과 금북정맥으로 분리된다. 북서쪽으로 뻗어 간 한남정맥의 문수봉에서 나뉜 독조지맥의 여주 신통산에서 한 가지가 분맥하여 북쪽으로 올라가 만들어진 북성산 자락에 효종대왕 영릉(寧陵)과 세종대왕의 영릉(英陵)이 위치하고 있다.

이 터는 인조대왕이 선조대왕의 목릉을 옮기려 할 때 신하들이 추천을 하였으나 거리가 멀다는 이유로 선택하지 않았던 곳이기도 하다.

또한 효종대왕의 능지를 찾는 과정에서도 총호사 심지원, 판중추부사 송시열 등 여러 신하들이 추천하였는데, 윤선도는 "산의 우열만 논한다면 홍제동은 풍수가 대단히 좋은 곳이고, 수원이 그다음이지만 건원릉의 여러 산 능선들보다는 낫다."라고 하였다.

그러나 예조 판서 윤강은 "용맥이 현무봉부터 내려온 것이 1백여 보(步)에 불과하고, 나약하고 힘이 없기가 마치 드렁허리[웅어(鱧魚)]의 모양 같으며, 영릉(英陵)을 만들고 남은 기운으로 생긴 산줄기에 불과하고, 혈형이 너무 긴 것도 흠이다."라고 하였다.

현종대왕은 이 자리가 풍수상 길지가 아니라는 윤강의 말을 듣고 처음에는 배제시켰는데, 15년이 지나서는 길지라고 추천을 받아 능을 옮겼다. 이것은 세상의 모든 땅이 지형과 지세가 다르기 때문에 계량화, 수치화되지 못하고 주관적으로 판단할 수밖에 없는 까닭이다.

효종대왕릉   인선왕후릉

두 능 봉분 중심 거리 약 85m

과협처

영릉 용세(龍勢)

영릉의 용맥은 해발 약 255m의 북성산에서 북쪽으로 42번 국도를 건너 약 3km를 뻗어 간 다음 번도리 구양리 왕대리를 구분하는 해발 약 125m 의 봉우리에서 동쪽으로 분맥을 한다. 분맥 후 과협을 거치고 나서 다시 북쪽으로 가지를 나눠 보내는데, 해발 약 130m의 봉우리를 만들어 세종대왕의 영릉으로 용맥을 보낸다.

다시 북동쪽으로 약 700m 정도를 더 행도한 용맥이 작은 봉우리를 만들고 남쪽으로 분맥을 하여 약 200m를 내려온 곳에 영릉(寧陵)이 있다. 용맥의 몸체는 단단하고 작은 기복과 위이를 계속하며 행도하는데, 지기가 다른 곳으로 누설되지도 않는 확실한 생룡의 형태를 갖추고 있다.

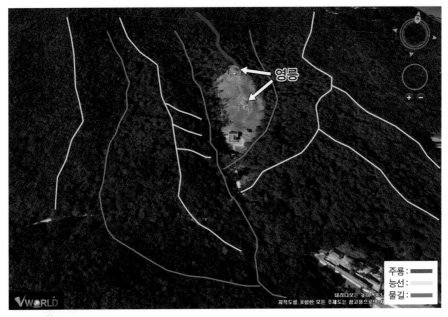

영릉 사격(砂格)

영릉의 사격을 보면 청룡은 현무봉에서 북동쪽으로 약 300m 정도를 더 뻗어 나간 봉우리에서 시작되어 내려왔다. 능상 근처에서는 안쪽으로 활처럼 굽은 모양으로 홍살문 밖 물길까지 이어져 교과서 같은 형태를 갖추고 있다. 이 청룡 능선이 현재 영릉 매표소가 있는 곳까지 계속해서 내려가 외수구를 형성하고 있다.

반면 능상에서 보이는 백호는 약간 등을 돌린 비주(飛走) 형태로 보이지만 외백호는 재실 가까이까지 안으로 굽어서 수구를 막아 주므로 장풍의 조건을 만드는 데 문제는 없다. 또 수라간 뒤쪽을 자세히 보면 몇 개의 지각들이 내려와 비주로 보이는 문제점을 해소시켜 주고 있다. 주변 사격을 포함하여 형국론 측면으로 보면 한자 물(勿) 자와 비슷한 곳이다.

영릉 수세(水勢)

　영릉의 자연 수세는 청룡 쪽 물길이 주룡 앞을 지난 다음 백호 쪽에서 내려오는 물과 합쳐지고, 잠시 남쪽으로 내려가다가 외백호의 영향으로 재실을 지나면서는 동남쪽으로 흐르는 형태이다.

　그런데 청룡의 지각 하나가 주룡이 끝나는 지점 앞으로 가깝게 내려와 주룡 끝 바로 앞에 청룡 쪽 자연 물길이 흐르게 되었다.

　어쩔 수 없이 능 - 정자각 - 참도 - 홍살문 - 금천교 순으로 만들어지는 능역 필수 시설물의 배치가 다른 능들과는 다르게 되어 있다. 정자작과 홍살문 사이 참도 중간에 청룡 쪽에서 내려오는 물길이 흐르고 있어 그곳에 내금천교가 만들어져 있으며, 수복방도 청룡 쪽에서 내려오는 물길 바깥에 지어진 것이 특징이다.

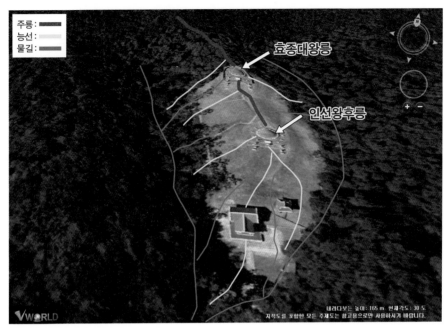

효종대왕릉

인선왕후릉

주룡 :
능선 :
물길 :

영릉 자연 지형

영릉에서 효종대왕릉은 위(북쪽)에 있고, 인선왕후릉은 아래(남쪽)에 있는 상하릉 형태로 만들어져 있다. 능의 서쪽 측면에서 지형을 살펴보면 위아래 능의 중간 부분이 약간 낮아졌다가 다시 솟아오른 모양을 볼 수 있는데, 이런 경우 먼저 섬룡입수하는 기룡혈을 생각해 볼 수 있다.

또한 능선의 전체 끝은 좌선룡 형태로 백호 쪽으로 돌아갔다. 이 능선은 인선왕후릉 앞에서 두 갈래로 나뉜 능선 중 하나로, 양쪽 물이 합쳐지는 지점까지 뻗어 나갔으며, 이 능선에 정자각이 세워져 있다. 그리고 지각과 물길들이 생긴 흔적들을 현재도 측면에서 확인할 수 있다.

27장

18대 숭릉
(현종대왕 명성왕후)

1. 현종대왕 계보도

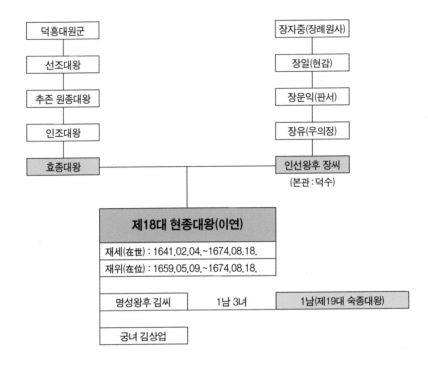

덕흥대원군 → 선조대왕 → 추존 원종대왕 → 인조대왕 → 효종대왕

장자중(장례원사) → 장일(현감) → 장운익(판서) → 장유(우의정) → 인선왕후 장씨 (본관 : 덕수)

제18대 현종대왕(이연)
재세(在世) : 1641.02.04.~1674.08.18.
재위(在位) : 1659.05.09.~1674.08.18.

명성왕후 김씨 | 1남 3녀 | 1남(제19대 숙종대왕)

궁녀 김상업

☞ 현종대왕은 후궁이 없는 임금으로 알려져 있다. 그런데 인평대군의 아들인 복창군과 복평군이 현종대왕의 승은을 입은 궁녀 김상업과 간통을 하였다고 명성왕후가 고발하여 유배를 보낸 사건을 세칭 '홍수의 변'이라 한다. 이들이 실제로 간통을 하였다면 과연 사형에 처해지지 않고 유배만 갔다가 몇 달 만에 석방되고 관작도 회복될 수 있었을까?

2. 숭릉 조성 기록

조선 18대 현종대왕은 1641년 2월 4일 효종대왕과 인선왕후의 맏아들로 태어났다. 병자호란 패전의 여파로 인조대왕의 장남 소현세자와 봉림대군(효종대왕)이 1637년 2월 청나라에 인질로 잡혀가 있었기 때문에 청나라 심양에서 태어났고,[1] 나중에 보위에 오르게 되어 조선 왕들 중에서 유일하게 외국에서 태어난 임금이 되었다.

1645년 2월 18일 귀국한 소현세자가 4월 26일 침을 맞고 갑자기 사망하였다. 그 후 약 1개월 뒤인 1645년 5월 14일 귀국한 봉림대군이 9월 27일 세자로 책봉되었으며, 그의 아들은 1649년 2월 18일 왕세손에 책봉되었다가[2] 그해 5월 13일 효종대왕이 즉위를 하자 왕세자가 되었다.

1651년 12월 22일에 1642년 5월 17일생인 청풍부원군 김우명의 딸과 혼례를 올렸으며, 1659년 5월 4일 효종대왕이 사망하자 5월 9일 보위에 올랐는데, 19세의 나이임에도 건강이 썩 좋지 않았고,[3] 재위 기간 중 특히 안질을 자주 않았으며, 종기도 많이 생겨 온천욕을 즐거하기도 하였다.[4]

그러다가 재위 15년이 되던 1674년 8월 초에 복부가 당기고 아픈 증세

---

1) 『선원보감 I』, 선원보감편찬위원회, 계명사, 1989, p.132.

2) 『인조실록』(27년 1649년 2월 18일 정미) 상이 인정전에 나아가 원손을 왕세손으로 책봉하다.

3) 『현종개수실록』(즉위년 1659년 8월 5일 계사) 상에게 이미 비장이 상한 병이 있었는데, (후략)

4) 『현종개수실록』(10년 1669년 11월 17일 병오) 상의 종기는 크기가 작은 병만 하였는데, (중략) 의관 윤후익이 침으로 따자 고름이 거의 한 되가량 나왔다.

소재지 : 경기도 구리시 인창동 동구릉 내

가 나타나더니,[5] 학질 증상처럼 열이 나고, 가슴이 답답하며 설사가 나다
가 8월 18일 향년 34세로 사망하였다.

이어서 보위에 오른 숙종대왕은 신하들이 풍수를 고려하여 다섯 곳의
후보지를 보고하였으나, 명성왕후와 본인의 뜻이 건원릉 부근에 있음을
알리고 다른 곳은 알아보지 말라고 명하면서, 쌍릉의 형식으로 만들 것도

---

5) 『승정원일기』(현종 15년 1674년 8월 6일 정유) 어제와 차이가 없지만 복부가 당기고 아픈 증세가 조
금 줄어든 뒤 나른한 증상이 근일에 더욱 심해졌으니 괴롭다.

좌향 : 신좌 을향

지시하였다. [6]

　이렇게 해서 건원릉 남쪽 약 1km의 터에 12월 13일 장례를 치렀고, 그 뒤 1683년 12월 5일에 명성왕후가 향년 42세로 세상을 떠나자 이듬해 4월 5일 장례를 치러 현재의 숭릉이 완성되었다.

---

6) 『숙종실록』(즉위년 1674년 9월 13일 갑술) 임금이 말하기를 "자성의 뜻이 이미 건원릉 안에 있고, 나의 뜻도 또한 같으니, 달리 간산하지 않는 것이 좋겠다. (중략) 대왕의 능은 정혈을 쓰되, 쌍릉의 척수가 부족하면 보토할 수 있다." 하였다.

3. 숭릉 풍수 분석

조선 18대 현종대왕과 명성왕후의 숭릉은 검암산 보국 안에 있는 동구릉 중에서 가장 남단에 위치하고 있다. 검암산 보국은 백두대간 분수령 부근에서 나뉘어 한북정맥의 백빙산 - 대성산 - 광덕산 - 백운산 - 도마치봉 - 원통산 - 수원산 - 죽엽산으로 이어지는 산줄기가 경기도 의정부시와 포천시의 경계가 되는 축석령 직전에 한북정맥에서 분리된다. 여기서 분리된 수락지맥이 용암산을 만들고 의정부시 비루고개를 통과한 다음, 수락산 - 불암산을 지나, 삼육대학교 동쪽으로 돌아 담터고개와 새우개고개를 거쳐 검암산이 만들어진다. 검암산에서 양팔로 감싸 안듯 커다란 울타리가 만들어졌으며, 중앙에는 동구천이 흐를 만큼 큰 보국을 갖춘 이곳에 숭릉이 자리 잡고 있다.

『선원보감 Ⅱ』에는 "건원릉 서남쪽에 다른 산줄기를 따라 서쪽을 등진 언덕에 복조하여 정했다."라고 기록되어 있다. [7)]

향년 17세에 세상을 떠난 단종대왕도 두 명의 후궁이 있었는데, 현종대왕은 조선 왕조 가운데 공식적인 후궁 없이 부인이 한 명이었던 임금으로 알려져 있다.(실제는 한 명 있었음.) 이에 대하여 명성왕후를 무서워하는 공처가였기 때문이라는 이야기도 있지만, 실제로는 계속된 안질과 종기 등 평소 건강이 좋지 않았던 것이 가장 큰 원인이었을 것이다.

---

7) 『선원보감 Ⅱ』, 선원보감편찬위원회, 계명사, 1989, p.344.

숭릉 용세(龍勢)

　해발 약 175m의 검암산 주봉에서 남쪽에 있는 망우산 방향으로 뻗어 가
던 용맥이 약 300m를 가서 동쪽으로 큼직한 산줄기를 분맥한다. 여기서
분맥된 산줄기가 크게 과협을 하고 약 350m 지점에 봉우리를 만들고 나서
외백호 하나를 만들어 남쪽으로 보낸다.

　다시 행도를 시작한 주룡은 약 500m를 기복과 위이를 하며 힘차게 내려
가서 다시 해발 약 120m의 현무봉을 만들고, 여기서 시각적으로 청룡과
백호가 되는 능선을 팔을 벌리듯 각각 좌우로 만든다. 그리고 현무봉에서
가운데로 약 70m를 내려가 개장을 하고, 다시 약 70m를 내려가 용진혈적
을 한다.

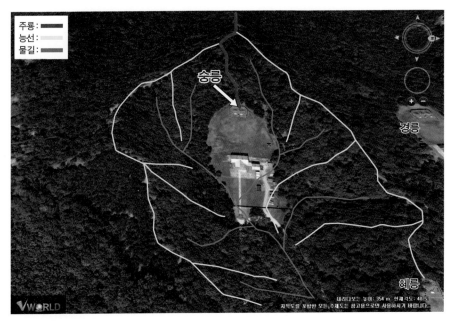

숭릉 사격(砂格)

숭릉의 사격은 주룡이 행도하여 만든 해발 약 120m의 현무봉에서 만들어지기 시작한다. 숭릉의 현무봉에서 북동쪽으로 분지한 청룡 능선은 아래로 가면서 지각들을 만든다. 현무봉에서 약 300m를 간 다음에는 방향을 남동쪽으로 바꾸며 큰 지각 하나를 만들고 마지막 마무리 과정에서는 방향을 남쪽으로 돌려 외수구를 완전히 막아 주고 있다.

현무봉에서 남동쪽으로 출발한 백호도 약 300m를 가면서 보국 안쪽으로 몇 개의 지각을 길게 만들어 보국을 빠져나가는 물길이 청룡 쪽으로 붙도록 하고 있다. 그러면서 큰 산줄기 하나를 분리시켜 멀리 동구릉 능여의 입구가 있는 외수구로 내려보내 동구릉 동쪽 바깥으로 내려오는 큰 산줄기와 마주 보며 전체 보국의 수구를 막아 주고 있다.

숭릉 수세(水勢)

숭릉의 현무봉에서 내려온 주룡과 청룡과 백호 사이에는 각각의 자연 물길이 만들어져 있다. 청룡 쪽 물길은 처음에는 앞(동쪽)으로 내려가다가 방향을 돌려 정자각과 홍살문 중간 지점을 통과한다. 그리고 백호 쪽으로 흘러가서 홍살문 옆에서 백호 쪽에서 내려오는 물과 합쳐진다. 그런 다음 백호 쪽 지각에 의해 다시 청룡 능선 근처까지 흘러가고, 숭릉 연지 북쪽을 통과한 다음 동구천을 만나 외수구로 빠져나간다.

사진에는 백호 쪽 물길이 직각으로 꺾여 있고, 그 위에 금천교가 만들어져 있는 것을 볼 수 있다. 그러나 백호 쪽에서 내려온 자연 상태의 물길은 직각 형태가 아닌 곡선 형태로 홍살문 안 배위를 지나 금천교가 있는 곳으로 흘렀던 곳이다.

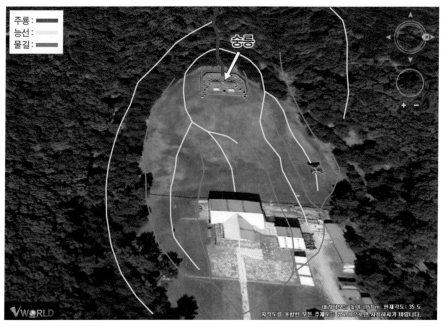

숭릉 자연 지형

현재 상태의 숭릉은 청룡과 백호의 형태가 좋고 보국의 규모도 커서 조선 왕릉 중에 손꼽을 만큼 멋진 곳이라 할 수 있다.

그런데 주룡이 힘차게 행도하여 큰 틀의 보국을 멋지게 만들었으나, 외수구처 사격의 높이가 낮은 점이 아쉬운 대목이다. 그래서 현무봉에서 입수를 하면서 개장 천심이 연달아 생겼는데, 곡장 뒤 약 18m 지점에서 청룡과 백호가 개장을 하였고, 중출맥이 자기보국혈을 결지하였다.

백호 쪽 지각은 앞을 감싸고 돌며 둘로 나뉘었는데, 가운데로 내려온 능선이 정자각 터가 되었다. 청룡 쪽의 지각도 둘로 나뉘었는데, 바깥쪽 능선에 비각이 자리 잡고 있다.

28장

19대 명릉
(숙종대왕 인현왕후 인원왕후)

1. 숙종대왕 계보도

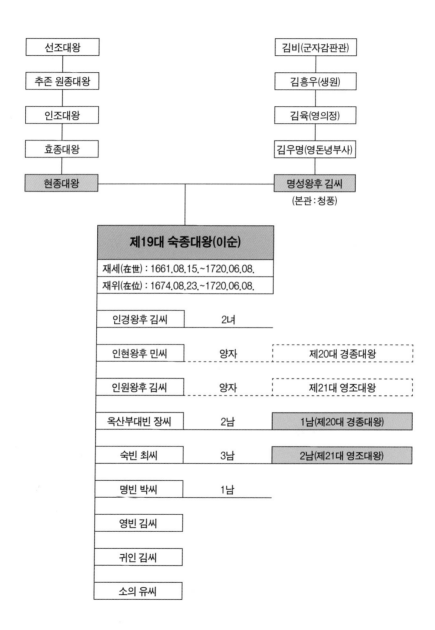

선조대왕

추존 원종대왕

인조대왕

효종대왕

현종대왕

김비(군자감판관)

김흥우(생원)

김육(영의정)

김우명(영돈녕부사)

명성왕후 김씨
(본관 : 청풍)

제19대 숙종대왕(이순)

재세(在世) : 1661.08.15.~1720.06.08.
재위(在位) : 1674.08.23.~1720.06.08.

인경왕후 김씨	2녀	
인현왕후 민씨	양자	제20대 경종대왕
인원왕후 김씨	양자	제21대 영조대왕
옥산부대빈 장씨	2남	1남(제20대 경종대왕)
숙빈 최씨	3남	2남(제21대 영조대왕)
명빈 박씨	1남	
영빈 김씨		
귀인 김씨		
소의 유씨		

2. 명릉 조성 기록

조선 19대 임금 숙종대왕은 1661년 8월 15일 현종대왕과 명성왕후의 외아들로 태어났다. 1667년 1월 22일 왕세자로 책봉되었고 1661년 9월 3일생 광성부원군 김만기의 딸(인경왕후)과 1671년 4월 3일 혼례를 올렸다. 이후 1674년 8월 23일 숙종대왕이 즉위하였는데, 인경왕후가 1680년 10월 26일 천연두에 걸려 향년 20세로 사망하였다.

여양부원군 민유중에게 1667년 4월 23일 태어나 15세가 된 딸이 있었는데 1681년 5월 2일에 숙종대왕이 두 번째 왕비(인현왕후)로 맞아들였다. 그러나 1688년 10월 28일 소의 장씨(장희빈)가 낳은 왕자의 명호를 정한 것에 반대하는 송시열의 상소를 계기로 세칭 '기사환국'이 단행되고, 4개월 뒤인 1689년 5월 2일 서인계 왕비인 인현왕후를 폐위시켰다.

인현왕후를 폐위시킨 숙종대왕은 남인계의 지지를 받던 희빈 장씨를 1690년 10월 22일 세 번째 왕비로 맞아들였다. 그러나 약 4년 뒤인 1694년 3월 29일 우의정 민암 등과 장희재가 연관된 역모에 관한 고변서가 발단이 된 세칭 갑술환국으로 1694년 4월 12일 장씨를 폐하여 희빈으로 강등시켰고, 1701년 10월 10일 자진하게 하였다.

이로써 남인은 축출되고 서인이 다시 정권을 잡게 되었으며, 인현왕후는 1694년 6월 1일 다시 왕비로 책봉되었지만 자식을 낳지는 못하였다.

그러다가 1700년 3월부터 인현왕후의 건강이 나빠지기 시작하였는데, 다리에 종기가 생기고 비위 기능이 떨어져 뜸, 침, 약 등 치료에도 크게 나

소재지 : 경기도 고양시 덕양구 서오릉 내

아지지 않다가, 1701년 8월부터는 구토와 설사 증세가 심해져 1701년 8월 14일 향년 35세로 사망하였다. [1]

숙종대왕이 인경왕후의 장례 때 봐 두었던 묘좌 언덕을 능지로 하라고 지시하여 12월 9일 장례를 치러 명릉이 만들어졌다.

이듬해인 1702년 10월 13일에 숙종대왕은 1687년 9월 29일생 경은부원군 김주신의 딸을 세 번째 계비 인원왕후로 맞아들였다.

---

1) 『승정원일기』(숙종 27년 1701년 8월 13일 무진)에는 8월 13일 사망으로 기록되어 있다.

좌향 : 갑좌 경향(숙종대왕 인현왕후 『숙종실록』 묘좌) / 을좌 신향(인원왕후)

　그 후 숙종대왕이 1718년 무렵부터 입맛이 없고 다리가 저리며 복부가 더부룩한 증상이 나타나더니, 1720년 6월 8일 세상을 떠났고, 인현왕후의 명릉에 쌍분 형태로 장례를 치렀다.

　그 뒤 인원왕후가 1757년 3월 26일 향년 71세로 세상을 떠나자, 신하들이 명릉에서 약 400보 거리의 간좌 터를 추천하였으나 영조대왕이 정자각을 다시 짓는 번거로움을 이유로 현재의 터에 7월 12일 장례를 치렀다.[2]

----

2) 『영조실록』(33년 1757년 4월 4일 을축) 새 능의 자리를 명릉의 오른쪽 산등성이에 정하다.

3. 명릉 풍수 분석

조선 19대 임금 숙종대왕과 인현왕후, 인원왕후의 명릉은 백두대간 분수령에서 분맥한 한북정맥의 끝자락에 위치하고 있다. 능으로 이어지는 산줄기 체계는 백빙산 - 대성산 - 수원산 - 죽엽산 - 축석령 - 한강봉 - 사패산 - 우이령 - 북한산 - 문수봉 - 비봉 - 향로봉으로 이어지다 박석고개를 지나 해발 235m의 앵봉산을 만든다.

앵봉산 주봉에서는 산줄기가 크게 둘로 갈라지는데, 북쪽으로 간 산줄기가 창릉 있는 능선과 익릉, 경릉, 홍릉의 산줄기가 된다. 앵봉산에서 남쪽으로 뻗어 나간 산줄기는 벌고개(봉현, 서오릉고개)가 있는 과협을 지나 약 900m 지점에 봉산을 만든다. 그 아래 동쪽으로는 반홍산(증산동)을 만든 다음 상암동 매봉산까지 내려가고, 서쪽으로는 은부산 - 대덕산을 만들면서 한강까지 행도한다. 이 산줄기 양옆에는 창릉천과 불광천이 호종하며 한강으로 흘러간다.

현재 서오릉에는 숙종대왕과 첫 번째 계비 인현왕후, 세 번째 계비 인원왕후, 원비 인경왕후, 두 번째 계비였다가 폐비가 된 희빈(옥산부대빈) 장씨 등 네 명의 부인이 같은 능역에 함께 있는 것이다.

숙종대왕은 1701년 10월 10일 자진한 희빈 장씨의 장지로 여러 곳을 살펴본 후 양주 인장리를 정해 주었다. 그 뒤 풍수적으로 불길하다 하여 1719년 4월 7일 광주 진해촌(광주시 오포면 문형리)으로 이장하게 하였다. 1969년 6월 현재의 터로 옮겨졌고 그곳에는 모 기업가 묘가 있다.

입수룡

숙종대왕릉 인현왕후릉

명릉 용세(龍勢)

　한강 쪽으로 가기 위해 앵봉산을 출발한 산줄기가 남쪽 약 400m 지점에 해발 약 200m의 봉우리를 만들고 크게 과협한 후 해발 약 170m 봉우리를 만들면서 북서쪽과 남서쪽으로 큰 산줄기 두 개를 분맥한다.

　두 산줄기 중 남서쪽의 산줄기는 현재 조선 왕릉 서부지구 관리소와 주차장이 있는 곳으로 내려가고, 북서쪽으로 뻗은 용맥이 명릉의 주룡이 되는 것이다.

　명릉의 주룡은 약 200m를 내려가서 방향을 조금씩 서쪽으로 돌린다. 그리고 약 400m 지점부터는 남서쪽으로 원을 그리듯 행도하다가 마지막에 횡룡입수 형태로 다시 서쪽을 바라보며 용진혈적을 한다.

명릉 사격(砂格)

앵봉산에서 한강 쪽으로 뻗어 가던 산줄기가 만든 해발 약 170m의 봉우리에서 조선 왕릉 서부지구 관리소로 내려온 능선이 시각적으로 보이는 명릉의 청룡이 되며, 벌고개 부근의 능선들은 외청룡이 된다.

또 C 자 형태로 내려오던 주룡이 인원왕후릉 뒤에서 지각을 하나 만들어 재실이 있는 곳까지 내려보냈다. 이 지각은 평평하게 깎여 있어 능선으로 인식하지 못하지만 엄연히 명릉의 백호가 된다.

능 앞쪽으로 넓은 도로가 만들어져 있어 얼핏 보면 수구가 벌어진 곳으로 보이지만, 봉산 부근에서 북서쪽으로 올라와 조산(朝山)이 되는 능선들이 구도로까지 내려온 지형이었으므로 보국은 갖추어진 곳이었다.

명릉 수세(水勢)

　명릉의 능역 안에도 어디엔가 자연 상태의 물길이 있었을 것이지만, 현재는 특별히 눈에 띄는 물길이 없다. 굳이 물길을 찾아 보면 수복방 뒤에 작은 배수로가 있는데, 이 물길은 자연 상태의 물길이 아니고 인위적으로 만들어진 것이다.

　사진에서 보이는 장소는 홍살문 북서쪽에 있는 일종의 집수(集水) 시설인데, 숙종대왕의 봉분이 있는 능선과 인원왕후의 봉분이 있는 능선 사이에 있는 물길과 그 외 작은 물길들이 모이는 흔적이다.

　이곳에 모인 물은 자연 상태의 물길(구도로)을 따라 내려가서 약 2.5km 밖에서 창릉천과 합쳐진 후 행주산성 동쪽에서 한강으로 흘러간다.

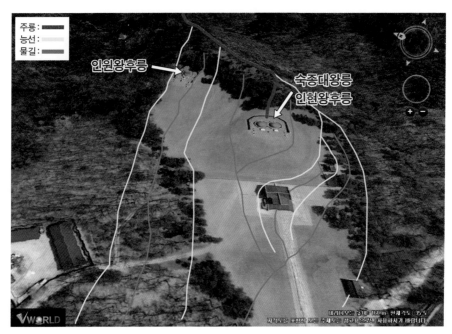

명릉 자연 지형

숙종대왕과 인현왕후의 봉분이 있는 능선은 전형적인 횡룡입수의 형태라서 행도 과정에서 먼저 백호 능선을 만들어 재실 북쪽에 있는 큰 물길로 지나다니는 바람이 혈처로 오는 것을 차단하고 있다. 그런 다음 주룡이 방향을 틀었고, 밖으로 더 뻗어 간 능선이 안으로 굽으면서 청룡이 되었는데, 이 능선에 수복방과 홍살문이 건축된 것이다.

인원왕후릉 뒤쪽 부분에 보이는 지각의 흔적을 유추해 보면 두 개의 능선이 있었음을 알 수 있고, 두 지각을 메운 터에 능을 만들었다. 『영조실록』에는 종친 남원군 이설이 정성왕후 홍릉과 숙종대왕 영릉에 관여한 것으로 기록되어 있는데, 두 곳이 비슷한 형태이다.

29장

19대 익릉
(인경왕후)

1. 인경왕후 계보도

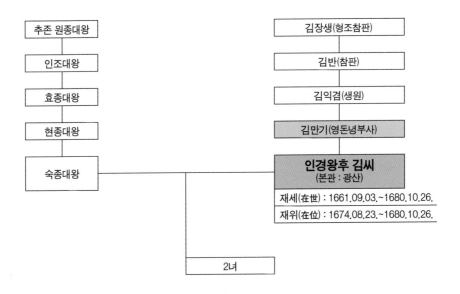

☞ 인경왕후는 사계 김장생의 현손녀이며, 『구운몽』을 저술한 김만중의 조카이다. 아버지 김만기는 서인 핵심 인물이었다가 소론과 노론이 분파되자 골수 노론 세력이 되어 경신환국 때는 남인들을 많이 숙청하였다.

2. 익릉 조성 기록

조선 19대 임금 숙종대왕의 원비인 인경왕후는 1661년 9월 3일 광성부원군 김만기와 서원부부인 한씨 사이에서 태어났다. 1661년 8월 15일 현종대왕과 명성왕후 사이에서 태어난 왕자(숙종대왕)는 1667년 1월 22일에 왕세자로 책봉된 상태였다. 1671년 4월 3일 혼례를 올렸는데, 이례적으로 혼례 전인 3월 22일 11세로 세자빈에 책봉되었다.

1674년 8월 18일 현종대왕이 사망하였고, 8월 23일 14세의 숙종대왕이 즉위하여 왕비로 책봉되었는데, 선왕의 장례는 12월 13일 치렀다. 이에 앞서 2월 23일 시할머니 효종대왕비 인선왕후가 세상을 떠나 6월 4일 장례를 치르기도 하였다.

14세의 나이에 임금이 된 숙종대왕은 수렴청정 없이 바로 친정을 하였는데, 성격은 과격하면서 급했고 게다가 변덕도 심했다. 수십 년 권력의 주변에 있었던 늙은 대신들과 신경전을 벌이면서도 부부간의 애정은 돈독하여 딸 둘을 낳았으나 일찍 사망하였다.

1680년 10월 13일 숙종대왕에게 감기 증상이 나타났는데, 인경왕후도 그와 비슷한 시기에 감기와 비슷하면서 맥박이 빨라지고, 머리가 아프며, 가슴이 답답하고 열이 나는 증상이 나타났다.[1] 그런데 왕비의 병은 단순한 감기가 아니라 두창이라 부르는 천연두였고, 당시로서는 마땅한 치료

---

1) 『승정원일기』(숙종 6년 1680년 10월 18일 계묘) 감기에 걸린 중궁전의 증세를 상세히 안 다음 복용할 약을 의논하여 들이겠다는 약방의 계

소재지 : 경기도 고양시 덕양구 서오릉 내

약이 없었기 때문에 즉시 임금과 대비 명성왕후, 대왕대비 장렬왕후가 창
덕궁에서 창경궁 등 다른 궁궐로 피병을 떠났다. [2]

그로부터 6일 뒤인 1680년 10월 25일 밤부터 왕비가 기침이 심해 숨이
차고, 기운이 빠지더니 26일 2경에 향년 20세로 사망하였다. [3] 그런데 며느

2) 『승정원일기』(숙종 6년 1680년 10월 19일 갑진) 중궁전의 병 때문에 창경궁으로 이어하기를 청하는
약방의 계

3) 『숙종실록』(6년 1680년 10월 26일 신해) 2경에 중궁이 경덕궁에서 승하하다.

좌향 : 축좌 미향

리가 사망하는 급박한 상황에서 대비인 명성왕후는 숙종대왕이 놀랄 것을
염려해 알리지 못하게 하다가 다음 날에야 부음을 전하였다.

　능지는 먼저 건원릉과 옛 영릉(寧陵) 사이의 능선, 옛 영릉의 백호 등을
가 보도록 하였다. 그리고 다시 경릉(敬陵) 화소 안 묘좌의 터와 축좌의 터
를 보고 받고, 축좌의 터로 정하여[4] 1681년 2월 22일 장례를 치렀다.

---

4) 『승정원일기』(숙종 6년 1680년 11월 16일 신미) 경릉 화소 안의 좌향에 대해 지관 등과 논의한 결과
　를 보고하는 산릉도감의 계

3. 익릉 풍수 분석

조선 19대 임금 숙종대왕의 원비인 인경왕후의 익릉은 서오릉 영역에 세 번째로 만들어진 능이다. 따라서 서오릉 보국의 주산인 앵봉산까지 이어지는 산줄기 체계는 같다.

백두대간에서 분맥한 한북정맥이 백빙산 - 죽엽산 - 축석령 - 한강봉 - 사패산 - 우이령 - 북한산 - 문수봉 - 향로봉 - 박석고개를 지나 해발 235m의 앵봉산을 만든다. 여기서 북서쪽으로 분맥한 산줄기가 다시 서쪽으로 가지를 나눠 내려보낸 능선의 끝자락에 익릉이 위치하고 있다.

앵봉산 주봉에서 북서쪽으로 올라간 산줄기에 서오릉의 다섯 개 능 가운데 경릉을 비롯한 네 개의 능이 있는데, 익릉이 가장 가까운 곳에 위치하고 있다. 또 앵봉산에서 남쪽으로 뻗어 나간 산줄기는 익릉의 외청룡 및 조산이 된다. 앵봉산을 출발한 후 벌고개(봉현, 서오릉고개)를 지나 약 900m 지점에 봉산을 만든다. 여기서 나뉜 동쪽 산줄기는 매봉산까지 내려가고, 서쪽 산줄기는 은부산을 만들면서 한강까지 행도한다.

인경왕후는 1680년 10월 26일 20세에 사망하여 이듬해 2월 22일 장례를 치렀다. 그런데 장례 기간 중인 1681년 1월 3일 대비 명성왕후가 왕비를 간택하기 위한 금혼령 이야기를 꺼냈다. 장례를 치르자마자 계비 간택 작업을 시작하여 3월 26일 민유중의 딸로 결정한 뒤 5월 2일 혼례를 올렸다. 중종대왕은 1515년 3월 장경왕후 사망 2년 뒤인 1517년 7월에 문정왕후를 맞아들였는데, 상식을 벗어난 모정이 아닐까?

익릉 용세(龍勢)

앵봉산에서 북서쪽으로 약 150m를 뻗어 간 산줄기가 창릉으로 가는 북서쪽 줄기와 익릉과 경릉으로 가는 서쪽 줄기로 나뉜다. 서쪽 줄기가 약 200m를 행도한 뒤 해발 약 145m의 봉우리를 만든 다음, 큰 과협을 통과한 용맥은 다시 약 200m를 기복과 위이를 하면서 간다.

과협 후 약 200m를 내려간 산줄기는 남서쪽으로 능선 하나를 내려보낸다. 기복이나 위이 등 변화 없이 가파르게 약 150m를 내려간 곳에는 커다란 바위가 있고, 그 바위 약 50m 아래에 익릉이 있다.

이 터는 안대와 방위만을 따져 터를 정한 것으로 보이며, 조선 왕릉 중에 이처럼 용맥에 큰 바위가 있는 곳은 신덕왕후 정릉과 익릉 두 곳뿐이다.

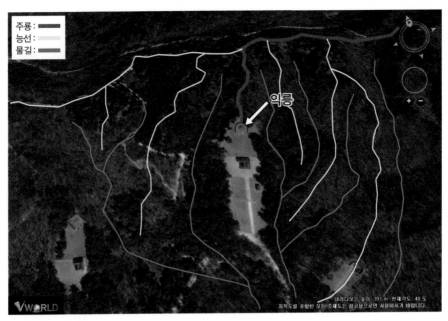

익릉 사격(砂格)

앵봉산에서 북서쪽으로 약 150m를 간 다음, 서쪽으로 가지를 나눠 약 200m 간 산줄기가 해발 약 145m의 봉우리를 만드는데, 이곳에서 남서쪽으로 내려간 두 능선이 익릉의 외청룡이 되며(영빈 이씨 수경원 능선), 익릉의 주룡 직전에 내려온 능선이 내청룡이 되는데, 청룡 능선들은 충분하지는 않지만 크기와 형태가 문제가 될 정도는 아니다.

익릉의 백호 능선들은 처음에는 높이에 문제가 없는 듯하다가 갑자기 낮아진다. 따라서 측면 바람을 막아 주지 못하게 되고, 형태도 전체적으로 등을 돌리고 있어 수구가 완전히 벌어진 곳이다.

익릉은 멀리 망월산이 보일 만큼 상대적으로 높은 곳에 있는데, 이것은 앞쪽의 바람을 막아 줄 사격이 없다는 것을 의미한다.

익릉 수세(水勢)

　사진의 물길은 익릉 남쪽 부근에 있는 배수 시설인데, 청룡 쪽 물길은 자연 물길이나 백호 쪽에서 내려오는 배수관은 인공 물길이다.

　홍살문 근처의 청룡 쪽 물은 처음에는 수경원 쪽으로 흘러가다가 수경원 능선 북서쪽에서 내려오는 물길을 만나 남쪽으로 내려가서 백호 쪽 물과 합쳐지는 지형이었다.

　익릉 주변의 백호 쪽 물은 남쪽으로 흘러가다가 순창원에서 재실로 가는 도로를 따라 재실 앞 다리의 암거 시설이 시작되는 곳까지 흘러간다. 그런 다음 수경원과 재실 사이의 큰 계곡물과 합쳐지고, 다시 명릉에서 내려오는 물을 모아 소하천이 되어 약 2.3km를 흘러가 창릉천을 거쳐 한강으로 내려간다.

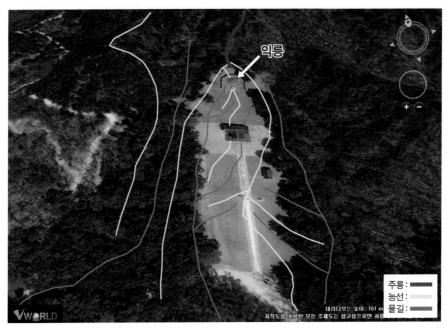

주룡:
능선:
물길:

내려다보는 높이: 161 m
지적도을 포함한 모든 주제도는 참고용으로만 사용

익릉 자연 지형

익릉의 곡장 뒤 약 22m 지점에는 큰 바위가 있고, 그 지점에서 능선이 둘로 갈라지며 생긴 작은 물길의 흔적을 바위 아래부터 볼 수 있다. 이렇게 갈라진 능선 중에 백호 쪽 능선이 다시 한 번 곡장 근처에서 나뉘었는데, 이 능선에 정자각이 자리 잡고 있다.

바위 아래에서 청룡 쪽으로 갈라진 지각은 아래로 내려와 참도 중간 부분에서 작은 봉우리를 만들며 다시 나뉘었고, 그중 가운데 능선이 길게 앞으로 내려왔다.

현재 익릉의 백호 쪽을 보면 작은 골이 많은 지형을 볼 수 있는데, 익릉의 능상도 이와 비슷한 지형이었다고 생각하면 될 것이다.

30장

20대 의릉
(경종대왕 선의왕후)

1. 경종대왕 계보도

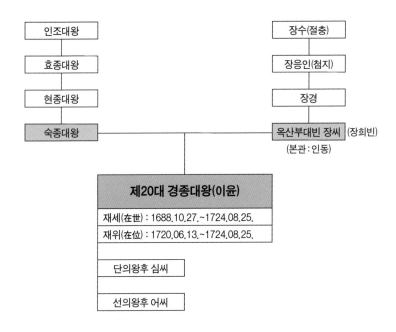

☞ 경종대왕은 조선 임금 중 유일하게 후궁을 두지 않았다. 야사에서는 경종대왕이 세자였을 때
생모 희빈 장씨가 사약을 받는 자리에서 아들의 성기를 세게 잡아당겨 성불구자가 되었다는 이야
기도 있다. 그러나 아들이 왕위에 오르고 자손이 번창해야 자신도 복위될 것임을 알면서 상식에
맞지 않는 그런 행동을 했을 리 만무하다.

2. 의릉 조성 기록

조선 20대 임금 경종대왕은 숙종대왕과 희빈(옥산부대빈) 장씨의 소생으로 1688년 10월 27일 태어났다.[1] 세 살 때인 1690년 6월 16일 왕세자로 책봉되었고, 1696년 5월 19일 청은부원군 심호의 딸을 세자빈(단의왕후)으로 맞아들였으나, 심씨가 1718년 2월 7일에 사망하였다.

1718년 9월 13일에 새 세자빈(선의왕후)을 맞아들였는데, 1705년 10월 29일 태어난 함원부원군 어유구와 완양부부인 이씨의 딸이었다.[2]

1720년 6월 8일 숙종대왕이 사망하고 닷새 뒤인 6월 13일 경종대왕이 왕위에 올랐다.[3] 숙종대왕의 재위 기간이 46년으로 길다 보니 세자로 30년을 보냈고, 서른셋에 임금이 된 것이다.

이렇게 왕위에 올랐지만 노론과 소론의 당파 싸움은 치열했고, 이런 상황 속에서 자식이 없는 경종대왕에게 후계자를 정하는 것도 큰 과제였다. 경종대왕이나 선의왕후가 아직 출산을 할 수 있는 나이임에도 노론 대신들의 압박에 의해 숙빈 최씨의 아들 연잉군(후에 영조대왕)을 왕세제로 삼게 되었다.[4]

---

1) 『숙종실록』(14년 1688년 10월 27일 병인) 왕자가 탄생하였으니 소의 장씨가 낳았다.

2) 『선원보감 I』, 선원보감편찬위원회, 계명사, 1989, p.329.

3) 『숙종실록』(46년 1720년 6월 13일 무신) 사시에 세자가 숭정문에서 왕위 계승을 하다.

4) 『경종실록』(1년 1721년 8월 20일 무인) 영의정 김창빈, 좌의정 이건명, 판중추부사 조태채 등의 청에 따라 연잉군을 왕세제로 삼다. (중략) 대신들은 조정에 모여 의논을 하지 않았고, 또 교외에 있는 동료 대신에게도 알리지 않았으며, 다만 4, 5인의 재정 동료와 함께 깊은 밤중에 청대하여 (후략)

소재지 : 서울특별시 성북구 화랑로 32길 146-35

경종대왕이 재위 4년이 되던 1724년 8월 초 갑자기 오한과 발열 등 증상
이 나타났는데, 게장과 감을 먹은 뒤 가슴과 배가 아프고 설사가 심해지더
니,[5] 8월 25일 향년 37세로 세상을 떠났다.

능지는 효종대왕의 능이 있었던 구 영릉(舊寧陵) 터, 중랑포, 용인, 교하,
왕십리 등 다섯 곳이 후보지로 신정되었는데, 총호사 이광좌가 구 영릉 터

---

5) 『경종실록』(4년 1724년 8월 21일 신묘) 임금에게 어제 게장을 진어하고 이어서 생감을 진어한 것은
의가에서 매우 꺼리는 것이라 하여, (후략)

좌향 : 신좌 인향

를 주장하자 영조대왕은 "우리나라는 300년 동안 천릉한 곳에 다시 쓴 전례가 없다."라고 하며 김일경 등이 추천한 중랑포로 정하였다. [6]

경종대왕이 1720년 6월 13일 보위에 올랐으나, 왕비 고명 문제로 1722년 9월 4일에야 책봉례를 올렸다. [7] 왕비가 1730년 6월 29일 향년 26세로 사망하여 1730년 10월 19일 경종대왕 의릉에 상하릉으로 장사를 치렀다.

---

6) 『영조실록』(즉위년 1724년 9월 16일 병진)

7) 『경종실록』(2년 1722년 9월 4일 병술) 왕비 어씨를 책봉하고 교문을 내려 사면령을 내리다.

3. 의릉 풍수 분석

백두대간 분수령에서 분맥한 한북정맥 산줄기가 백빙산 - 대성산 - 백운산 - 죽엽산 - 축석령 - 고장산 - 양주산성 - 한강봉으로 이어지고, 여기서 남서쪽으로 약 700m 내려온 다음, 북서쪽으로 올라가는 신한북정맥과 남쪽으로 이어지는 한북정맥으로 나뉜다.

계속해서 첼봉 - 사패산 - 도봉산 - 우이령 - 왕관봉 - 영봉 - 인수봉으로 행도한 산줄기가 남쪽으로 내려와 복덕봉에서 크게 둘로 분맥이 된다. 복덕봉에서 남서쪽으로 내려가는 능선은 보현봉을 거쳐 경복궁 등 한양도성의 중앙부로 들어가는 산줄기가 된다.

복덕봉에서 남동쪽으로 내려간 용맥이 칼바위 능선을 거쳐 강북구 번동의 오패산(梧峴) - 성북구 상월곡동의 월곡산을 지나 만들어진 천장산 산줄기의 한 자락에 조선 20대 임금 경종대왕과 선의왕후의 의릉이 위치하고 있다.

영조대왕은 신하들이 가장 강력하게 추천한 구 영릉(舊寧陵) 터가 천릉을 해 간 터이기 때문에 다시 사용하는 것이 마땅치 않다고 하여 천장산 아래 중랑포 돌곳이[石串]에 경종대왕의 능지를 정하였다.

그리고 30여 년 뒤, 영조대왕은 정성왕후 장례 때 자신의 자리를 함께 만들어 놓았다. 하지만 손자 정조대왕은 영조대왕의 능지를 구 영릉 터에 만들었다. 좋다고 아껴 둔 것이 아니고, 싫다고 피한 땅에 자신의 무덤이 만들어진 것은 우연일까?

의릉 용세(龍勢)

한북정맥에서 중랑천 방향으로 분리된 산줄기는 북한산에서 내려와 해발 약 120m의 오패산을 만들고, 오패산에서 남쪽으로 뻗어 간 산줄기는 이어서 해발 약 119m의 월곡산을 일으켰다. 이어서 월곡중학교 부근의 과협처를 통과하여 의릉의 주산이 되는 해발 약 141m의 천장산을 만든다.

천장산 주봉에서 북동쪽으로 내려간 능선들 가운데 하나의 용맥이 약 250m를 급하게 내려간 다음 완만하게 바뀌며 작은 기복과 위이를 하며 내려가 용진혈적을 하는 자리에 경종대왕의 능이 자리하고 있다.

참고로 천장산 남쪽에는 KAIST 서울캠퍼스와 구 홍릉(명성황후) 터가 있고, 남동쪽에는 경희대학교가 있다.

의릉 사격(砂格)

　의릉의 청룡은 천장산 주봉에서 북동쪽으로 내려간 큰 산줄기에서 만들어졌다. 먼저 주봉에서 한국예술종합학교 구역을 돌면서 동남쪽으로 방향을 돌려 의릉 매표소 근처까지 간 능선이 외청룡이 되었다. 산 중턱에서 생긴 한 능선이 두 번째 청룡이 되며, 곡장 뒤 약 280m 지점에서 주룡과 분리되어 북쪽에서 원을 그리는 능선이 내청룡이 된다.

　의릉의 백호는 천장산 주봉에서 내려오던 주룡의 용맥이 중턱에서 백호 능선을 분리하여 한국여자신학대학원 바깥 남쪽으로 멀리 원을 그리듯 돌아서 외백호 역할을 하고 있다.

　다시 곡장 뒤 약 100m 지점에서 나뉜 능선이 홍살문이 있는 선까지 내려가 내백호가 되어 있다.

의릉 수세(水勢)

　의릉의 청룡 쪽과 백호 쪽 물길의 크기를 비교해 보면 백호 쪽 물길에 비해 청룡 쪽 물길이 월등히 큰 것을 알 수 있다. 이것은 의릉의 내백호가 곧장 뒤 가까운 곳에서 나뉘어 작은 물길만이 생겼기 때문이며, 외백호 물길은 내백호 너머에 있어 능에서는 보이지도 않고 바로 외수구로 흘러가기 때문이다.

　반면에 청룡 쪽은 천장산 위에서부터 여러 개의 청룡이 만들어졌고, 그 능선들 사이의 물길 대부분이 능역 안으로 흘러 들어왔다가 외수구로 빠져나가는 형태라 양쪽 물길의 크기가 확연히 다른 것이다.

　청룡 쪽 물길은 홍살문 뒤를 지나 매표소 뒤에서 내백호 물길과 합쳐진 다음 동쪽에 있는 중랑천으로 흘러간다.

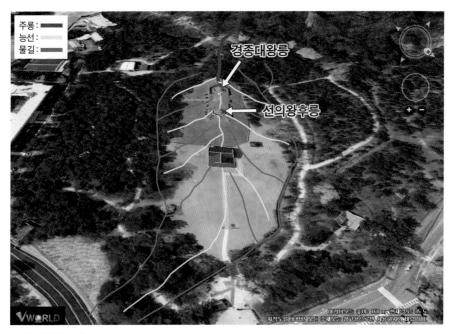

의릉 자연 지형

　의릉은 경종대왕의 능과 선의왕후의 능이 상하 형태로 만들어졌는데, 조선 왕릉에서는 효종대왕 영릉과 이곳 의릉이 상하릉 형태이다.

　의릉의 능상 윗면을 얼핏 보면 대왕의 능이 있는 곳부터 왕비의 능이 있는 곳까지 평평해 보이지만, 자세히 보면 두 능 사이 중간쯤이 약간 낮은 것을 볼 수 있으며, 능선의 옆을 보면 그 부분이 잘록한 것이 보인다. 용맥이 경종대왕릉이 있는 앞에서 작게 복(伏)하고 다시 왕비 능이 있는 곳에서 봉우리가 만들어진 지형이었던 것이다. 청룡 백호의 끝이 교차되지 않고 수구가 벌어져 장풍의 조건이 완전하지 못할 때 나타나는 섬룡입수 형태로, 효종대왕 영릉의 지형과 흡사하다.

31장

20대 혜릉
(추존 단의왕후)

1. 추존 단의왕후 계보도

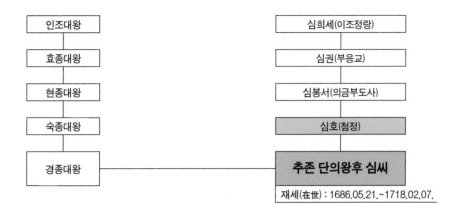

☞ 단의왕후는 세종대왕의 장인인 심온의 12대손으로, 경종대왕과 혼례를 올리기 전부터 건강이
좋지 못하였다. 경종대왕 사후에 동생 심유현이 경종대왕 독살설을 주장하여 1728년 이인좌 난
의 불씨를 만들었고, 난 진압 후 처형되었다.

2. 혜릉 조성 기록

조선 20대 임금 경종대왕은 1688년 10월 27일 숙종대왕과 희빈 장씨의 소생으로 태어나 1690년 6월 16일 세자로 책봉되었다. 그의 원비인 단의왕후는 청은부원군 심호의 딸로 1686년 5월 21일 태어났는데, 1696년 5월 19일 11세의 나이에 왕세자와 혼례를 올렸다. [1]

숙종대왕 시기는 붕당 정치가 극심해 1689년 '기사환국'으로 인현왕후가 폐위되고 [2] 장희빈이 왕비가 되었다. 그 뒤 1694년 '갑술환국'으로 다시 인현왕후가 복위되고 장희빈을 후궁으로 강등시키는 일이 생겼다. [3] 이런 일련의 정치적 사건들을 지켜보며 왕세자(경종대왕)나 세자빈(단의왕후)은 정신적 스트레스가 컸을 것으로 추정된다.

그리고 단의왕후는 젊은 나이에도 풍질(風疾)을 숙환으로 앓고 있었는데, 늘 심신이 편안하지 않아 횡설수설하는 증상까지 생겨 한때 목숨이 위독하기도 하였다. [4] 그로 인하여 1701년 8월 14일 인현왕후 사망 후 장례를 치르는 시기임에도 세자빈으로서의 역할을 하지 못하였다. [5] 그렇게 건강 상태가 좋지 못했던 세자빈이 1718년 2월 7일 향년 33세로 갑자기 사망

---

1) 『숙종실록』(22년 1696년 5월 19일 갑술) 왕세자의 가례가 있었다.

2) 『숙종실록』(15년 1689년 5월 4일 기해) 왕비 민씨를 폐하여 서인으로 삼는다는 교서를 반포하다.

3) 『숙종실록』(20년 1694년 6월 1일 정유) 인정전에서 의식에 따라 왕비를 책봉하는 예를 거행하다.

4) 『숙종실록』(27년 1701년 9월 11일 을미) 세자빈의 심신이 불편하여 내의원에서 약을 의논하다.

5) 『숙종실록』(44년 1718년 2월 24일 계묘) 세자가 빈궁의 행실을 써서 정원에 내린 내용

소재지 : 경기도 구리시 인창동 동구릉 내

하였다. 숙종대왕은 세자빈의 묘터로 현재 서오릉 경내인 인현왕후의 명릉과 인경왕후의 익릉 사이에 있는 간좌(艮坐)의 터를 검토하도록 지시하였다.[6] 그 뒤 묘소도감에서 다른 세 곳을 후보지로 추천하자 숭릉 인근 유좌의 터로 결정하였고,[7] 4월 18일 장례를 치렀다.

1720년 6월 13일 경종대왕이 보위를 물려받았고, 6월 15일에 숙종대왕

---

6) 『숙종실록』(44년 1718년 2월 18일 정유) 빈궁 묘지의 간심에 대해 하교하다.

7) 『숙종실록』(44년 1718년 2월 24일 계묘) 빈궁의 장지로 숭릉 안 유좌의 언덕에 쓰도록 정하다.

좌향 : 유좌 묘향

의 묘호와 능호를 정할 때, 단의빈을 단의왕후로 추봉하고 능호를 혜릉이라 하여 오늘에 이르고 있다.[8]

　『선원보감 Ⅲ』에는 "울창한 저 새 뫼 언덕은 오릉의 국내에 있어 신도가 훌륭히 협화하고 지리가 상쾌히 높고도 습하지 않사온데다 (후략)"라고 기록되어 있어,[9] 혜릉이 언덕 높은 곳에 있음을 설명하고 있다.

---

8) 『경종실록』 (즉위년 1720년 6월 15일 경술) 단의빈을 단의왕후, 능호는 혜릉이라 하였다.

9) 『선원보감 Ⅲ』, 선원보감편찬위원회, 계명사, 1989, p.321.

3. 혜릉 풍수 분석

조선 20대 경종대왕 원비인 단의왕후의 혜릉은 검암산 보국 안에서 숭릉 및 경릉과 같은 산줄기에 있는데, 그 능들과는 용진처에 거의 이르러 따로 갈라진 능선에 있다. 따라서 대체적인 산줄기의 흐름은 같다.

백두대간 분수령 부근에서 나뉘어 한북정맥의 백빙산 - 대성산 - 광덕산 - 백운산 - 도마치봉 - 원통산 - 수원산 - 죽엽산으로 이어지는 산줄기가 경기도 의정부시와 포천시의 경계가 되는 축석령 직전에 한북정맥에서 분리된다.

여기서 분리된 수락지맥이 용암산을 만들고 의정부시 비루고개를 통과한 다음, 수락산 - 불암산을 지나, 삼육대학교 동쪽으로 돌아 담터고개와 새우개고개를 거쳐 검암산이 솟는다. 검암산에서 양팔로 감싸 안듯 커다란 울타리가 만들어졌으며, 보국의 중앙에는 동구천이 흐를 만큼 큰 이곳에 혜릉이 자리 잡고 있다.

단의왕후는 삼간택을 거쳐 세자빈이 되었고 납채례, 납징례, 고기례 등의 절차를 거치는 동안 건강 문제가 없었기 때문에 최종적으로 세자빈에 책봉되었다. 그런데 얼마 지나지 않아 '풍질'이라는 숙환이 생겼고, 횡설수실하는 정신 이상 상태가 되었다. 또 약 22년간 경종대왕과 부부의 연을 맺었지만 자식을 낳지 못하였다.

어딘가 풍수적으로 문제가 있었을까? 아니면 어린 나이에 정치적 혼돈 상황을 목격하면서 받은 충격이 컸던 것이었을까?

혜릉 용세(龍勢)

숭릉의 청룡에 해당하는 능선이 혜릉의 주룡이 되므로 용의 행도는 끝 부분만 약간 차이가 있다. 검암산 주봉에서 남쪽에 있는 망우산 방향으로 뻗어 가던 용맥이 약 300m를 가서 동쪽으로 분맥된 산줄기가 크게 과협을 하고 약 350m 지점에 봉우리를 만든다.

계속 행도한 주룡은 약 500m를 기복과 위이를 하다가 다시 해발 약 120m의 봉우리를 만드는데, 여기서 숭릉과 혜릉의 백호가 되는 능선과 숭릉의 주룡이 되는 능선을 분맥한다. 또 하나의 능선이 동쪽으로 약 350m 를 가서 과협처를 만들고, 이후 여러 차례 위이를 하며 치고 올라간 다음, 방향을 전환하는 박환을 한 아래에 혜릉이 있다.

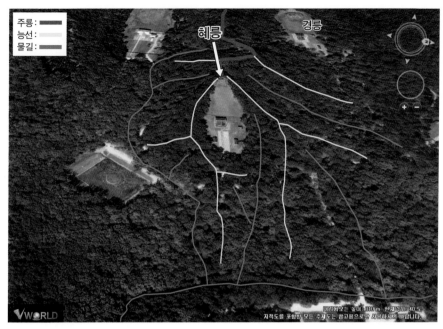

혜릉 사격(砂格)

혜릉의 주룡은 숭릉 서쪽 분맥처에서 출맥한 후 과협처를 지나면서는 계속 완만하게 올라가 봉우리를 만든다. 봉우리에서 동쪽으로 약간 내려간 산줄기가 갈라지는 곳에 혜릉이 있다. 따라서 능은 서쪽에 있는 작은 봉우리에 기댄 형태로 있고, 청룡이나 백호라 할 만한 사격은 아주 먼 곳에 있을 뿐이어서 상대적으로 높아 보인다.

위성 사진에 표시된 청룡 능선은 능상에서 갈라질 때는 형태가 있지만, 정자각 이후로는 형태가 희미해져 현장에서는 정밀하게 관찰해야 보인다. 또 표시된 백호 능선은 뚜렷한 형태로 홍살문까지 내려가지만 능상보다 해발 높이가 약 15~25m 정도 낮아 장풍의 역할은 할 수 없다.

혜릉 수세(水勢)

　혜릉은 다른 조선 왕릉에 비해 능역이 협소하면서 청룡과 백호의 간격이 가깝기 때문에 수세를 논하는 것이 매우 어려운 곳이다.

　혜릉과 관련된 물길의 분석은 능상과 정자각 사이의 비탈면을 관찰하는 것부터 시작된다. 정자각 뒤 가운데 부분에는 희미하지만 능선의 형태가 있고, 그 능선을 경계로 청룡과 백호 사이로 내려오는 물길도 보인다.

　이 두 물줄기가 정자각을 경계로 앞쪽으로 흘러간 다음 수복방 앞에서 합수되고, 홍살문 북쪽을 지나 약 150m를 동쪽으로 더 흘러가서 동구천을 만난다. 곧이어 숭릉에서 내려오는 물과 합류하여 외수구로 빠져나간 다음 왕숙천으로 내려간다.

주룡:
능선:
물길:

혜릉

내려다보는 높이: 160 m 현재각도: 35 도
지적도를 포함한 모든 주제도는 참고용으로만 사용하시기 바랍니다.

혜릉 자연 지형

혜릉은 현재 능이 있는 지점에서 능선이 세 갈래로 나뉘는 지형이었다. 정자각이 있는 가운데 능선이 중심이 되며, 청룡 능선은 짧고 나약하며 다소 밋밋하게 있고, 백호 능선은 제법 큼직해 중간에 지각을 만들기도 하고 그 끝이 안으로 굽으며 홍살문까지 이어지는 지형이었다.

또 백호에서 내려온 지각들이 보국을 만들어 중간 능선이 용진혈적을 한 터이지만 능은 상대적으로 높아 장풍이 되지 않는 곳에 만들어졌다.

혜릉 터는 풍수적으로 안정감과 균형감도 없고 공간도 협소하다. 숙종 대왕이 알아보게 한 익릉 옆 간좌의 무난한 터를 두고, 이곳을 추천한 신하들의 의도는 무엇이었을까 하는 의문이 든다.

32장

21대 원릉
(영조대왕 정순왕후)

1. 영조대왕 계보도

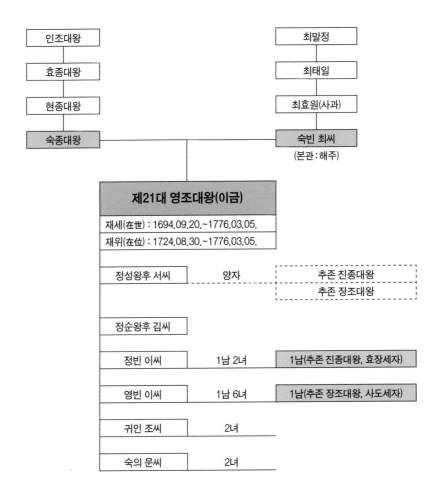

☞ 영조대왕과 계비 정순왕후의 나이 차는 무려 51세로, 조선 왕과 왕비 중 나이 차가 가장 크다. 그다음은 선조대왕과 계비 인목왕후로, 32세 차이가 난다.

2. 원릉 조성 기록

조선 21대 영조대왕은 1694년 9월 20일 숙종대왕의 셋째 아들로 태어났는데, 어머니는 인현왕후 중궁의 무수리 출신인 숙빈 최씨이다.[1] 왕자 연잉군은 1704년 달성부원군 서종제의 열세 살 난 딸과 혼례를 올렸다.

숙종대왕이 세상을 떠나고 희빈 장씨의 소생인 경종대왕이 왕위에 올랐으나 자식을 낳지 못하자 노론과 소론의 당쟁 중에 이복동생인 연잉군(후의 영조대왕)을 왕세제로 책봉하게 된다.[2]

1724년 8월 경종대왕이 세상을 떠나고 영조대왕이 왕위에 올랐고, 1757년 2월 15일 정성왕후가 후사 없이 세상을 떠나자 홍릉에 장사를 지냈다.

그 뒤 영조대왕은 66세인 1759년에 오흥부원군 김한구의 15세 딸을 계비 정순왕후로 맞아들였다. 영조대왕은 조선 왕조에서 가장 오랜 기간 재위를 하였고(52년), 1776년 3월 5일 향년 83세로 사망하여 가장 장수한 임금이 되었다. 영조대왕은 정성왕후의 홍릉을 만들 때 쌍분 형태로 만들고, 오른쪽을 비워 두도록 하여 능지는 이미 정해진 상태였다.[3]

그러나 풍수에 깊은 관심을 갖고 있던 정조대왕은 홍릉 터의 풍수상 흠결을 알고 다른 곳을 찾도록 하였다.[4] 먼저 장릉(長陵)과 순릉의 동구 안,

---

1) 『숙종실록』(20년 1694년 9월 20일 을유) 숙의 최씨가 왕자를 낳다.

2) 『경종실록』(1년 1721년 8월 20일 무인) 연잉군을 왕세제로 삼다.

3) 『영조실록』(33년 1757년 5월 13일 계묘)

4) 『일성록』(정조 즉위년 1776년 3월 23일 갑오) 김기량이 아뢰기를, "을좌(홍릉)는 뒤에 있는 주맥(主

소재지 : 경기도 구리시 인창동 동구릉 내

창릉의 왼쪽 언덕, 소령원 왼쪽 두 번째 언덕 등을 후보지로 살펴보았으나
모두 풍수적으로 부적합하여 제외하였다.

검토해 본 여러 장소들이 길지가 아니라는 보고에 따라 다시 능지를 찾
은 끝에 건원릉의 오른쪽 두 번째 능선이 선택되었는데, 그곳은 효종대왕

脈)이 흠이 있습니다." 하였다. 내가 이르기를, "그렇다면 을좌는 의논할 것이 없고, 다시 다른 곳을
구해 보는 것이 합당할 듯하다." 하였다.

좌향 : 건좌 손향

의 영릉(寧陵)이 있던 곳이었다. [5] 구 영릉 터의 꺼진 부분에 흙을 보토한 후, 옛 광중에서 한 금정(약 2.5m) 올라간 백호 쪽에 영조대왕의 능을 만들었다. [6] 그리고 청룡 쪽을 비워 두었다가 1805년 1월 12일 정순왕후가 사망한 후 쌍분으로 안장하였다.

---

5) 『일성록』(정조 즉위년 1776년 4월 9일 경술) 하교하기를, "건원릉 오른쪽 두 번째 언덕을 오늘 간심을 한 지사들의 산론에서 모두 완벽한 언덕으로서 천연적으로 이루어진 곳이라고 서계하였다. (후략)

6) 『승정원일기』(정조 즉위년 1776년 4월 11일 임자) 임금이 묻기를 "구 재혈처(舊 裁穴處)는 어디인가?" 하니, 김양택이 아뢰기를, "1금정을 올리는 것이 합당합니다."라고 하였다.

3. 원릉 풍수 분석

영조대왕 원릉 터에 대해『역주 원릉지』에는 "양주 수락산으로부터 왼쪽으로 떨어져 남쪽으로 나간 산맥이 불암산이고, 남쪽으로 돌아 사현(沙峴)이 되고, 과협에 우뚝 솟아난 곳이 검암산이며, 왼쪽으로 떨어진 곳이 건원릉이고, 오른쪽에 떨어진 곳이 본 능이다."라고 나와 있다.[7]『선조실록』, 『인조실록』,『일성록』등에는 건원릉 오른쪽 두 번째 능선이라 적혀 있다.

설명을 덧붙이면 불암산에서 건너온 능선이 검암산(구릉산)으로 솟아오른 후 북쪽으로 나뉜 산줄기가 동구릉 양묘장을 지나며 해발 150m의 봉우리를 만들고, 여기서 건원릉 방향으로 가는 용맥과 원릉으로 내려가는 용맥이 갈라져 내려간다.

선조대왕도 의인왕후 장지를 선정할 때 이 자리에 대해 잠시 관심을 두었다. 목릉을 옮기는 과정에서 인조대왕이 "이 능선이 참으로 좋은 자리라면 왜 그전에는 사용하지 않았느냐?"라고 묻자 신하들이 '천장지비지(天藏地秘地)'여서 그렇다고 답한 자리였다.

효종대왕 사후에 수원에 능을 만들던 현종대왕은 신하들의 뜻에 밀려 마지못해 이 능선 끝부분에 영릉(寧陵)을 만들었다. 영릉을 만들고 약 15년 후에 영릉을 여주 홍제동으로 옮겼고, 그 후 약 100년의 세월 동안 비어 있던 자리가 영조대왕의 능지가 된 것이다.

---

7)『역주 원릉지』, 장서각 編, 김근호 譯註, 한국학중앙연구원출판부, 2016, p.154.

원릉 용세(龍勢)

원릉의 터는 동구릉 양묘장 북쪽에 있는 해발 약 150m의 봉우리에서 분맥한 산줄기가 동쪽 방향으로 힘차게 기복과 위이를 하며 동구천 방향으로 뻗어 나간 곳에 있다.

『일성록』 기록에 의하면 지사 김기량은 "용의 기복과 세(勢)의 웅위가 문외한이 보아도 해좌(亥坐)의 행룡임을 알 수가 있습니다."라고 하였고, 상지관 김상현은 "용이 내려온 모양은 빼어나고 우뚝하며, 혈로 정해진 자리는 풍후하고 단정합니다."라고 표현하였다.

이처럼 원릉의 주룡은 동쪽 방향으로 내려왔으나, 동향 혈을 결지하지 않고, 동구천 물길의 바람을 피해 횡룡입수로 남향의 혈을 결지하였다.

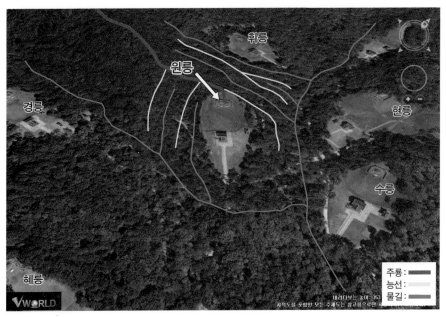

원릉 사격(砂格)

　원릉의 사격에 대해 『일성록』에 있는 상지관 김상현의 표현을 보면, "좌청룡과 우백호의 형세가 감싸고 돌아 공읍(拱揖)하며, 내려온 용세와 앞으로 보이는 안산이 제대로 귀결지어진 자리입니다."라고 하였다.

　그런데 현재 원릉을 기준으로 보면 동구릉 가장 남쪽에 있는 숭릉 외백호 능선과 목릉, 현릉, 수릉의 동쪽으로 길게 내려간 산줄기가 마주 보며 외수구를 관쇄시켜 주는 큰 보국은 잘 만들어졌다. 그러나 가까이에 있는 동구천의 바람을 막아 줄 내청룡은 없는 상태이고, 백호도 길이가 짧으며, 안산도 눈에 띄지 않는다.

　이것은 효종대왕 영릉과 영조대왕의 원릉 등 두 번에 걸쳐 능이 만들어지면서 지형이 많이 변형된 것이 주된 원인이라고 생각된다.

원릉 수세(水勢)

원릉의 주룡은 서쪽 봉우리에서 동쪽으로 약 800m를 내려오는데, 이 능선의 남쪽과 북쪽에는 자연스럽게 물길이 함께 내려오게 된다.

주룡의 북쪽에 있는 큰 물길은 공배수(혈장 뒤로 흐르는 물) 형태로 동구천으로 흘러가는데, 원릉보다는 휘릉 가까이에 있어 원릉과는 관련이 없는 것처럼 보이고 있다. 주룡이 동쪽으로 행도하는 과정에 북쪽으로 생긴 지각들이 있는데, 그 사이에서 만들어진 작은 물길은 현재 능 뒤에 작은 배수구 형태로 되어 있다.

주룡 남쪽의 큰 물길은 주룡에서 남쪽으로 생긴 지각들 사이에서 만들어져 홍살문 밖 약 50m 지점에서 수복방 뒤로 내려오는 작은 물길과 합쳐진 다음 동구천으로 흘러가고 있다.

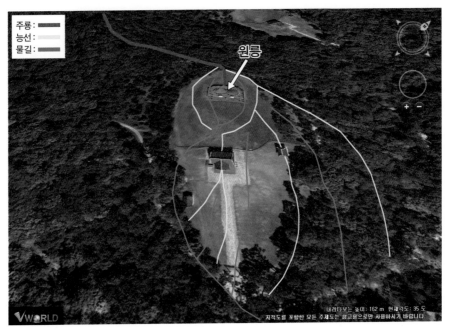

주룡:
능선:
물길:

원릉

원릉 자연 지형

원릉이 위치한 곳에서 멀지 않은 곳에 동구천이 흐르고 있는데, 활기차게 내려온 용맥이 혈을 결지하기 위해 횡룡입수 형태로 방향을 틀었지만 청룡의 높이나 길이가 바람을 막아 주기에 충분하지 않은 지형이었다.

그래서 동구천 가장자리로 낮지만 길게 청룡 능선이 뻗어 내려가 1차적으로 바람을 막아 주게 하였으며, 추가로 능상에서 자기보국을 만드는 청룡과 백호가 만들어져 장풍의 조건이 완전히 갖추어지도록 한 것이다.

청룡 쪽에 있는 동구천 바람의 영향이 크기 때문에 백호보다는 청룡이 길게 만들어진 것이고, 능상의 청룡이 안으로 굽어 안산이 되었으며, 그 끝에 정자각이 있다.

33장

21대 홍릉(弘陵)
(정성왕후)

1. 정성왕후 계보도

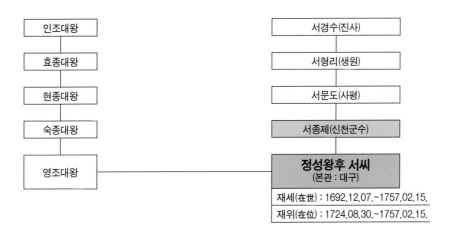

☞ 영조대왕과 정성왕후는 조선 왕조에서 가장 부부 사이가 좋지 않았던 것으로 알려져 있다. 그런데도 영조대왕은 무슨 생각으로 정성왕후의 홍릉을 만들면서 자신의 자리를 옆에 만들도록 하였는지 선뜻 이해가 되지 않는다.

2. 홍릉 조성 기록

조선 21대 임금 영조대왕의 원비인 정성왕후는 달성부원군 서종제의 딸로 1692년 12월 7일 출생하였고, 12세 되던 1704년에 숙빈 최씨의 아들인 연잉군과 혼인을 하였다. 숙종대왕과 희빈 장씨 사이에서 태어나 왕위에 오른 경종대왕이 33세가 되어도 후사가 없자 1721년 8월 20일 연잉군을 왕세제로 책봉하게 되어 세제빈이 되었다. [1]

이후 1724년 8월 25일 경종대왕이 사망하여 연잉군이 임금에 오르게 되어 왕비가 되었으나, 왕과의 사이가 썩 좋은 편이 아니었고 자식도 낳지 못하였다. [2]

1757년 2월 15일 정성왕후가 향년 66세로 세상을 떠나자 먼저 능지로 파주 인조대왕의 장릉 부근을 검토하였으나 연운이 맞지 않는다는 이유로 포기하고 열흘 만에 예종대왕의 창릉 앞쪽에 있는 능선으로 결정하였다. [3]

영조대왕은 회갑이 지난 자신의 나이를 생각해서였는지 능의 재혈을 하

---

1) 『경종실록』(1년 1721년 8월 20일 무인) 영의정 김창집, 좌의정 이건명, 판중추부사 조태채 등의 청에 따라 연잉군을 왕세제로 삼다.

2) 『영조실록』(28년 1752년 11월 23일 경진) 우의정 김상로가 중궁전의 회갑에 하례를 드릴 것을 청하였는데 허락하지 않다. / 『영조실록』(33년 1757년 2월 15일 정축) 일성위 정치달이 졸하자 곡반을 하고, 이를 만류한 삼사 신하를 체차시키다. / 영조는 정성왕후의 회갑에도 축하를 하지 않았고, 사위(아홉째 딸 화완옹주의 남편 정치달)와 부인인 정성왕후가 같은 날 사망하자 신하들의 강력한 만류에도 불구하고 사위의 문상을 갔다.

3) 『영조실록』(33년 1757년 2월 25일 정해) 신릉을 창릉 왼쪽 산등성이로 정하였다. 이보다 앞서 장릉의 좌우 산등성이를 봉심하였으나 연운이 맞지 않았으며, (후략)

소재지 : 경기도 고양시 덕양구 서오릉 내

는 과정에서 정성왕후의 광을 조금 왼쪽으로 하고 그 오른쪽을 비워 두게 하여 자신의 무덤과 쌍분 형태로 만들 것을 지시하였다. 4) 그리고 비워 둔 자리에는 십자(十字) 모형을 새겨 정혈에 묻어 표시하게 하였다. 5) 이렇게 나중에 사용할 영조대왕의 능 위치까지 정해 놓고 정성왕후의 장례는 6월 4일 치러 홍릉이 생겼다.

---

4) 『영조실록』(33년 1757년 3월 1일 임진)

5) 『영조실록』(33년 1757년 5월 13일 계묘)

좌향 : 진좌 술향

　그 후 영조대왕이 약 20년을 더 살다가 1776년 3월 5일 사망하였는데, 풍수에 대해 관심이 많고 식견이 높았던 정조대왕은 조상의 묘터가 후손들에게도 영향을 준다는 것을 알고 있었다. 그래서 할아버지가 직접 만들어 놓은 자리의 길흉을 검토해 본 다음, 지금의 자리를 선택한 것이다. 정조대왕이 친아버지 사도세자를 뒤주에 가둬 죽게 만든 할아버지에 대한 좋지 않은 감정 때문에 만들어 둔 곳을 비워 두고 다른 곳에 장사 지냈다는 이야기도 있지만 이는 사실과 다르다.

3. 홍릉 풍수 분석

조선 21대 임금 영조대왕의 왕비인 정성왕후의 홍릉이 있는 서오릉의 산줄기는 백두대간 분수령에서 분맥한 한북정맥이 백빙산 - 사패산 - 우이령 - 북한산 - 문수봉 - 비봉 - 향로봉 - 박석고개로 이어진다. 박석고개를 지난 용맥은 해발 235m의 앵봉산을 만든다.

앵봉산 주봉에서는 사방으로 산줄기가 나뉘는데, 북서쪽으로 약 150m를 뻗어 간 산줄기가 둘로 나뉜다. 북쪽으로 더 올라간 줄기에는 예종대왕의 창릉이 자리 잡고 있으며, 서쪽으로 분맥된 산줄기에 익릉, 순창원, 경릉, 홍릉, 대빈묘 등이 위치하고 있다.

앞에서 언급한 서오릉 경내의 산책로를 답사해 보면 용진혈적지를 향하여 내려가는 용맥이 기복과 위이가 활발하여 혈을 결지할 생룡으로 전혀 손색이 없다는 것을 확인할 수 있다. 홍릉 터가 혈이 결지되는 기본 조건인 '장풍'이 되는 곳인지 판단해야 한다.

영조대왕은 정비인 정성왕후가 세상을 떠나자 이해하지 못할 만큼 아주 짧은 기간에 능지를 결정한다. 이미 배우자가 사망하여 능이 만들어져 있는 경우에는 능지 선정이 빠른 경우도 있었지만, 이렇게 빠른 기간 안에 새 능지를 정한 것은 흔치 않은 경우이다.

풍수에 대한 식견이 높지 않은 영조대왕이 앞서 1748년 사망한 화평옹주의 무덤 터를 정하는 데도 관여한 종친 남원군 이설의 말을 전적으로 믿었기 때문일 것이다.

홍릉 용세(龍勢)

　앵봉산 주봉에서 북서쪽으로 약 150m를 행도하다 서쪽으로 분맥한 산
줄기는 약 280m를 내려가서 큰 과협처를 만든다. 다시 행도를 하다가 남
쪽으로 분지한 능선에 숙종대왕의 원비 인경왕후의 익릉이 있다.

　계속 뻗어 가 해발 약 72m로 낮게 엎드렸다가 해발 약 100m의 봉우리
를 만드는 과협을 하는데, 이 봉우리에서 나뉜 능선에는 순창원과 추존 덕
종 대왕의 능이 자리 잡고 있다.

　다시 서쪽으로 나간 산줄기가 세 갈래로 나뉘는데, 가운데 능선에 홍릉
이 위치하고 남쪽 능선은 홍릉의 청룡이 되면서 소혜왕후의 능과 대빈묘
터로 계속 이어지며, 북쪽 능선은 홍릉의 백호가 된다.

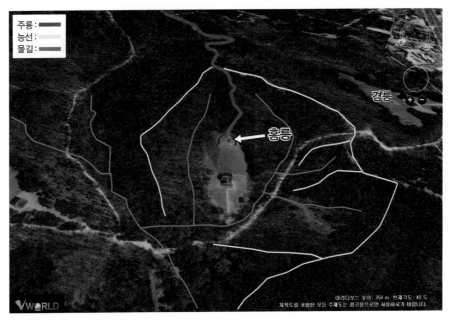

홍릉 사격(砂格)

　홍릉의 사격은 얼핏 보기에는 완벽한 것처럼 보인다. 경릉과 대빈묘에서 넘어오는 능선이 외청룡이 되었고, 이 능선이 앞을 감싸고 돌아 청룡 쪽에서는 바람이 불어올 여지가 아예 없다. 그러나 앞산은 둥글게 환포하는 모습인 반면에 끝자락의 높이가 낮은 것이 흠이다.

　위성 사진에는 백호 능선의 존재를 나타내기 위하여 청룡이나 전면의 능선들과 구분 없이 선으로 표시하였으나, 실제 높이는 크게 차이가 난다. 능상에서 나무를 제외하고 땅바닥을 분석해 보면 백호의 높이가 매우 낮음을 쉽게 확인할 수 있다. 이것은 홍릉의 위치가 백호 능선에 비해 상대적으로 높다는 의미가 되고, 결국 백호 쪽에 있는 수구처에서 불어오는 바람에 노출되고 있음을 의미하는 것이다.

홍릉 수세(水勢)

앵봉산에서 길게 내려와 홍릉의 외청룡을 만든 산줄기가 경릉과 대빈묘와 경계를 이루는 고개를 지나면서 북쪽으로 향하는 능선을 만들어 홍릉의 앞을 둥글게 감싼다.

이 산줄기의 흐름에 따라 홍릉의 외청룡과 앞산에서 시작된 물들은 모두 청룡 쪽에서 백호 쪽으로 흐르는 형세인데, 사진에서 보는 바와 같이 홍살문 밖으로 해서 북쪽으로 내려간다.

이 물은 홍살문 북쪽으로 약 120m를 내려간 후 앵봉산 큰 산줄기에서 발원한 물, 창릉의 백호 쪽에서 내려오는 물 등과 합쳐진다. 그리고 서쪽으로 약 320m를 흘러간 다음 방향을 남서쪽으로 바꿔 용두 사거리 부근으로 가서 벌고개에서 내려오는 물과 합쳐져 창릉천으로 내려간다.

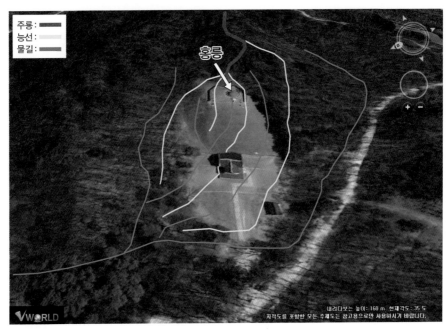

홍릉 자연 지형

　홍릉의 산줄기는 곡장 뒤 약 20m 지점에서 세 갈래로 나뉜다. 가장 북쪽 지각은 곡장 바깥으로 해서 정자각 선까지 내려왔고, 가운데 지각은 북쪽 곡장을 따라 내려와 정자각 전에 끝난다. 남쪽의 지각은 아래로 내려오다가 북쪽으로 방향을 돌리는데, 그 능선에 정자각이 건축되었다. 또 능상 밖의 청룡 능선도 내려오다가 북쪽으로 끝이 돌아가는데, 거기에 비각과 수복방이 자리하고 있다. 정자각과 홍살문 사이 공간에서 이런 지형의 흔적을 볼 수 있다.

　참고로 홍릉은 아래쪽에서 보면 매우 높다는 느낌을 주는데, 절대 높이가 높은 것이 아니라 능이 급경사지에 만들어졌기 때문이다.

34장

추존 영릉(永陵)
(진종대왕 효순왕후)

1. 추존 진종대왕 계보도

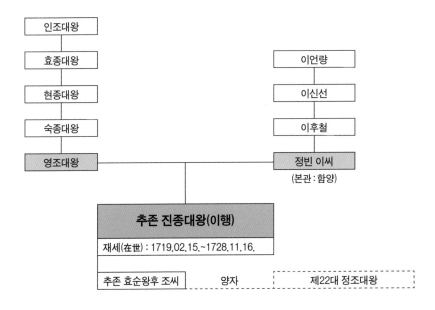

☞ 영조대왕의 장남인 효장세자(추존 진종대왕)는 향년 10세에 세상을 떠났다. 영조대왕은 차남 사도세자의 아들을 효장세자의 양자로 입적시켜 왕위를 잇게 하였는데, 보위에 오른 정조대왕은 윤음의 첫말을 "과인은 사도세자의 아들이다."라고 하며 종통보다 혈통을 강조하였다.

2. 영릉 조성 기록

조선 19대 임금 숙종대왕의 손자이자 21대 임금 영조대왕의 장남인 추존 진종대왕은 1719년 2월 15일 태어났는데, 어머니는 정빈 이씨이다. [1] 여섯 살이 되던 1724년에 영조대왕이 즉위한 후 경의군으로 군호를 받았고, [2] 일곱 살이 되던 이듬해 2월 25일 왕세자로 책봉되었다. [3]

2년 뒤 1727년 9월 29일 조문영의 13세 된 딸을 세자빈으로 맞아들였다. 11월 16일 세자빈이 홍역을 앓았으나 잘 치료되어 회복하였다. [4]

그러다 1728년 가을 무렵부터 세자가 번조증(煩燥症, 몸과 마음이 답답하고 열이 나서 손과 발을 가만히 두지 못하는 증상)이 생겼다 나았다를 반복하였는데, 약원 제조들이 마땅한 처방을 찾지 못하여 1728년 11월 16일 창덕궁 진수당에서 향년 10세의 나이로 세상을 떠났다. 세자로 책봉되고 채 4년이 되지 않은 때였다. [5]

생전에 효성이 지극하였고, 어린 나이에도 매사에 조심성이 있고 자품

---

1) 『선원보감 I』, 선원보감편찬위원회, 계명사, 1989, p.474. 아버지 영조대왕이 1721년 8월 20일에 왕세제가 되었는데, 어머니 정빈 이씨는 1721년 11월 사망하였다.

2) 『영조실록』(즉위년 1724년 11월 3일 계묘) 왕자 휘를 봉하여 경의군으로 삼고 심육을 왕자의 사부로 삼다.

3) 『영조실록』(1년 1725년 2월 25일 계사) 세자 책봉을 미루다가 밤 4경에 신하를 불러 왕자 경의군을 왕세자로 삼다.

4) 『영조실록』(3년 1727년 11월 17일 기사) 왕세자빈이 홍역을 앓기에 왕세자를 경춘전으로 거처를 옮기다.

5) 『영조실록』(4년 1728년 11월 16일 임술) 왕세자가 창경궁에서 훙서하다.

소재지 : 경기도 파주시 조리읍 파주 삼릉 내

이 엄숙하여 모든 신하들이 우러러보았으며, 아들을 사랑했던 영조대왕은 투병 과정에서 눈물을 쏟아 내며 안타까워하였다.

장지로 숭릉 백호, 순회세자묘 청룡, 순릉 청룡 능선 등이 추천되었는데, 최종적으로 순릉 청룡 능선 을좌의 터로 결정됐다. 시호를 효장세자라 하고, 1729년 1월 26일에 장사 지내고 효장묘라 하였다.

그 뒤 영조대왕은 1735년 3월 16일 세자빈 조씨를 현빈으로 책봉하였다. 현빈 조씨는 1751년 11월 14일 향년 37세로 세상을 떠났고, 효순 현빈

좌향 : 묘좌 유향(『영조실록』 을좌 신향)

이라 증시(贈諡)하고 효장세자의 옆에 쌍분으로 무덤이 만들어졌다.[6]

그 뒤 사도세자의 아들인 이산(李祘)이 효장세자의 양자로 입적되어 왕위에 오르게 되어 효장세자를 진종대왕으로, 효순 현빈을 효순왕후로 추숭하였고, 능호를 영릉(永陵)이라 하였다.[7] 추숭 후에도 석물을 가설하지 않고 현재에 이르고 있다.

---

6) 『영조실록』(28년 1752년 1월 11일 계유) 현빈에게 효순이라는 시호를 내리다.

7) 『정조실록』(즉위년 1776년 3월 19일 경인)

3. 영릉 풍수 분석

조선 21대 영조대왕의 장남인 추존 진종대왕과 정비인 효순왕후의 영릉은 공릉 및 순릉과 같은 능역에 있으므로 북두고개까지 내려오는 산줄기 체계는 같다. 그래서 백두대간 분수령에서 분맥하여 백빙산 - 백운산 - 죽엽산 - 축석령 - 고장산 - 양주산성으로 이어진 산줄기가 한강봉에서 남서쪽으로 약 700m 내려와 북서쪽으로 갈라져 꾀꼬리봉 - 양주시 고령산 - 파주시 개명산 - 됫박고개 - 고양시 비호봉 - 우암산 - 고양시 덕양구와 파주시 광탄면 경계의 혜음령 - 명봉산으로 이어지는 신한북정맥 산줄기에 위치하고 있다.

영조대왕은 원비인 정성왕후와 계비인 정순왕후 모두에게서 후사를 얻지 못하였다. 다만 왕자 시절에 인연을 맺은 정빈 이씨가 1719년 효장세자를 낳았고, 즉위 후 후궁이 된 숙의 이씨(후에 영빈 이씨)가 1735년 사도세자를 출산하였다.

영조대왕은 효장세자가 1728넌 사망하자 나중에 사도세자의 아들 이산(후에 정조대왕)을 양자로 입적시켜 대를 잇게 했고, 진종대왕은 후사가 없으면서 유일하게 추존되었다. 정조대왕은 즉위일에 영조대왕의 빈전 앞에서 대신들에게 "아! 과인은 사도세자의 아들이다."라고 밝히면서 효장세자의 양자로서 제사는 받들겠지만 핏줄을 따지겠다고 선포하였다. 정조대왕은 길지를 찾아 생부의 무덤을 옮겼고, 융릉으로의 능행도 영릉보다 훨씬 자주 했다.

영릉 용세(龍勢)

　영릉의 용맥도 명봉산에서 이어지는 용맥의 한줄기에 있다. 명봉산에서 북쪽으로 약 400m를 행도한 용맥이 분맥을 하고, 여기서 다시 서쪽으로 약 1km를 뻗어 간 산줄기가 북두고개(장곡 삼거리)를 건너간다.

　삼거리를 건너 서쪽으로 약 150m를 간 산줄기가 세 개의 능선으로 갈라지는데, 여기서 영릉이 있는 북서쪽으로 가는 용맥은 요동치듯 꿈틀거리며 행도를 시작한다.

　영릉 용맥의 등성이를 기준으로 북쪽과 남쪽의 비탈면 경사도를 비교해 보면 면배의 구분이 확연하고, 또 곡장 약 100m 뒤에서 서쪽으로 방향이 꺾이는 모습을 볼 수 있는데, 이는 횡룡입수를 위한 모양이다.

영릉 사격(砂格)

　북두고개 삼거리에서 도로를 건너와 순릉과 영릉의 주룡이 되는 능선에서 장곡3리 마을회관 서쪽에 있는 고개를 지나 팔봉천까지 뻗어 가는 능선이 영릉의 청룡이 된다. 이 청룡 능선은 높이나 길이가 충분하고 홍살문 근처에서 안으로 굽어 들어와 바람을 막아 주는 데 부족함이 없다.

　영릉 용맥과 함께 내려온 순릉의 능선은 영릉의 백호가 된다. 그런데 이 능선은 길이가 영릉 능선보다 월등히 짧아 순릉 백호 쪽 물길을 지나다니는 바람을 막아 주지 못하는 것이 가장 큰 문제가 된다.

　또 공릉의 조산이면서 순릉과 영릉의 백호가 되는 능선에서 내려오는 물길이 영릉에서는 사협수가 되는 것도 문제라 할 수 있으며, 끝부분은 낮아 수구가 열린 듯하다.

영릉 수세(水勢)

　현재 영릉 수구처에서 백호 쪽 물길 위에 만들어진 다리를 건너 폭이 좁은 길을 따라 홍살문으로 진입하는 구간 좌우에서 청룡 쪽과 백호 쪽의 물길을 볼 수 있다. 이곳에서 보는 영릉 양쪽의 물길이 다른 조선 왕릉들의 물길에 비해 상대적으로 규모가 큰 것을 알 수 있다.

　이것은 영릉의 청룡이 제법 덩치가 큰 산줄기이기 때문에 청룡 쪽 물길인 능골의 골짜기도 나름 크게 만들어졌고, 백호 쪽도 턱골에서 내려오는 물길과 순릉의 백호 여러 골짜기에서 내려온 물이 합쳐져 내려오기 때문이다. 능상에서는 수구가 막힌 것처럼 보이는데, 수구처에서는 능이 훤히 보이는 이유와 홍살문 앞에 옛 금천교가 만들어진 이유를 생각해 보아야 한다.

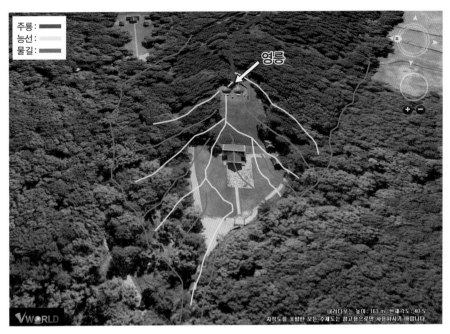

영릉 자연 지형

   영릉의 주룡은 매우 기운차게 기복과 위이를 하며 행도하다가 횡룡입수로 혈을 결지하고, 곡장 뒤 약 100m 지점에서 청룡 쪽으로 활처럼 굽으면서 곡장 뒤 약 10m 지점에서 청룡 쪽으로 지각 하나를 보내 장풍의 조건이 되도록 하였다.

   다시 아래로 내려와서는 백호 쪽으로 지각을 뻗치고, 더 내려온 산줄기는 정자각 뒤에서 세 갈래로 나뉘는데, 청룡과 백호 양쪽으로 갈라진 지각들은 큰 물길을 통해 흐르는 바람을 최대한 멀리 밀어내는 역할을 한다.

   가운데에서 내려간 지각은 수구처의 바람을 양쪽 물길로 분산시키기 위해 영릉으로 진입하는 초입의 폭 좁은 길까지 내려간 것이다.

35장

추존 융릉
(장조대왕 헌경왕후)

1. 추존 장조대왕 계보도

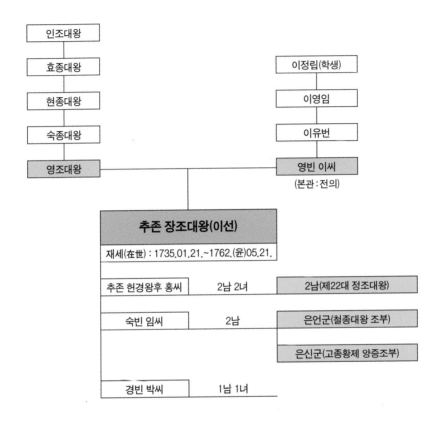

인조대왕 → 효종대왕 → 현종대왕 → 숙종대왕 → 영조대왕

이정립(학생) → 이영임 → 이유번 → 영빈 이씨
(본관 : 전의)

추존 장조대왕(이선)
재세(在世) : 1735.01.21.~1762.(윤)05.21.

추존 헌경왕후 홍씨	2남 2녀	2남(제22대 정조대왕)
숙빈 임씨	2남	은언군(철종대왕 조부)
		은신군(고종황제 양증조부)
경빈 박씨	1남 1녀	

2. 융릉 조성 기록

조선 22대 임금인 정조대왕의 생부인 추존 장조대왕(사도세자)은 1735년 1월 21일 영조대왕과 영빈 이씨 사이에 태어났다. 1728년 장남 효장세자가 사망한 이후 아들이 없던 영조대왕은 물론 온 나라가 기뻐하였다. [1]

이렇게 축복을 받으며 태어난 원자는 1744년 1월 11일 영풍부원군 홍봉한의 동갑내기 딸과 혼례를 올렸다. 1750년 8월 의소세손을 출산하였으나 1752년 3월 사망하였고, 1752년 9월 차남 산을 낳았다.

그러나 사도세자는 강압적으로 훈육하는 영조대왕과 갈등이 생기면서 정신적 스트레스가 쌓였고, 점차 성격이 포악해져 살인을 하는 등 악행을 저질렀다. 그러다 1762년 윤5월 13일 폐세자가 된 후 뒤주에 갇히게 되었고, [2] 8일 뒤인 윤5월 21일 향년 28세로 사망하였다. [3]

아들을 죽인 영조대왕은 묘터를 좋은 곳에 만들어 주라는 명을 내렸고, [4] 양주 남쪽 중량포 배봉산 갑좌(甲坐) 언덕에 장사를 지냈다. [5] 그러나 묘를 옮길 때 파 보니 물기가 흥건하였고, 내재궁은 동쪽으로 두세 푼 밀

---

1) 『영조실록』(11년 1735년 1월 21일 임진) 영빈 이씨가 원자를 집복헌에서 탄생하였다.

2) 『영조실록』(38년 1762년 윤5월 13일 을해) 임금이 창덕궁에 나아가 세자를 폐하여 서인으로 삼고 안에다 엄히 가두다.

3) 『영조실록』(38년 1762년 윤5월 21일 계미) 사도세자가 훙서하였다.

4) 『영조실록』(38년 1762년 윤5월 24일 병술) 임금이 지관 안재경에게 가서 묘지를 잘 선정하라고 명하였다.

5) 『승정원일기』(영조 38년 1762년 6월 4일 을미)

소재지 : 경기도 화성시 효행로 481번길 21

려나 있고, 외재궁 위쪽 모서리에는 얼음 송이가 응결되어 있었다. [6]

　정조대왕이 재위 13년이 되던 1789년 아버지의 무덤을 옮기기 위해 길지를 찾던 끝에 수원읍 관가 뒤로 정하고, 읍의 200여 호를 팔달산 아래로 이주시켰다. [7] 정조대왕은 또 광중 팔 때의 깊이도 "7척을 파지 않았는데 황색이 옅어지려는 기미가 있으면 곧 파기를 중지해야 한다."라며 지시하

---

6) 『정조실록』(13년 1789년 10월 2일 갑인) 원소에 가 옥백을 담은 궤에 대해 신하들과 논하다.

7) 『정조실록』(13년 1789년 7월 11일 을미) 영우원을 천장할 것을 결정하였다.

좌향 : 계좌 정향(천반봉침)

였다. [8] 또 곤신지를 만들 때는 "곤방과 신방은 계좌에서는 생방이 되며, 연못을 둥글게 만들고자 하는 것은, 둥근 연못은 금체가 되고 금체는 계수(癸水)를 낳는 법이다."라며 방위와 형태도 정해 주는 등 풍수 지식을 쏟아부어 현륭원을 만들었다. [9] 1815년 12월 15일 헌경왕후가 향년 81세로 사망하여 합장으로 융릉이 완성되었다.

---

8) 『정조실록』(13년 1789년 9월 8일 신묘) 김익과 박명원에게 형국과 혈에 대해 유시하다.

9) 『홍재전서』 1790년 '현륭원의 관원에게 유시하는 글'

3. 융릉 풍수 분석

추존 장조대왕과 헌경왕후의 융릉은 서쪽 옆에 있는 정조대왕과 효의왕후의 건릉과 같은 화산 보국 안에 있으므로 큰 틀에서 보면 산줄기의 체계는 같다.

백두대간 - 속리산 천황봉 - 한남금북정맥 - 한남정맥으로 이어지는 산줄기가 북서진하다가 오봉산을 지난 다음 감투봉에서 다시 서봉지맥으로 분맥하여 남쪽에 구봉산을 세운다. 구봉산을 지나 칠보산을 만든 용맥은 오목천 삼거리를 지나면서 방향을 동남쪽으로 돌려 행도하다가 현재 와우 사거리 남쪽 산등성이를 통과하고 수원대학교 교양학관 부근을 지나서 융릉과 건릉이 있는 화산을 만든다.

이후 과협을 하고 제법 높은 봉우리를 세워 남쪽으로는 용주사 방향으로 분맥을 하고, 동쪽으로 뻗어 나간 줄기는 성황산을 일으킨 다음 황구지천을 만나면서 긴 행도를 마친다.

정조대왕은 『홍재전서 卷 57』에 융릉 터에 대해 '서린 용이 구슬을 가지고 희롱하는 형국'의 '반룡농주형'이라 칭하며, "광교산이 태조산이 되고 오봉산이 중조산이 되며 증악산이 소조산이 되어, 참으로 100여 리에 전일한 기운이 결집되어 만들어진 곳이다."라고 하였다.

또 아버지 사도세자의 무덤을 풍수적 길지에 옮기기 위하여 200여 호 정도의 가옥이 있는 읍지를 옮기는 수고를 아끼지 않았으며, 최대한 자연 지형을 유지할 수 있도록 보토를 최소화하도록 하였다.

융릉 용세(龍勢)

한남정맥 감투봉에서 분맥한 서봉지맥의 산줄기가 구봉산과 칠보산을 지난 다음 수원대학교 서쪽(와우리와 수기리 사이)에 해발 약 120m의 산을 만든다.

이 산에서 북동쪽으로 뻗어 간 용맥은 수원대학교 동쪽 구역을 내려온 다음 약 300m를 정도를 낮게 행도한다. 그리고 능역으로 다가서며 봉우리를 만들고 남쪽으로 건릉 백호, 주룡, 청룡을 순차적으로 내려보낸다.

그런 다음 다시 북동쪽으로 치고 올라가 화산 주봉을 세운다. 여기서 남서쪽으로 분맥한 능선이 힘차게 기복과 위이의 변화를 하며 내려가는데, 능 가까이에 와서도 S 자 형태로 생동하는 용진처에 융릉이 있다.

융릉 사격(砂格)

융릉의 사격은 화산에서 주룡이 내려오다 먼저 백호가 생긴 다음 서쪽에서 남서쪽을 둘러싸고, 조금 더 내려와서 청룡을 만들어 동쪽에서 남쪽으로 능을 둥글게 감싸는 교과서 같은 보국을 갖추었다.

정조대왕은 『홍재전서 卷 57』에서 "청룡은 4중으로, 백호는 3중으로 되어 서로 감싸 국세를 이루었다."라고 표현하였다.

또 『홍재전서 卷 38』에는 "내청룡이 재실의 담장 터에 이르기까지가 약간 낮고 평평해지는 듯한데, 예전의 고을에 쌓았던 담장과 인가에서 뚫어서 파낸 까닭에 본래의 지형에 비해 대여섯 자 정도가 낮게 되었을 것이며, 용주사 뒷산이 맥을 나누어 외청룡이 되어 겹겹이 가로막고 있다."라고 설명하였다.

융릉 수세(水勢)

현재 융릉에는 청룡 쪽에서 내려와 홍살문 밖에서 서쪽으로 흐르는 물길에 내금천교가 있다. 이 물이 백호 쪽에서 내려오는 물과 만나 남쪽으로 내려가서 곤신지에서 내려오는 물과 만나 동쪽으로 흘러가는 물길에 외금천교가 있다. 이처럼 능역 입구에 두 개의 금천교가 있다는 것은 수구처의 청룡과 백호가 교차하고 있었다는 말이 된다.

또『홍재전서 卷 57』에는 "오른쪽으로는 건방이 득수가 되고, 왼쪽으로는 을방이 득수가 되며, 또 신방(申方)의 물이 있고 오방(午方)이 파문(破門)이 되어 물의 법수가 조금도 어긋남이 없습니다."라는 총호사 김익의 보고가 있는데, 이것으로 미루어 볼 때 형기풍수로 혈처를 찾기 위한 노력도 했지만 이기풍수도 많이 감안하였음을 알 수 있다.

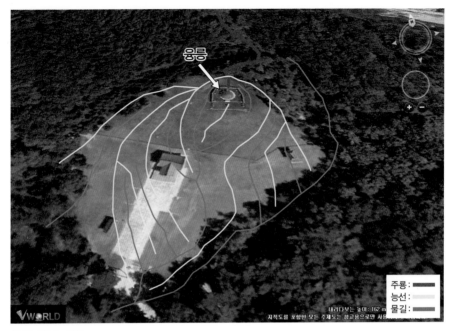

융릉 자연 지형

　『홍재전서 卷 57』에서 정조대왕은 융릉 터를 "이 혈은 유방(乳房)처럼 생긴 둔덕 아래에 와형(窩形)으로 되어 있으니, 곧 음양이 교구(交媾, 성교)하는 이치이다."라고 표현하였다.

　정조대왕의 이 표현은 공사를 시작하기 전에는 자연 상태 지형을 육안으로 볼 수 있었다는 뜻이다. 이것을 참고로 지형을 분석해 보면, 융릉 터로 내려온 용맥은 곡장 뒤 약 10m 지점에서 낮고 작은 천심맥이 들어가고, 이 천심맥을 둥글게 감싸 주는 청룡과 백호가 만들어진 곳이었다.

　특히 수구 방위인 남서쪽의 바람을 막아 주기 위해 백호 쪽의 여러 지각들이 안으로 굽은 모습이 돋보이는 곳이다.

36장

22대 건릉
(정조대왕 효의왕후)

1. 정조대왕 계보도

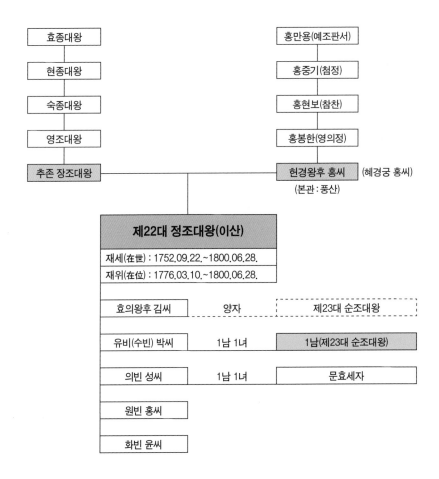

☞ 세종대왕과 함께 조선의 임금 중에 풍수에 가장 깊은 조예가 있었던 정조대왕은 자신의 수릉지를 정확히 정해 놓지 않은 탓에 처음에는 골 터에 능이 만들어졌었고, 현재는 월견수가 보이는 곳에 있다.

2. 건릉 조성 기록

조선 22대 임금인 정조대왕은 1752년 9월 22일 추존 장조대왕(사도세자)과 추존 헌경왕후(혜경궁 홍씨) 사이에서 태어났다.

1759년 세손에 책봉되었고, 1762년 청원부원군 김시묵의 딸과 혼례를 올렸다.

할아버지 영조대왕과의 갈등으로 아버지 사도세자가 1762년 윤5월 뒤주에 갇혀 죽게 되자 효장세자의 양자로 입적되었고, 1776년 영조대왕이 사망하자 왕위에 올랐다. [1]

이렇게 보위에 오른 후 정조대왕은 재위 24년이 되던 1800년 봄부터 건강에 이상 신호가 나타나기 시작하였다. 처음 등 쪽에 난 종기가 점차 넓어지더니 목 뒤부터 척추뼈 아래쪽까지 여러 곳이 곪아 바가지를 엎어 놓은 것처럼 한 덩어리가 되었다. 이러자 점차 식욕이 떨어지고 잠을 자지 못하게 되었고, 1800년 6월 28일 갑자기 세상을 떠났다.

정조대왕은 1789년 아버지 사도세자의 무덤을 옮기고 나서 옛 향교 터를 자신의 능 자리로 살펴보기도 하였다. [2] 그러나 사후 능지를 찾는 과정에서 옛 강무당이 있던 터가 안산과 청룡, 백호 등이 매우 아름다운 혈 자

---

1) 『정조실록』(즉위년 1776년 3월 10일 신사)

2) 『홍재전서』(원관 및 지방관 수원 부사에게 유시하는 글) 영돈녕 김조순이 장례에 대해 상소하다. (중략) 옛 향교의 터는 등한히 보아 넘길 수 없는 중요한 곳이다. 원소(園所)를 받드는 것에 비하면 비록 그만 못한 듯하나, 또한 단지 한 칸의 차이일 뿐이다.

소재지 : 경기도 화성시 효행로 481번길 21

리라는 여러 상지관과 신하들의 의견에 따라 그곳이 능지로 정해졌다.[3]
이렇게 정해진 터에 건릉이 만들어졌으나 얼마 가시 않아 봉분이 크게 무
너지는 일이 발생했고,[4] 후에도 봉분이 무너지는 일은 계속 이어졌다.

　세월이 흘러 1821년 효의왕후가 세상을 떠나자 능지를 선정하는 과정

3)『순조실록』(즉위년 1800년 7월 13일 계사) 현륭원 내 산릉으로 쓸 곳을 살피고 장계하다.

4)『순조실록』(4년 1804년 6월 27일 갑신) 예조에서 아뢰기를, "건릉 능 위의 사초가 무너졌는데, 길이
　가 6자 너비가 9자입니다."

좌향 : 자좌 오향

에서 다시 정조대왕의 건릉 터에 대한 풍수 문제가 대두되었다. 묘역은 인위적으로 높게 쌓은 것이며, 내룡이 약하고, 청룡과 백호가 갖추어지지 않았고, 습한 곳에 사는 벌레가 서식하는 것 등이 지적되었다.[5] 결국 장릉(長陵) 재실 뒤와 옛 수원 향교 터를 비교한 후 향교 터가 좋다는 의견에 따라 왕후 장례 때 정조대왕의 능도 옮겨 현재 건릉이 만들어졌다.[6]

---

5) 『순조실록』(21년 1821년 3월 22일 임신) "질고 습하여 사철 내내 마르지 않으니, (후략)
6) 『순조실록』(21년 1821년 9월 13일 경신) 대왕과 왕후 두 분의 재궁을 광중에 봉안하였다.

3. 건릉 풍수 분석

조선 22대 임금 정조대왕과 효의왕후의 건릉은 동쪽 옆에 있는 융릉과 같은 화산 보국 안에 있으므로 큰 틀에서 보면 산줄기의 체계는 같다.

백두대간 - 속리산 천황봉 - 한남금북정맥 - 한남정맥으로 이어지는 산줄기가 북서진하다가 오봉산을 지난 다음 감투봉에서 다시 서봉지맥으로 분맥하여 남쪽에 구봉산을 세운다. 구봉산을 지나 칠보산을 만든 용맥은 오목천 삼거리를 지나면서 방향을 동남쪽으로 돌려 행도하다가 현재 와우 사거리 남쪽 산등성이를 통과하고 수원대학교 교양학관 부근을 지나서 융릉과 건릉이 있는 화산을 만든다.

이후 과협을 하고 제법 높은 봉우리를 세워 남쪽으로는 용주사 방향으로 분맥을 하고, 동쪽으로 뻗어 나간 줄기는 성황산을 일으킨 다음 황구지천을 만나면서 긴 행도를 마친다.

현재 건릉이 위치한 곳은 원래 수원읍 향교가 있던 곳으로, 정조대왕도 생전에 자신의 능 자리로 눈여겨보았던 곳이었다. 지금 자리는 천릉을 한 것인데, 처음부터 임금의 뜻을 감안하여 자리를 잡았다면 능을 보수하는 수고와 천릉을 하는 번거로움도 없었을 것이다.

처음 건릉의 초장지를 정한 이들은 아주 좋은 터라고 했는데, 파 보니 물이 가득하여서 한동안 흘러나왔다고 한다. 땅을 선택하는 실력이 부족했던 것인지 아니면 왕실과 왕권을 약화시키기 위한 의도가 숨겨져 있었던 것인지 궁금하다.

입수룡

건릉 용세(龍勢)

한남정맥 감투봉에서 아산만 방조제가 있는 계두봉까지 이어지는 서봉지맥의 산줄기가 칠보산을 지난 다음 수원대학교 서쪽(와우리와 수기리 사이)에 해발 약 120m의 산을 만든다. 여기서 본 줄기는 남쪽으로 내려가고, 동쪽으로 뻗은 용맥이 융릉과 건릉의 주룡이 된다.

분맥 후 자세를 낮추며 행도하던 용맥이 능역으로 다가서면서 봉우리를 만든 다음 먼저 남쪽으로 백호 능선을 내려보낸다. 주룡은 다시 몇 차례 작은 기복을 하면서 나아가 단아한 현무봉을 만들고, 여기에서 분맥한 주룡이 남쪽으로 내려오면서 잠시 엎드렸다가 일어나서 좌우로 굴곡을 하며 내려가는 용맥에 건릉이 있다.

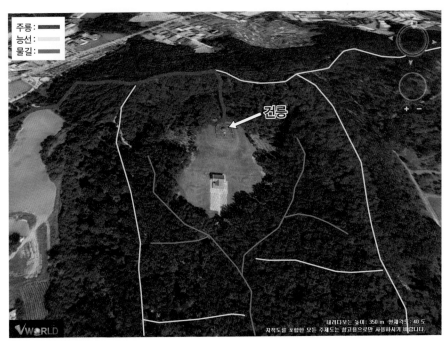

건릉 사격(砂格)

현재 건릉에서 보이는 사격은 단출한 청룡과 백호 능선, 그리고 앞쪽 먼 곳에 조산만이 있어 다른 왕릉들에 비하여 매우 단순해 보인다. 또 청룡과 백호에서 지각들이 내려와 수구를 관쇄시키는 모습도 보이지 않는다.

이것은 본래 수원 읍이 만들어질 때 지형이 바뀌었고, 반대로 능역이 조성되는 과정에서 마을이 철거되고 지형이 또 바뀌었기 때문이다. 자연 상태에서는 지금처럼 수구가 열린 곳은 아니었다.

또 하나, 건릉의 능상에서 보면 백호의 높이가 낮은 것을 확인할 수 있다. 이것은 백호가 바람을 완전히 막아 주지 못한다는 의미가 되는데, 장풍의 의미를 생각하여 혈의 위치를 가늠해 보아야 하는 터이다.

건릉 수세(水勢)

　건릉은 보국이 단순해서 수세 역시 복잡하지 않은 것이 특징이다. 주룡과 청룡 사이에서 발원한 물은 비각 뒤를 지나면서 남서쪽으로 방향을 바꿔 내려오다가 백호 쪽에서 내려온 물과 합쳐지고 남쪽으로 빠져나가는 지형이다. 또 주룡과 백호 사이에서 시작된 물은 수라간 뒤로 흘러 내려와 홍살문 남쪽 금천교를 지나서 동쪽으로 흘러간다.

　이 물이 흘러 나가는 곳에 천년지라는 연못을 조성하였는데, 현재 융건릉 역사문화관 서쪽에 있다.[7]

---

7) 『역주 건릉지 권1·권2』, 장서각 編, 김근호 譯註, 한국학중앙연구원출판부, 2019, p.27. 능침, 원침, 금양, 전도에는 내금천교 안쪽에 사각형 모양의 연못 안에 원형의 섬이 그려져 있다.

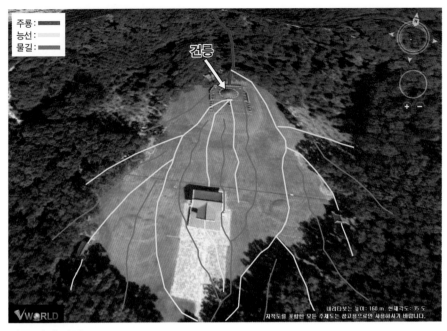

건릉 자연 지형

건릉은 정자각과 능 아래 경사면 사이의 지형이 다른 조선 왕릉과는 확연히 다르다. 마치 양쪽에 뿔이 솟아난 것처럼 보인다.

건릉 터로 내려온 용맥은 능 뒤에서 청룡 쪽으로 가지 하나가 만들어지고, 봉분 앞에서 다시 세 갈래 가지가 만들어진 지형이었다. 먼저 봉분 뒤에서 갈라져 비각 쪽으로 내려간 능선이 비탈면에서 나뉘는 지점이 볼록하다. 또 봉분 앞에서 갈라져 백호 쪽으로 뻗은 능선이 다시 갈라지는 곳에도 볼록한 흔적이 있다.

이것은 현릉원(융릉)을 조성할 때 최대한 자연 상태의 지형을 보존하고자 했던 정조대왕의 의중을 건릉에도 반영한 것으로 생각된다.

37장

23대 인릉
(순조대왕 순원왕후)

1. 순조대왕 계보도

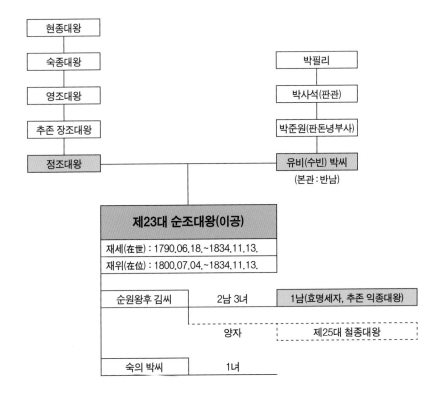

☞ 순조대왕의 인릉은 처음에는 경기도 파주시 문산읍 운천리에 만들려고 하였으나 풍수상 문제가 있다고 하여 파주시 탄현면 갈현리 797-1번지 부근으로 변경하였다. 그 뒤 다시 풍수 길지가 아니라는 이유로 현재의 터로 천릉을 하였다.

2. 인릉 조성 기록

조선 23대 임금인 순조대왕은 1790년 6월 18일 정조대왕과 수빈 박씨의 아들로 태어났다. 1786년 6월 이복형인 문효세자 사망 후에도 세자로 책봉되지 못하다가 1800년 2월 2일에 세자로 책봉되었는데, 6월 28일 정조대왕이 갑자기 사망하여 7월 4일 열한 살의 어린 나이에 즉위하였다. [1]

순조대왕은 1802년 영안부원군 김조순의 14세 된 딸을 왕비로 맞았고, 1809년 8월 9일 장남 효명세자를 낳았다. 그러나 1830년 5월에 효명세자가 사망하였고, 1832년 5월 복온공주 사망, 같은 해 6월 명온공주 사망 등 잇따른 자녀의 죽음으로 엄청난 마음의 상처를 입게 된다. [2]

이런 일들의 후유증으로 재위 34년이 되던 1834년 10월 말 두통이 생기고 대소변을 잘 보지 못하는 상태에서 몸에 종기까지 생기더니 11월 13일에 향년 45세로 세상을 떠났다. [3]

한 달이 넘게 찾아 능지로 선정된 곳은 처음 인조대왕의 장릉이 있던 곳의 청룡 능선이었다. [4] 그러나 그 터의 흙색이 좋지 못하자 상지관 이시복이 표목을 아래위로 옮기는 등 신뢰가 떨어지는 행동을 하여 처형하고, 장

---

1) 『순조실록』(즉위년 1800년 7월 4일 갑신) 창덕궁 인정문에서 즉위하다.

2) 『순조실록』(32년 1832년 5월 12일 무오) "복온공주의 상에 방금 거애하고 나니 슬프고 서러워 마음을 걷잡을 수 없다."

3) 『순조실록』(34년 1834년 11월 13일 갑술) 임금이 경희궁 회상전에서 승하하였다.

4) 『헌종실록』(즉위년 1834년 12월 21일 신해) 산릉을 파주의 옛 장릉 왼쪽 언덕에 정하라고 명하였다.

소재지 : 서울특별시 서초구 헌인릉길 36-10

지를 교하의 장릉 국내 을좌 신향의 자리로 바꾸어 장례를 치렀다. [5]

그 후 철종대왕조에 이르러 인릉의 터가 자리는 평탄하나 청룡이 낮고 잘록한 부분이 있어 흠이라는 의견에 따라 후릉의 우측 능선, 희릉의 우측 능선, 장릉(長陵)의 좌측 능선 등을 천릉지로 검토하게 된다. [6]

이렇게 여러 곳을 검토하다가 헌릉의 오른쪽 능선을 천릉지로 결정했는

---

5) 『헌종실록』(1년 1835년 3월 15일 갑술) 이시복을 베었다.

6) 『승정원일기』(철종 6년 1855년 2월 1일 갑오)

좌향 : 자좌 오향

데, 터를 닦는 과정에서 봉표 한 곳 앞 20척(약 4m) 지점에서 곡장 지대석이 발견되었으며, 천회나 석물 등 묘 흔적이 다수 발견되었다. [7]

1856년 10월 11일 천릉을 하였는데, 인릉은 세종대왕의 옛 영릉 터보다 약 10m 북쪽에 만들어진 것으로 추정된다. 이듬해인 1857년 8월 4일 순원왕후가 향년 69세로 사망하자 12월 17일 합장으로 장사를 치렀다.

---

7) 안경호, 「세종대왕 초장지에 대한 재론」, 한국학중앙연구원, 『정신문화연구』, 2008 여름호 제31권 제2호, pp.151~171.

3. 인릉 풍수 분석

조선 23대 임금 순조대왕과 순원왕후의 인릉은 동쪽 옆에 있는 헌릉과 같은 대모산 아래에 있으므로 큰 틀에서 보면 산줄기의 체계는 같다.

백두대간 - 속리산 천황봉 - 한남금북정맥 - 한남정맥으로 이어지는 산줄기가 북서진하다가 백운산에서 다시 관악지맥을 분맥하여 북동쪽 이수봉으로 세운다. 이수봉에서는 산줄기가 관악산 방향의 매봉산과 청계산으로 갈라지는데, 청계산을 거쳐 인릉산으로 가던 산줄기가 가지를 나눠 다시 동서로 구룡산과 대모산을 만든다.

대모산에서 동남쪽으로 내려간 용맥이 중턱쯤에서 두 갈래로 갈라져 동쪽의 능선에는 헌릉이 자리 잡고 서쪽의 능선에는 인릉이 위치하고 있다.

인릉은 인릉산에서 구룡산과 대모산으로 이어지는 서쪽의 산들이 외백호가 되어 주고 있다. 원래는 내백호도 있었지만 부지를 조성하면서 지금은 사라진 상태다.

또 대모산 동쪽 끝에서 남쪽으로 생겨난 능선들이 청룡 역할을 하고 있다. 앞쪽에는 인릉산과 범바위산에서 내려가는 산줄기가 대모산에서 내려오는 산줄기들과 서로 마주 보며 수구를 막아 주는 역할을 하고 있어 큰 보국이 만들어져 있다.

이 터는 처음 1446년 소헌왕후의 영릉이 만들어졌고, 1450년 세종대왕이 세상을 떠나 합장릉으로 만들어졌으나, 예종 대인 1469년에 지금의 여주시로 천릉을 하여 약 387년 동안 비워져 있었다.

인릉 용세(龍勢)

대모산에서 출맥하는 용맥은 처음에는 남쪽으로 약 500m를 가파르게 내려와 잠시 멈춰 선 다음 두 갈래로 나뉜다. 여기서 방향을 살짝 남쪽으로 바꾼 우측 능선이 다소 완만하게 내려온 다음부터는 수평으로 자세를 잡고 행도를 하다가 앞쪽에 세곡천이 보이기 시작하면서 행도를 마친다.

능을 관리하는 목적 등으로 능선의 등성이가 평퍼짐하게 변해 있어 사룡이라 생각할 수도 있지만 기복과 함께 반복해서 위이(굴곡)도 하면서 내려온다. 육안으로도 용맥의 단단함이 느껴지며, 쉬지 않고 작은 기복을 하므로 중간중간에 양옆으로 지각이 보이고 미세하지만 과협의 흔적도 나타나고 있어 생룡임이 확실하다.

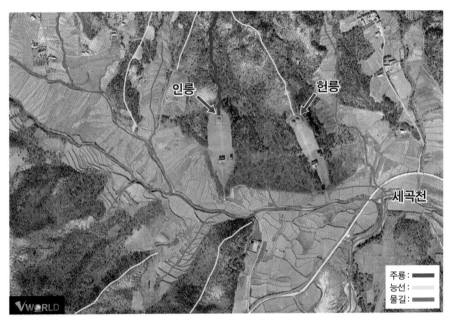

인릉 사격(砂格)

　인릉의 능상에서 보면 서쪽의 대모산과 남쪽의 인릉산 등에 둘러싸여 큰 보국이 만들어진 곳이지만 가까이에 청룡과 백호 등의 사격은 보이지 않아 장풍에 대한 의구심이 생기는 곳이다.

　항공 사진에서 볼 수 있듯이 백호 쪽 능선의 길이가 짧아 구룡산 방향에서 발원하여 흘러 내려오는 물길의 바람을 온전히 막아 줄 수 없는 형태이다. 그나마 청룡 쪽은 헌릉이 있는 능선이 조금 더 길게 내려가 있어 어느 정도는 바람막이 역할을 할 수 있을 것이다.

　앞쪽에 있는 조산들도 이 터를 감싸 주는 형태가 아니고 몇 개의 능선이 옆으로 비껴가는 듯한 형태로 있어서 단정하고 튼실하게 보국이 만들어진 것으로는 보이지 않는다.

인릉 수세(水勢)

　인릉의 수세는 크게 구룡산과 대모산의 사이에서 발원하여 동쪽으로 흐르는 물길, 남쪽 인릉산 산기슭에서 내려오는 물길, 그리고 대모산에서 인릉 터로 내려온 주룡과 지각들 사이에서 생긴 물길 등 세 줄기이다.

　이 물길 중에서 구룡산과 대모산 사이의 백호 쪽 물길이 인릉 주룡 앞을 지나며 용진처를 만드는 역할을 하는 물길이다. 여기에 지각 사이에서 나오는 물길과 인릉산에서 내려오는 물길들이 순차적으로 합쳐져 탄천으로 흘러간다.

　사진의 물길은 인릉의 주룡과 주룡의 동쪽에서 생긴 지각 사이에서 생긴 물길이 비각 동쪽의 늪지로 흘러드는 모습과 이 물이 늪지와 주차장을 지나 내려간 세곡천의 모습이다.

인릉 자연 지형

　인릉이 위치한 곳은 앞서 사격편에서 설명하였듯이 주변의 큰 물길에 비하여 청룡과 백호가 매우 부족한 곳이다. 이런 지형에서 장풍의 조건을 만들기 위해서는 용맥 스스로 자기보국을 만들게 된다.

　인릉은 다른 능에 비하여 능상이 매우 넓은데, 이것은 능상에 작은 능선들이 여러 개 있었다는 것이다.

　위성 사진에 표시한 것처럼 능상에서 청룡과 백호 능선이 앞을 둥글게 감싸 보국을 만들어 장풍이 되도록 하고 있다. 능상의 청룡 능선은 비각과 헌릉 방향으로 지각을 뻗어 청룡 쪽의 바람을 분산시키고, 백호 능선은 정자각과 백호 쪽으로 지각을 내려보내 백호 쪽의 바람을 막도록 한 것이다.

38장

추존 수릉
(익종대왕 신정왕후)

1. 추존 익종대왕 계보도

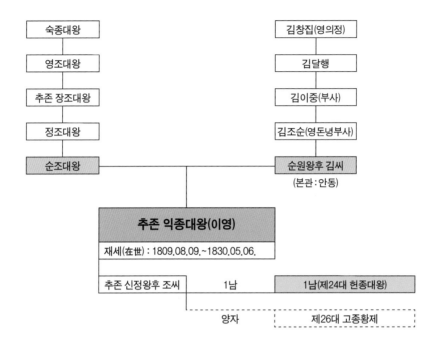

☞ '조대비'로 많이 알려져 있는 신정왕후는 순원왕후가 사망한 후 왕실의 최고 어른 자리에 올랐고, 철종대왕이 세상을 떠나자 흥선군의 차남을 양자로 들여 보위를 잇게 하였다. 수릉은 조선 왕릉 중 유일하게 두 번 옮긴 능이다.

2. 수릉 조성 기록

　추존 익종대왕(문조익황제)은 1809년 8월 9일 조선 23대 임금 순조대왕과 순원왕후의 아들로 태어났다. 4세 때인 1812년 7월 6일 왕세자로 책봉되었는데, 곧 효명세자이다. [1] 신정왕후는 1808년 12월 6일 풍은부원군 조만영의 딸로 태어났는데, 12세 때인 1819년 10월 11일 효명세자와 혼례를 올려 세자빈이 되었다.

　효명세자가 19세가 된 1827년 2월 9일 순조대왕이 대리청정을 명하였고,[2] 바지런하고 영특한 세자는 정사를 아무 문제 없이 잘 처리하였다. 그해 7월 18일 신정왕후가 원손(24대 헌종대왕)을 낳았다. [3]

　약 3년여간 왕성하게 정사를 보던 효명세자가 1830년 윤4월 22일 각혈을 하며 갑자기 건강에 이상 신호가 나타났는데, 증세가 나타나고 불과 보름 만인 5월 6일 향년 22세로 세상을 떠났다.

　묘소 도감에서 세자의 묘터로 공덕리, 희릉 옛터, 목릉 옛터, 숭릉 오른쪽 언덕, 달마동, 능동 도장곡 등을 조사한 후[4] 도장곡으로 결정하였다. 그러나 봉표 한 곳의 주위와 상하에 오래된 묘가 여러 기가 있고 뼈도 노출

---

1) 효명세자였다가 아들이 왕위에 올라 익종대왕으로 추존되었고, 고종 때인 1899년 문조익황제로 묘호가 바뀌었다.

2) 『순조실록』(27년 1827년 2월 9일 을묘) 왕세자에게 서무를 대리하도록 하다.

3) 『순조실록』(27년 1827년 7월 18일 신유) 세자빈이 원손을 낳았다.

4) 『승정원일기』(순조 30년 1830년 5월 28일 갑신)

소재지 : 경기도 구리시 인창동 동구릉 내

이 되어 있는 등 변수가 발생하였다. [5]

　이런 상황에 순조대왕은 기존 묘들보다 더 깊이 광을 판 후 장례를 치르는 방법을 제시하였다. [6] 하지만 묘소 도감에서 새 자리를 찾을 것을 주장하였고, 새로 간심하여 양주 천장산 유좌의 터로 바꾸어 1830년 8월 4일

---

5) 『순조실록』(30년 1830년 6월 11일 정유) 장계하기를, "봉표한 주위와 상하에 다섯 개의 무덤이 연달아 서로 이어져 있어 마른 뼈가 모두 노출되었으니 (후략)

6) 『순조실록』(30년 1830년 6월 11일 정해) 임금이 이르기를, "깊이 파도록 하는 것이 가하다." 하자 정만석이 말하기를 "(중략) 정결한 곳이 아닌데, 신하의 마음으로 할 바가 아닙니다." 하였다.

좌향 : 자좌 오향

장례를 치렀다. 그리고 헌종대왕이 즉위한 후 1835년 5월 효명세자가 익종대왕으로 추존되어 능호도 수릉으로 하였다.

그로부터 약 16년의 시간이 흐른 1846년 4월 헌종대왕은 수릉의 국세가 산만하다는 이유로 양주 용마봉 아래로 천릉을 하였고, 철종대왕 때인 1855년 8월 26일 동구릉 경내로 또다시 천릉을 하였다.

그 뒤 1890년 4월 17일 신정왕후가 향년 83세로 사망하여, 같은 해 8월 30일 합장릉 형태로 장례를 치러 오늘의 수릉이 완성되었다.

3. 수릉 풍수 분석

추존 익종대왕과 신정왕후의 수릉은 검암산 보국 안에 위치하고 있다. 현재 동구릉이 있는 검암산 보국은 백두대간 분수령 - 한북정맥 백빙산 - 죽엽산을 지나고 축석령 부근에서 수락지맥이 분리된다. 이 수락지맥이 수락산 - 불암산을 만들고, 삼육대학교 동쪽으로 돌아 담터고개와 새우개 고개를 지나 만든 검암산을 중심으로 만들어진 커다란 울타리가 생기는 데, 중앙에는 동구천이 흐를 만큼 큰 보국으로 되어 있다.

검암산 봉우리에서 산줄기가 둘로 나뉘는데, 남쪽으로 뻗은 산줄기는 망우산 - 용마산 - 아차산으로 내려간다. 또 하나, 검암산 주봉에서 북동쪽으로 뻗어 가는 산줄기는 약 1.8km 가면서 원릉과 휘릉의 용맥을 내려보내고, 방향을 동남쪽으로 바꾼 다음 건원릉 용맥을 내려보낸다.

계속해서 약 100m를 가서 목릉의 선조대왕과 의인왕후의 능터로 각각 하나씩 분지를 한다. 그런 다음 갑자기 남쪽으로 몸을 돌려 두세 개의 지각을 만들며 내려가다가 인목왕후 자리로 지각을 내려 주고 해발 약 95m의 낮은 봉우리를 만들며 수릉 터로 분맥할 준비를 한다.

처음 천장산 아래에 수릉 터를 잡은 지사들은 '내룡이 삼각산에서부터 전지(田地)를 뚫고 성봉을 솟아올랐으니, 기세는 말이 달리는 것 같고, 모양은 용이 내려오는 것 같으며, 구천에 호랑이가 날아가는 형국'이라며 극찬하였다. 그러나 수릉은 조선 왕릉 중 유일하게 두 번 천릉을 한다. 풍수를 몰랐던 것인지, 의도적으로 왕실에 해코지하려 했던 것인지……

수릉 용세(龍勢)

　건원릉에서 동쪽으로 뻗어 간 용맥이 목릉 구간을 지나며 기역(ㄱ) 자 형태로 방향을 바꾸고 만들어진 해발 약 95m의 봉우리에서 현릉의 문종대왕 봉분이 있는 서쪽으로 용맥 하나를 보낸다.

　같은 봉우리에서 45° 방향의 남서쪽으로 또 다른 능선을 출발시키는데, 이 능선이 약 250m를 가서 현덕왕후의 능이 있는 곳에 지각을 하나 떨군다. 그러면서 방향을 조금 더 남쪽으로 돌린 다음 작은 몸체로 부드럽게 위이를 하며 약 80m를 내려간다. 내리막이 끝나고 몸을 일으키듯이 약 80m를 올라가 만들어진 봉우리에서 동구천 물길이 보이자 정남쪽으로 고개를 돌리며 용진혈적을 한다.

수릉 사격(砂格)

　수릉의 입수룡은 크기는 작지만 아름답게 보이는 데 반해, 현재 시각적으로 보이는 수릉의 사격은 질서도 없으며, 길이가 짧고 높이도 충분하지 않아 굉장히 부실하다고 할 수 있다.

　현장에서 눈에 띄는 능선은 현릉과 원릉의 주룡뿐인데, 이것들은 형태나 길이가 동구천을 지나다니는 바람을 막아 주는 사격의 역할을 전혀 하지 못한다고 보아야 한다.

　또 수릉의 능역 옆에 있는 두 개의 청룡은 길이가 짧아 역시 제대로 역할을 하지 못한다고 보아야 한다. 그나마 재실 북쪽에 있는 청룡 능선은 크게 높은 것은 아니지만 길게 밀고 내려가 동구천 물길을 서쪽으로 밀어내 용진혈적지에 바람이 가지 못하도록 하고 있다.

수릉 수세(水勢)

동구릉 동쪽에서 검암산 보국의 바깥 담장 역할을 하는 큰 산줄기는 수릉의 주룡과 문종대왕릉의 용맥이 분맥되는 해발 약 90m 봉우리에서 두 용맥을 나눈다. 그다음 동구릉 보국 안쪽과 왕숙천 방향으로 많은 가지 나눔을 하면서 남쪽 외수구까지 내려간다.

그러다 보니 수릉의 주룡과 청룡 쪽에 있는 큰 산줄기 사이, 그리고 그 산줄기의 지각에서 만들어진 물길이 수릉 능역으로 내려온다. 이 물길들이 모여 수복방 뒤를 지나 남쪽으로 내려가 홍살문 약 30m 지점에서 건원릉, 목릉 주변에서 내려오는 동구천 물과 합쳐진다. 그런 다음 혜릉과 숭릉에서 내려오는 물을 만나 외수구를 빠져나가 왕숙천으로 흘러가는 것이 수릉의 수세이다.

수릉 자연 지형

　수릉 터의 자연 지형은 현덕왕후릉을 지나온 용맥이 비룡입수 형태로 만든 봉우리에서 청룡 쪽으로 지각을 보내서 동쪽 능선에서 내려오는 물길들을 차단하였다. 그런 다음 중출한 용맥은 살짝 과협을 하고 곡장 뒤 약 12m 지점에 다시 봉우리를 만들었는데, 여기서 횡룡입수 형태를 만들며 본격적으로 용진혈적 하기 위해 자기보국을 만든다.

　능상의 청룡 지각은 짧게 마무리되지만, 능상의 백호 지각은 밖으로 길게 뻗어 나간 다음 안으로 굽으며 수구를 관쇄시키고 있다.

　곡장 뒤 봉우리에서 중출한 용맥은 용진혈적 후 좀 더 확실한 장풍을 위해 앞쪽을 막아 주는 형태를 하고 있다.

39장

24대 경릉(景陵)
(헌종대왕 효현왕후 효정왕후)

1. 헌종대왕 계보도

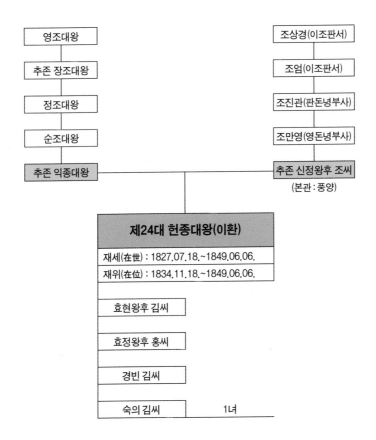

☞ 헌종대왕은 효현왕후가 16세에 세상을 떠나고 이듬해 효정왕후를 맞아들였으나 약 5년 뒤 사망하였다. 두 왕비에게서는 자녀를 두지 못했고, 궁녀를 통해 딸 한 명을 낳았는데 일찍 죽어 후궁 작위를 받지 못했으나 고종황제 때인 1906년에 숙의로 봉작되었다.

2. 경릉 조성 기록

조선 24대 임금인 헌종대왕은 1827년 7월 18일 효명세자와 신정왕후의 아들로 태어났으며, 아버지 효명세자가 1830년 5월 6일 갑자기 사망하자 같은 해 9월 15일에 왕세손으로 책봉되었다.

효명세자가 사망하고 뒤이어 1832년에는 복온공주와 명온공주가 사망하는 등 잇따른 자녀의 죽음으로 마음의 상처를 입게 된 순조대왕이 향년 45세의 많지 않은 나이에 세상을 떠났다. 이후 1834년 11월 18일 헌종대왕이 8세의 어린 나이에 왕위에 오르게 되었다. [1]

보위에 오르기는 하였으나 정사를 돌보기에 어렸으므로 어머니 신정왕후의 수렴청정을 받게 되었다.

1828년 3월 14일생인 영흥부원군 김조순의 딸을 1837년 3월 18일에 효현왕후로 맞아들였다. [2] 그런데 평소 큰 지병도 없었던 효현왕후가 1843년 8월 25일 향년 16세의 나이로 갑자기 사망하였다.

능지는 창릉 좌측 능선, 용마봉 아래 신촌, 휘경원 국내, 선조대왕의 목릉 구광 터 등을 찾아 보고 나서 옛날 목릉을 만들었다가 옮겨 가 비어 있던 곳으로 결정하였다.

기존에 무덤을 팠던 자리에서 넉 자 정도 위로 올리되 조금 왼편으로 옮

---

1) 『헌종실록』(즉위년 1834년 11월 18일 기묘) 임금이 숭정문에서 즉위하였다. / 이전까지는 12세에 왕위에 오른 단종대왕이 가장 어린 임금이었으나, 헌종대왕은 8세에 왕위에 오르게 되었다.

2) 『헌종실록』(3년 1837년 3월 18일 을미) 인정전에 나아가 김씨를 책봉하여 왕비로 삼다.

소재지 : 경기도 구리시 인창동 동구릉 내

겨 광을 파고[3] 1843년 12월 2일 장례를 치렀다.[4]

그리고 이듬해인 1844년 10월 18일 당시 14세였던 익풍부원군 홍재룡의 딸을 계비로 맞아들였다. 헌종대왕이 1849년 4월부터 안색이 나빠지더니 윤4월이 되어서는 원기가 허약해져 밥을 먹으면 기침이 나곤 하였다.

---

3) 『승정원일기』(헌종 9년 1843년 9월 18일 정해)

4) 『승정원일기』(헌종 9년 1843년 10월 18일 정사) "구광(舊壙) 터에서는 두께 5자의 천회(天灰)와 방회(傍灰)가 그대로 나왔고, 구광에서 4~5자를 올려서 잡았다."라고 기록되어 있다.

좌향 : 유좌 묘향

한 달 뒤에는 얼굴이 붓고 식사 후 배가 더부룩하더니, 6월 6일 갑자기 향년 23세로 사망하였다. 헌종대왕의 능지를 정하기 위해 효현왕후의 장례 때 검토하였던 곳을 다시 살펴보았으나 경릉(景陵)의 터가 가장 좋다는 의견에 따라 1849년 10월 28일 쌍분 형태로 장례를 치렀다.

그 뒤 효정왕후가 1903년 11월 15일 향년 73세로 사망하자, 다시 경릉의 북쪽에 장사를 지내 조선 왕릉 중에서 유일하게 봉분 세 개가 나란히 있는 삼연릉 형태로 만들어졌다.

3. 경릉 풍수 분석

조선 24대 헌종대왕과 원비 효현왕후, 계비 효정왕후의 경릉은 검암산 보국 안에서도 숭릉 및 혜릉과 같은 산줄기에 있는데, 마지막에 각각 다른 줄기로 나뉘기 전까지의 산줄기 흐름은 같다.

백두대간 분수령 부근에서 나뉘어 한북정맥의 백빙산 - 대성산 - 광덕산 - 백운산 - 도마치봉 - 원통산 - 수원산 - 죽엽산으로 이어지는 산줄기가 경기도 의정부시와 포천시의 경계가 되는 축석령 직전에 한북정맥에서 분리된다. 여기서 분리된 수락지맥이 용암산을 만들고 의정부시 비루고개를 통과한 다음, 수락산 - 불암산을 지나, 삼육대학교 동쪽으로 돌아 담터고개와 새우개고개를 거쳐 검암산이 솟는다. 검암산에서 양팔로 감싸 안듯 커다란 울타리가 만들어졌으며, 중앙에는 동구천이 흐를 만큼 큰 보국인 이곳의 남단부에 경릉이 자리 잡고 있다.

경릉이 위치한 곳은 처음 1608년 2월 선조대왕의 목릉이 만들어졌다가 능 여기저기가 무너지고 병풍석도 갈라지는 현상이 계속 생기자, 인조대왕 때인 1630년 11월에 건원릉 동편으로 천릉을 해서 약 200년간 빈터로 있던 곳이었다. 신하들은 효종대왕 영릉 터였던 곳에 원릉이 만들어진 것을 전례로 들며, 능지로 추천을 하면서도 파묘 터에 능을 만드는 것에 대한 결정은 왕실로 넘겼다. [5]

---

5) 『헌종실록』(9년 1843년 10월 18일 정사) 산릉을 간심한 대신과 예조 당상을 소견하다.

경릉 용세(龍勢)

경릉의 주룡은 검암산 주봉에서 남쪽에 있는 망우산 방향으로 약 300m 를 뻗어 가던 용맥이 동쪽으로 산줄기를 분맥을 한다. 이 산줄기가 과협을 하고 약 350m를 가서 봉우리를 만들고, 이 봉우리에서 계속 약 500m를 행도한 주룡은 또다시 해발 약 120m의 봉우리를 일으킨다.

이 봉우리에서 숭릉과 혜릉의 주룡이 나뉘는데, 북동쪽으로 뻗은 용맥하나가 약 250m 내려가는 행도를 하다가 작은 과협처를 거친다. 과협 후 약 70m를 서서히 올라가서 작은 봉우리를 만드는데, 양묘장에서 내려오는 물길을 만나게 되자 방향을 동쪽으로 틀고 횡룡입수를 하며 경릉의 터에 용진혈적을 한다.

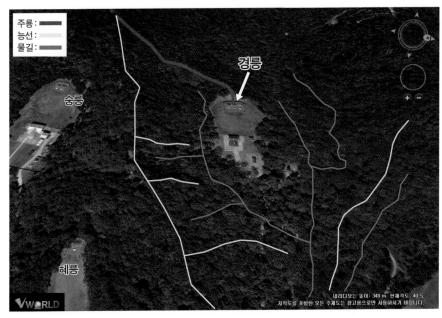

경릉 사격(砂格)

　경릉의 위치에서 사격을 논하면 동구릉 양묘장에서 내려오는 물길 북쪽에 있는 원릉의 주룡이 되는 능선은 청룡이 된다. 또 숭릉과 혜릉의 주룡이 되어 내려간 능선은 백호가 되며, 거기서 내려오는 지각들은 앞바람을 막아 주는 조산(朝山)이 된다.

　경릉의 청룡 쪽에는 능선이 아닌 큰 물길이 있다. "혈은 장풍의 조건이 갖추어진 곳에만 만들어진다."라는 풍수 원칙을 적용해 보았을 때 그 물길로 지나다니는 바람 때문에 횡룡입수를 할 수밖에 없다.

　그러나 혜릉으로 내려가는 백호 능선은 높이나 길이가 부족함이 없으며, 게다가 북쪽으로 뻗은 지각들이 청룡 쪽에 있는 물길을 멀리 밀어내 장풍의 조건이 되도록 해 주고 있다.

경릉 수세(水勢)

　경릉의 백호 쪽 수세는 숭릉과 혜릉의 주룡이 되는 해발 약 120m의 봉우리에서 분맥을 하며 만들어진 다음 흘러 내려와 홍살문 밖으로 돌아 나가는 물길이다.

　경릉의 청룡 쪽 수세는 새우개고개를 지나 만들어진 검암산 주봉의 동쪽 경사면과 주변 여러 골짜기에서부터 생겨난 물길이 양묘장을 지나 동쪽으로 흘러온 물길이다.

　위 사진은 경릉의 백호 쪽 물이 능 입구의 다리 있는 지점을 통과하여 양묘장에서 내려오는 청룡 쪽 물길로 흘러가는 모습이다. 또 경릉 능역 안 수복방과 비각 사이에 있는 물길이 어디에서 발원하여 내려오는지 관심을 가지고 분석해야 할 것이다.

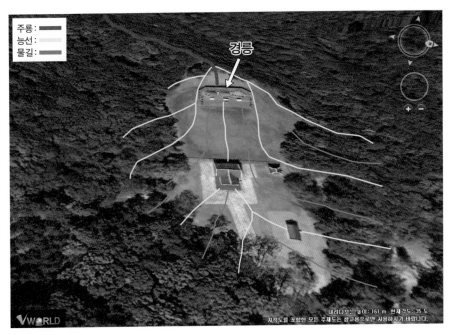

주룡:
능선:
물길:

경릉

내려다보는 높이 : 161 m 현재 각도 : 35 도
지적도를 포함한 모든 주제도는 참고용으로만 사용하시기 바랍니다.

경릉 자연 지형

　현장을 분석한 결과 경릉의 능상에는 모두 세 개의 능선이 있었는데, 가운데 능선에 효현왕후와 헌종대왕의 능이 만들어졌고, 능상 아래로 이어진 자락에는 정자각과 수복방이 자리를 잡고 있다.

　그리고 북쪽 곡장을 따라 능선 하나가 내려왔는데, 그 능선에 효정왕후의 능이 만들어졌다. 이에 대해『고종실록』41년 1월 18일 "경릉 왼쪽 등성이에 능 자리를 정하다."라는 효정왕후의 능지를 정하는 기록을 보면 능상 북쪽 부분에 하나의 능선이 따로 있었음을 알 수 있다. 능 북쪽 경사면과 비각과 수복방 뒤쪽을 보면 이 기록과 부합되는 지각과 물길의 흔적을 찾아 볼 수 있다.

40장

25대 예릉
(철종대왕 철인왕후)

1. 철종대왕 계보도

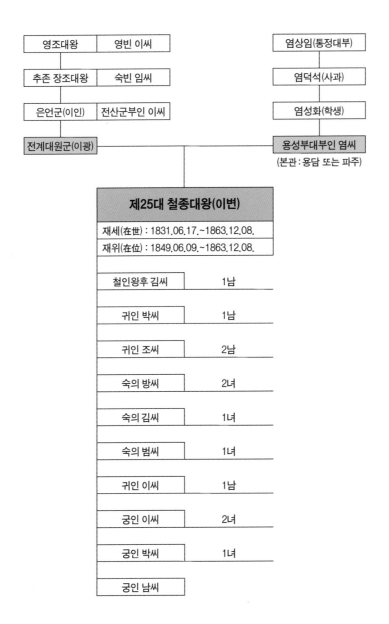

2. 예릉 조성 기록

조선 25대 임금 철종대왕은 사도세자와 양제 임씨(고종 때 숙빈으로 추봉)의 아들인 은언군 이인(李䄄)의 손자로, 방계 혈통임에도 1849년 6월 9일 왕위에 오르게 되었다.

은언군은 아들 상계군이 홍국영 역모 사건에 연루되어 1786년 12월 강화도로 귀양을 가게 되었다.[1] 이렇게 해서 은언군 가족이 강화도에서 유배 생활을 하게 되었다.

은언군의 처 송씨 부인과 며느리(이담의 처) 신씨가 천주교 영세를 받은 죄로 인하여 사약을 받아 죽었고, 약 두 달 뒤에는 은언군에게도 사약이 내려졌다.[2]

이처럼 집안은 풍비박산이 되었고, 은언군의 첩 이씨 부인(후에 전산군부인으로 추봉)과 아들 쾌득(快得, 광(㹰), 추증 전계대원군) 등은 가시울타리로 둘러싸인 집에서 고통스러운 세월을 보내게 되었는데, 순조대왕이 1822년 2월 28일 "가시울타리와 방비를 철거하고 일반 백성처럼 편히 살도록 하며, 종친부에서 혼사를 주관하고 비용도 챙겨 주라."라고 명하여 평범한

---

1) '홍국영 역모 사건'이란 홍국영이 여동생을 정조대왕의 후궁(원빈)으로 만들었으나 소생 없이 갑자기 죽자 은언군의 아들 상계군을 원빈의 양자로 삼게 하여 보위를 잇게 할 계획을 세웠던 것을 말한다. 상계군 이담은 1786년 11월 20일 자살하였는데, 영조대왕비 정순왕후가 은언군도 강력한 처벌을 받기를 원하였으나 정조대왕은 가족 모두를 강화도로 유배시키는 것으로 마무리하였다.

2) 『순조실록』(1년 1801년 3월 16일 임진) 사학에 연루된 은언군 이인의 처와 며느리를 사사하다.
　『순조실록』(1년 1801년 5월 29일 갑진) 은언군을 사사하다.

소재지 : 경기도 고양시 덕양구 서삼릉 내

생활을 할 수 있게 되었다. [3]

　쾌득(전계대원군)은 1830년 유배가 풀려 한양으로 돌아왔고, 용성부대부
인 염씨 사이에서 1831년 6월 17일에 철종대왕을 낳았다. 장남인 회평군
이명이 '민진용의 옥사'에 연루되어 사사되자, 가족들이 교동으로 유배 갔
다가 얼마 후 강화로 옮겨 살게 되었다. [4]

---

3) 『순조실록』(22년 1822년 2월 28일 갑진) 은언군의 자녀들을 잘 보살피도록 하교하다.

4) 『선원보감 I』, 선원보감편찬위원회, 계명사, 1989, p.605.

좌향 : 자좌 오향

　1849년 6월 6일 헌종대왕이 왕위를 물려줄 자식이 없는 상태에서 사망
하자, 순원왕후의 명에 의해 급하게 강화도에서 불려와 19세의 나이에 즉
위하였고, 1851년 9월 25일 철인왕후를 왕비로 맞았다.

　철종대왕이 1863년 12월 8일 갑자기 향년 33세에 사망하자, 고양읍의
안산, 창릉의 청룡, 소령원의 백호 등을 능 후보지로 하여 검토한 끝에 희
릉의 오른쪽 산등성이에 예릉을 만들었다. 그 뒤 1878년 5월 12일 철인왕
후가 향년 42세로 사망하자 예릉 동쪽에 쌍분으로 장례를 치렀다.

3. 예릉 풍수 분석

조선 25대 임금 철종대왕과 철인왕후의 예릉은 남쪽으로는 장경왕후의 희릉이 있고, 서쪽으로는 인종대왕의 효릉이 있는 권역에 있다. 그래서 백두대간에서 분맥한 한북정맥의 사패산 - 도봉산 - 문수봉 - 상장봉 - 노고산 - 옥녀봉으로 이어지는 산줄기가 남쪽으로는 창릉천, 북쪽으로는 공릉천을 거느리며 내려와서 숫돌고개(고양시 삼송동)를 지난 다음 농협대학교 뒤로 이르는 큰 산줄기 체계는 같다.

현재 예릉 터는 1545년 2월 중종대왕의 정릉이 만들어졌으나, 문정왕후가 풍수상 불길하다고 주장하여 1562년 9월 현재의 서울 강남구로 천릉을 하여 빈터로 있었던 곳이다. 그로부터 약 300년이 지난 뒤 여러 후보지 가운데 가장 길지라고 판단하여 철종대왕 예릉이 만들어졌다.

능지를 정하고 광을 파다 보니 정릉(靖陵)의 애책문 및 증옥관과 외재궁(外梓宮)의 판목(版木) 등이 발견되어 애책문과 증옥관은 곡장 밖에 묻었고 외재궁은 불태웠다.[5]

철종대왕은 재위 기간 중에 순조대왕의 능을 세종대왕의 초장지였던 곳으로 천릉을 하기도 하였다. 이처럼 조선 왕릉에는 천릉해 간 터에 다시 후대의 왕릉이 만들어진 곳이 몇 군데 있는데, 시대에 따라 땅을 고르는 기준이 바뀌고, 상지관의 안목이 달라졌기 때문일 것이다.

---

5) 『승정원일기』(고종 1년 1864년 2월 10일 신사)

예릉 용세(龍勢)

한북정맥 북한산에서 북서쪽으로 뻗은 산줄기가 수없이 많은 분맥을 하면서 먼 거리를 행도하여 농협대학교 북쪽에 봉우리를 만든 다음 여러 개로 갈라진다. 이 중 북동쪽으로 뻗어 올라간 용맥이 약 400m를 가서 뉴코리아 CC 클럽하우스 부근에서 다시 가지가 나눠진다. 여기서 능역이 있는 곳으로 행도하는 주룡은 서쪽으로 약 300m를 간 희릉 능선을 분지하고 약 250m를 올라간 용맥은 다시 남서쪽으로 분맥하여 효릉과 예릉이 있는 곳으로 내려간다.

중간에 두세 개의 작은 봉우리를 만드는 기복을 하며 내려와 서쪽으로 효릉 용맥을 보내고, 남쪽으로 능선들을 내려보내 능역을 만든다.

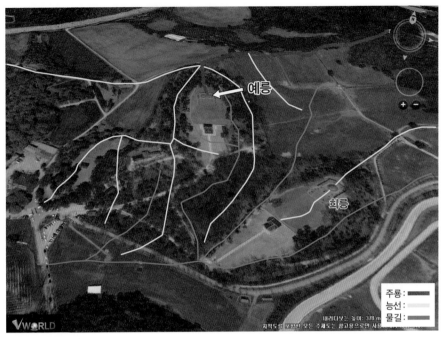

예릉 사격(砂格)

　예릉의 사격은 효릉과 나눠진 산줄기가 곧바로 청룡과 백호 능선을 만들어 아담한 보국을 만든다. 대부분의 조선 왕릉이 웅장한 사격들이 큰 보국을 만드는 것과 다르게 청룡과 백호가 낮고 가까운 것이 특징이다.

　백호는 힘차게 뻗어 나가면서 먼저 홍살문 근처로 지각을 만들어 내수구를 관쇄시키는 역할을 하고 있고, 더 나가서도 또 다른 지각들을 만들어 외수구를 막고 있다.

　청룡은 약간 밋밋하게 보이지만 앞으로 길게 나가 감싸 주면서 동쪽 골짜기 바람이 능역으로 오지 못하도록 하고 있는데, 끝으로 내려가면서 높이가 크게 낮아지는 문제점은 희릉이 있는 능선이 보완해 주고 있다.

예릉 수세(水勢)

　예릉 주변의 물길은 청룡 쪽 물길은 뚜렷하게 보이지 않으나, 상대적으로 백호 쪽 물길은 눈에 잘 띄고 있다. 그래서 홍살문 남쪽으로 내려오는 백호 쪽 물길에 금천교가 놓여 있다.

　금천교를 지난 물길은 멀지 않은 거리에서 청룡 쪽에서 내려오는 물과 합쳐진다. 그리고 희릉의 홍살문이 있는 방향으로 흘러 내려가서 예릉의 청룡 너머에 있는 목초지에서 내려온 물, 희릉 남쪽의 물과 합수된다.

　이후 능역 담장을 지나면서 관리사무소와 효창원 부근에서 내려오는 물길을 모아 외수구로 빠져나가는데, 희릉의 홍살문부터는 지하 배수관로를 매설해 놓았기 때문에 지상에서는 물길이 보이지 않는다.

주룡 :
능선 :
물길 :

예릉

예릉 자연 지형

　예릉 터는 중종대왕과 철종대왕 장사 때 등 두 번에 걸친 능역 공사로 지형이 많이 변했지만 현재도 작고 아름다운 보국을 볼 수 있다.

　능 뒤에서 분맥하여 가운데로 내려온 주룡은 남쪽으로 곧게 나오면서 용진혈적을 하고 가지를 나눈다. 여기서 앞으로 곧게 뻗은 지각은 정자각 있는 지점을 지나고 끝을 청룡 쪽으로 돌려 물길을 최대한 밀어내고 있다. 정자각 뒤에서 나뉜 다른 지각에는 비각이 세워졌다.

　예릉에서 가장 큰 역할을 하는 것은 백호 쪽에서 정자각 앞으로 내려온 지각인데, 주룡에서 내려온 지각처럼 청룡 쪽으로 길게 내려가서 수구를 확실히 관쇄시키는 역할을 하고 있다.

41장

26대 홍릉(洪陵)
(고종황제 명성황후)

1. 고종황제 계보도

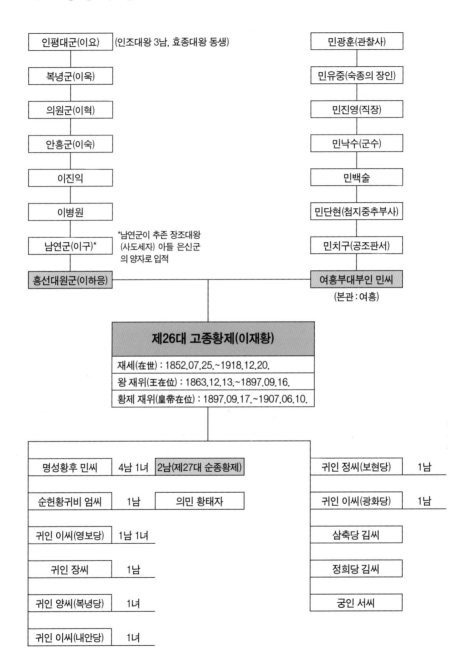

인평대군(이요) (인조대왕 3남, 효종대왕 동생)

복녕군(이욱)

의원군(이혁)

안흥군(이숙)

이진익

이병원

남연군(이구)*   *남연군이 추존 장조대왕
(사도세자) 아들 은신군
의 양자로 입적

흥선대원군(이하응)

민광훈(관찰사)

민유중(숙종의 장인)

민진영(직장)

민낙수(군수)

민백술

민단현(첨지중추부사)

민치구(공조판서)

여흥부대부인 민씨
(본관 : 여흥)

제26대 고종황제(이재황)
재세(在世) : 1852.07.25.~1918.12.20.
왕 재위(王在位) : 1863.12.13.~1897.09.16.
황제 재위(皇帝在位) : 1897.09.17.~1907.06.10.

명성황후 민씨	4남 1녀	2남(제27대 순종황제)
순헌황귀비 엄씨	1남	의민 황태자
귀인 이씨(영보당)	1남 1녀	
귀인 장씨	1남	
귀인 양씨(복녕당)	1녀	
귀인 이씨(내안당)	1녀	

귀인 정씨(보현당)	1남
귀인 이씨(광화당)	1남
삼축당 김씨	
정희당 김씨	
궁인 서씨	

2. 홍릉 조성 기록

　조선 26대 임금 고종황제는 1852년 7월 25일 흥선대원군과 여흥부대부인 민씨 사이에서 태어났다. 철종대왕이 1863년 12월 8일 후사 없이 세상을 떠나자 당시 대비였던 신정왕후의 양자로 입적되어 12월 13일 12세의 나이로 왕위에 올랐다. 여성부원군 민치록의 1851년 9월 25일생 16세 딸과 1866년 3월 20일 혼례를 올렸다.

　그 무렵 고종황제가 총애한 궁인 이씨가 1868년 윤4월 10일 아들을 낳았고, 대원군이 기뻐하는 것에 대해 명성황후는 질투와 불만이 생겨 구세력인 안동 김씨와 풍양 조씨를 포섭하여 자신의 세력 기반을 만들었다. 1871년 11월 4일 자신이 왕자를 낳았으나 대변을 보지 못하여 사망하자 원인이 대원군이 준 산삼 때문이라고 생각하여 더욱 적개심이 커졌다.[1]

　이런 대원군과 명성황후의 갈등은 점점 심해졌고, 1882년 6월 9일 구식 군인들이 급여에 불만을 품고 궁궐로 난입하는 임오군란이 발생하였다. 명성황후는 피신을 하였지만 대원군은 중전이 사망한 것으로 선포하고 시신 없이 옷으로만 장례를 치르도록 하였다. 그러나 청나라 군대가 개입하여 대원군이 천진으로 납치되며 군란이 마무리되었다.

　1895년 8월 20일 일본 공사 미우라가 이끄는 일본 군인들과 낭인들이 경복궁에 난입하여 명성황후를 살해하였는데, 향년 45세였다.

---

1) 『선원보감 I』, 선원보감편찬위원회, 계명사, 1989, pp.97~98.

소재지 : 경기도 남양주시 홍유릉로 352-1

  고종황제는 능지를 숭릉 오른쪽 산등성이로 정하고 1896년 2월 26일 하
관 일정으로 장례 절차를 진행했다. 하지만 1895년 12월 27일부터 러시아
공사관으로 피신하는 아관파천으로 장례를 마무리하지 못했다.

  1896년 12월에 다시 여러 곳의 능지를 찾은 결과 청량리로 정하여,[2] 명
성황후 사후 27개월 만인 1897년 10월 28일 장례를 마쳤다.

  그러나 홍릉의 병풍석이 떨어져 나가는 등 문제가 제기되자 1900년 6월

---

2) 『승정원일기』(고종 33년 1896년 12월 1일 신유) 산릉을 청량리로 정하라는 조령

좌향 : 을좌 신향

홍릉을 천릉하기로 하고, 금곡 을좌 터로 정했다가 1901년의 연운이 맞지 않는다고 중지하였다. 다시 군장리 임좌 터에 공사를 하다가 바위가 나와 중지하였고, 해가 바뀐 1902년에 금곡 을좌 터로 옮기려 하였으나 못 하였고, 1904년 9월 4일 황태자비가 사망하자 천릉을 포기하였다.

고종황제가 1907년 6월 10일 순종황제에게 선위를 하였고, 순종황제는 1916년 1월 16일 홍릉을 금곡 을좌 터로 옮겼다. 1918년 12월 20일 고종황제가 사망하여 1919년 2월 4일 장례를 치러 오늘에 이르고 있다.

3. 홍릉 풍수 분석

조선 26대 임금 고종황제와 명성황후의 홍릉이 있는 산줄기를 전개하면, 백두대간 분수령에서 분맥한 한북정맥이 백빙산 - 백운산 - 운악산으로 이어지고 포천시 내촌면 서파교차로 북단의 아치산 부근까지 간다.

여기서 본 줄기인 한북정맥은 남서쪽으로 계속 행도하고, 남쪽으로 천마지맥이 분리되어 개주산 - 철마산 - 천마산 - 예봉산을 거쳐 남양주시 조안면까지 가서 한강을 만나며 끝나게 된다. 천마지맥의 마치터널이 있는 과협을 지나 만들어진 백봉산에서 분리되어 서쪽으로 뻗어가 우뚝 선 수리봉 산줄기에 홍릉이 위치하고 있다.

백봉산을 중심으로 네 개의 하천이 흐르고 있는데, 동남쪽에 있는 월문리고개를 경계로 동쪽으로 흐르는 녹촌천과 남서쪽으로 흐르는 월문천이 있으며, 서쪽에 있는 돌팍고개를 경계로 북서쪽으로는 사릉천, 남서쪽으로는 홍릉천이 흐르고 있다.

『고종실록』에는 청량리에 있던 홍릉을 옮기려고 찾은 묘적산 금곡 터를 "축간방에서 뻗어 온 용맥이 손사방으로 떨어져 나와 묘을방 진손방에서 위이하다가 묘방 입수한 을좌 터"라고 기록하고 있다. 고종황제와 명성황후의 현재 홍릉은 을좌 신향으로 기록상 좌향과 일치하지만, 기록의 산줄기 흐름과 현재 지형은 일치하지 않는다.

현재 좌향이 기록과는 같지만 부근의 서로 다른 을좌 터가 아닐까 하는 의문이 생긴다. 과연 일제가 좋은 터를 선택하도록 방관했을까?

홍릉 용세(龍勢)

　해발 약 587m의 백봉산을 남쪽에 있는 묘적사의 이름을 따서 조선 시대에는 묘적산이라 불렀다. 이 산에서 남서쪽으로 약 3km 떨어진 지점에 해발 약 355m의 수리봉이 있다.

　수리봉에서 서쪽으로 약 100m를 뻗어 간 곳에 해발 약 350m의 봉우리가 만들어지는데, 여기부터 사방으로 여러 개의 능선들이 분지된다.

　이 봉우리에서 뚝 떨어지듯이 서쪽으로 홍릉의 주룡이 출발하는데, 약 500m를 내려가서 해발 약 235m의 봉우리를 만든다. 여기서 처음 약 500m는 가파르게, 나중 약 300m는 완만하게 내려와 남서쪽으로 가는 용맥에서 서쪽으로 만들어진 지각에 홍릉이 있다.

홍릉 사격(砂格)

　홍릉의 백호는 곡장 뒤 약 70m 지점에서 만들어졌고, 청룡은 유릉으로 가는 능선인데, 적당한 높이의 청룡과 백호가 앞으로 길게 있어 보국이 잘 만들어진 것처럼 보인다.

　그러나 청룡 능선은 전체적으로 밖으로 벌어지는 형태이며, 능역 정문 부근 홍릉의 청룡이면서 유릉의 백호처럼 보이는 능선의 끝 모양도 안으로 굽지 않은 것을 볼 수 있다. 또 홍릉의 백호는 중간에 짧은 지각이 연지 있는 쪽으로 내려오는 듯하지만 끝부분이 곧장 뻗은 것을 볼 수 있고, 높이도 충분하지 않다.

　따라서 자연 상태에서는 수구가 벌어진 지형이었는데 현재는 능역 서쪽의 높은 담장으로 인해 보국이 갖춰진 것으로 착각할 수 있는 곳이다.

홍릉 수세(水勢)

　홍릉의 청룡 쪽 물길은 능 남쪽에 있는 우물 부근부터 시작된 물이 수복
방 뒤를 지난 다음 북쪽으로 방향을 바꿔 흘러간다.

　백호 쪽 물은 능과 북쪽에 있는 능선 사이에서 생긴 물길이 수라간과 재
실 주변에서 내려오는 물을 모아 서쪽으로 흐르다가 남쪽으로 방향을 돌
려 내려간다.

　북쪽으로 간 청룡 쪽 물과 남쪽으로 흐르던 백호 쪽 물이 중간쯤에서 만
나 암거수로를 통해 연지로 들어간다. 연지에 모인 물은 능역 정문 북쪽
의 자연 물길에 있는 배수로를 통과하여 돌곽고개에서부터 내려오는 홍릉
천을 만나 일패천, 율석천과 차례로 합쳐진 다음 수석리 토성 동쪽을 통해
한강으로 흘러간다.

홍릉 자연 지형

　홍릉의 내룡은 활발히 변화하며 생룡으로 내려온다. 그러나 사격이나 수세를 보면 장풍이 되지 않기 때문에 용진혈적 할 수 없는 지형이다.

　수리봉에서 내려온 주룡이 유릉 쪽으로 방향을 돌리는 지점에서 지각을 내려보냈고, 약 40m 거리에 또 다른 지각을 만들었는데 두 지각 사이에 홍릉의 봉분이 앉혀진 것이다.

　백호 능선과 첫 번째 지각 사이의 물길은 참도 중간 부분을 가로질러 청룡 물길로 가고, 능상의 물길은 일자각을 지나 청룡 물길로 흘러간다. 백호 능선이 북서쪽으로 가다가 재실 전에 두 지각을 연달아 만들었는데, 그 두 번째 지각에 재실이 자리를 잡고 있다.

42장

---◈---

27대 유릉
(순종황제 추존 순명효황후 순정효황후)

1. 순종황제 계보도

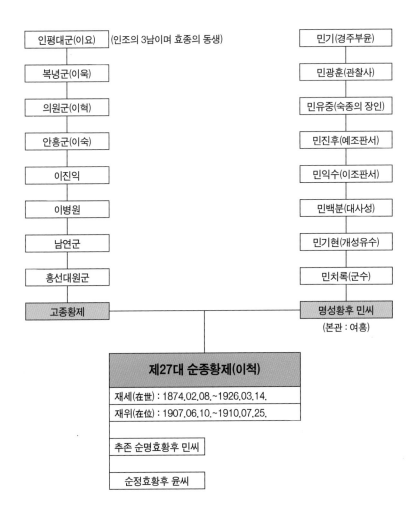

인평대군(이요) (인조의 3남이며 효종의 동생)

복녕군(이욱)

의원군(이혁)

안흥군(이숙)

이진익

이병원

남연군

흥선대원군

고종황제

민기(경주부윤)

민광훈(관찰사)

민유중(숙종의 장인)

민진후(예조판서)

민익수(이조판서)

민백분(대사성)

민기현(개성유수)

민치록(군수)

명성황후 민씨

(본관 : 여흥)

제27대 순종황제(이척)

재세(在世) : 1874.02.08.~1926.03.14.

재위(在位) : 1907.06.10.~1910.07.25.

추존 순명효황후 민씨

순정효황후 윤씨

2. 유릉 조성 기록

조선 27대 순종황제는 고종황제와 명성황후 소생으로 1874년 2월 8일 태어났다. 1875년 2월 18일 왕세자로 책봉되었으며, 여은부원군 민태호의 1872년 10월 20일생 딸과 1882년 2월 19일에 혼례를 올렸다.

혼례를 올린 다음 달인 3월에 세자빈의 생모 송씨가 사망하였고, 6월에는 임오군란으로 인하여 청나라 군대가 들어오게 된다. 1884년 10월 17일 갑신정변으로 세자빈 아버지 민태호가 사망하였고, 청의 내정 간섭이 심해진 상황에서 1894년 1월 10일 시작된 동학 농민 운동 여파로 청나라와 일본의 충돌이 촉발되었다.

이후 1894년 6월 21일 일본군이 경복궁에 난입하였으며, 곧이어 1895년 8월 20일에는 명성황후를 살해하고 시신을 불태우는 만행(을미사변)을 저질렀다. 이에 전국에서 의병이 일어나는 등 국내외적으로 혼돈 상태였으며 사적으로도 불행한 일이 계속 일어났다.

생명의 위협을 느낀 임금과 왕세자는 명성황후의 장례 기간 중임에도 1895년 12월 27일 러시아 공사관으로 피신을 하였다.

1896년 12월 30일에 경운궁으로 돌아와 1897년 9월 17일 고종대왕은 황제로 즉위하고 왕세자는 황태자가 되었으나 상황은 점점 더 나빠지고 있었다.

그런데 1904년 9월 10일경 체기(滯祟)가 있던 황태자비가 9월 28일 향년 33세로 갑자기 사망하였다. 태자비의 원소로는 옛 수릉(綏陵) 터와 용마산

소재지 : 경기도 남양주시 홍유릉로 352-1

내동 묘좌의 돌(突)한 곳에 와형(窩形)의 자리를 먼저 보았고,[1] 다시 숭릉 오른쪽 산등성이, 청량리 홍릉 왼쪽 산등성이 등을 찾아 보았는데, 최종적으로 용마산 아래로 정하여 1904년 11월 29일 유강원에 장례를 치렀다.

2년 뒤 1906년 12월 11일 해풍부원군 윤택영의 1894년 8월 20일생 딸을 황태자 계빈으로 맞아들이는 혼례를 치렀다. 그 뒤 '헤이그 특사 사건'과

---

1) 『승정원일기』(고종 41년 1904년 10월 12일 병진) 박인근이 아뢰기를 용은 불암산에서 뻗어 왔으며, (중략) 묘좌의 혈성은 돌혈 위에 와혈을 열었고, (후략)

좌향 : 묘좌 유향

관련한 일제의 강압에 의해 1907년 6월 10일 고종황제가 선위를 하고 순종황제가 즉위하여 황태자비는 6월 14일 황후가 되었으며, 사망한 순명효황후는 이날 추봉되고 능호도 유릉이 되었다.

1926년 3월 14일 순종황제가 향년 53세로 세상을 떠났다. 능지는 홍릉 국내 왼쪽 언덕에 정하였고, 먼저 순명효황후의 유릉을 4월 25일 천릉을 하고 6일 뒤인 5월 2일 합장으로 장례를 치렀다. 순정효황후는 1966년 1월 13일 향년 73세로 사망하여 유릉에 합장되었다.

3. 유릉 풍수 분석

조선 27대 임금 순종황제와 순명효황후, 순정효황후의 유릉이 있는 산줄기는 홍릉의 산줄기와 거의 같고, 마지막 약 300m 정도만 차이가 난다.

산줄기를 전개하면, 백두대간 분수령에서 분맥한 한북정맥이 백빙산 - 대성산 - 백운산 - 국망봉 - 운악산으로 이어지고 포천시 내촌면 서파 교차로 북단의 아치산 부근에서 용맥이 크게 분리되는데, 본 줄기인 한북정맥은 남서쪽으로 계속 행도한다.

여기서 남쪽으로 나뉜 천마지맥이 개주산 - 철마산 - 천마산 - 예봉산을 지나 한강변의 남양주시 조안면까지 간다. 행도 중간에 남양주시 평내와 마석 경계에 있는 마치터널 과협을 지나 만들어진 백봉산에서 분리되어 서쪽으로 뻗어 간 수리봉 산줄기에 홍릉이 위치하고 있다.

백봉산을 중심으로 동남쪽에 월문리고개를 경계로 동쪽으로 흐르는 녹촌천과 남서쪽으로 흐르는 월문천이 있다. 그리고 서쪽에 돌팍고개를 경계로 북서쪽으로는 사릉천, 남서쪽으로는 홍릉천이 흐르고 있다.

현재의 유릉 터를 정하는 데 결정적 역할을 한 사람은 일제로부터 후작의 작위를 받은 순정효황후의 아버지 해풍부원군 윤택영과 남작 작위를 받은 민영기이다. 윤택영은 한일합병 뒤 많은 채무를 지게 되어 북경으로 도망갔다가 순종황제가 사망하자 귀국하여 총호원이 되었고, 민영기는 본직장관 자격으로 능지를 정하는 데 주도적 역할을 하였다. 대표적인 친일파들이 과연 나라와 황실을 위하는 마음으로 임무를 수행했을까?

유릉 용세(龍勢)

해발 약 587m의 백봉산 남서쪽 약 3km 지점에 해발 약 355m의 수리봉이 있고, 수리봉에서 서쪽으로 약 100m를 뻗어 간 곳에 해발 약 350m의 봉우리를 다시 세우는데, 여기서부터는 사방으로 여러 능선들이 생긴다.

여러 능선 중에서 한 줄기가 가파르게 서쪽으로 출발하는데, 약 500m를 내려가서 해발 약 235m의 봉우리를 만든다. 여기서 처음 약 500m는 급경사로, 나중 약 300m는 완경사로 내려간 다음 홍릉 뒤에서 방향을 남서쪽으로 틀고 작은 과협을 거치며 약 300m를 간 곳에 유릉이 있다.

유릉이 있는 곳은 용맥의 행도가 끝나는 용진처가 아니라 서쪽으로 약 400m를 더 내려가 산줄기가 끝나는 과룡처인 것이다.

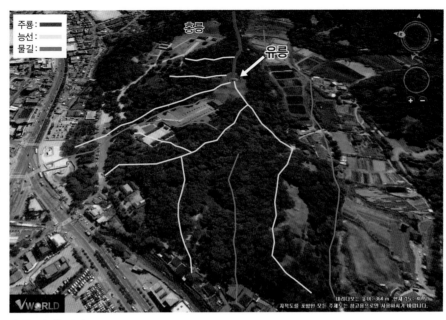

유릉 사격(砂格)

　유릉은 용맥이 계속 진행되는 등성이에 자리 잡고 있기 때문에 가까운 주변에는 청룡이나 백호라 할 만한 사격이 없는 곳이다.

　홍릉 뒤에서 산줄기가 나뉘어 내려오는 중에는 작은 지각 몇 개를 만들면서 점차 위로 올라오는 지형인데, 능이 위치한 곳을 감싸 주는 형태나 크기가 못 된다. 또 백호 쪽으로 길게 내려간 지각은 능 뒤에서 생겨나서 우측으로 돌면서 감싸 주는 형태가 아니라 능 앞쪽에서 생겨난 것이기 때문에 바람막이 역할을 하지 못하는 형태이다.

　특히 능의 뒤와 앞을 보면 약간 볼록한 봉우리와 봉분 옆 남쪽(청룡 쪽) 면에 송사와 영사가 뚜렷이 남아 있고, 북쪽 면의 물길 모양 등을 종합해 보면 과룡처이면서 잘록했던 과협처였다는 것을 알 수 있다.

유릉 수세(水勢)

유릉의 청룡 쪽은 능역 밖이고, 능 옆에 작은 송사와 영사가 있을 뿐이어서 봉분이 아닌 일자각을 기준으로 수세를 설명함을 밝혀 둔다.

유릉 일자각의 백호 쪽은 가느다란 지각 하나가 내려오는데, 그 옆을 따라 흐르던 자연 물길과 거의 일치되는 배수로가 만들어져 있다. 유릉 일자각 청룡 쪽은 유릉 봉분에서 재실 뒤까지 계속 내려가는 산줄기의 지각에서 만들어진 물길이 참도 쪽으로 모이는 지형이다. 그러므로 비각과 수복방 뒤에 있는 물길은 모두 인공 물길이다.

참도 부근으로 모인 물은 홍살문 옆을 지나 수복방과 재실 담장 사이에 있는 지각이 북쪽으로 길게 내려오면서 그에 밀려 재실 바깥마당을 지나 백호 쪽 물과 합쳐진 다음 정문 남쪽에 있는 출수구로 흘러간다.

유릉 자연 지형

홍릉에서 유릉으로 이어지는 산줄기는 대체로 복잡하지 않은데, 유릉의 봉분 뒤쪽과 앞쪽에서는 여러 갈래의 지각이 만들어지는 것을 볼 수 있다.

특히 유릉 능 앞 장명등이 있는 지점에서 능선이 세 갈래로 갈라졌다. 가장 북쪽의 지각이 현재 시각적으로 보이는 백호 능선이며, 그다음 지각은 백호와 일자각 사이로 내려와 우물이 있는 곳까지 내려왔었다.

그리고 봉분에서 앞으로 계속 뻗은 능선에서 만들어진 작은 지각에 일자각이 건축되었으며, 수복방과 재실 사이로는 제법 덩치가 큰 지각이 길게 내려와서 비각과 수복방 주변의 청룡 쪽 물이 재실 쪽으로 접근하지 못하도록 막아 주는 지형이었다.

참고 문헌

〈사료〉

『조선왕조실록』

- 태조실록 / 태종실록 / 세종실록 / 문종실록 / 단종실록 / 세조실록 / 예종실록

- 성종실록 / 연산군일기 / 중종실록 / 인종실록 / 명종실록 / 선조실록 / 선조수정실록

- 광해군일기 / 인조실록 / 효종실록 / 현종실록 / 현종개수실록 / 숙종실록 / 경종실록

- 영조실록 / 정조실록 / 순조실록 / 헌종실록 / 철종실록 / 고종실록 / 순종실록

『승정원일기』

『홍재전서』

『일성록』

『[영조]원릉산릉도감의궤』

『[정조]건릉산릉도감의궤』

『현륭원원소도감의궤』

「대동여지도」

『역주 헌릉지』, 장서각 編, 김덕수 譯, 한국학중앙연구원, 2010.

『역주 광릉지』, 장서각 編, 김동석·이태희 譯註, 한국학중앙연구원출판부, 2012.

『역주 창릉지』, 장서각 編, 유지복 譯註, 한국학중앙연구원출판부, 2013.

『역주 선정릉지』, 장서각 編, 유지복 譯註, 한국학중앙연구원출판부, 2014.

『역주 태릉지』, 국립문화재연구소, 2012.

『역주 강릉지 목릉지』, 장서각 編, 유지복 譯註, 한국학중앙연구원출판부, 2015.

『역주 장릉지』, 국립문화재연구소, 2014.

『역주 원릉지』, 장서각 編, 김근호 譯註, 한국학중앙연구원출판부, 2016.

『역주 건릉지 권1·권2』, 장서각 編, 김근호 譯註, 한국학중앙연구원출판부, 2019.

『역주 건릉지 권3·권4』, 장서각 編, 김근호 譯註, 한국학중앙연구원출판부, 2021.

『선원보감 Ⅰ, Ⅱ, Ⅲ』, 선원보감편찬위원회, 계명사, 1989.

『국역 연려실기술 Ⅰ, Ⅱ, Ⅲ, Ⅳ, Ⅴ, Ⅵ, Ⅶ, Ⅷ, Ⅸ, Ⅹ, Ⅺ, Ⅻ』, 이긍익 著, 민족문화추진회, 1966.

〈보고서〉

『한국민속종합조사보고서 20: 묘지풍수 편』, 문화공보부 문화재관리국, 1989.

『조선왕릉 종합학술조사보고서 Ⅰ, Ⅱ, Ⅲ』, 국립문화재연구소, 2004.

『의릉 복원정비지역 발굴조사 보고서』, 문화재청 궁원문화재과, 2004.

〈논문〉

- 안경호, 「세종대왕 초장지에 대한 재론」, 한국학중앙연구원, 『정신문화연구』, 2008 여름호 제31권 제2호,
  pp.151~171.

- 김상협, 「조선왕릉 회격현궁 축조방법 연구」, 한국건축역사학회, 『건축역사연구』, 제21권 4호 통권 83호 2012
  년 8월, p.44.

〈웹 사이트〉

- 문화재청 궁능유적본부 https://royal.cha.go.kr

- 국사편찬위원회 https://www.history.go.kr

- 조선왕조실록 https://sillok.history.go.kr

- 한국고전번역원 DB https://db.itkc.or.kr

- 한국학중앙연구원 https://www.aks.ac.kr

- 규장각한국학연구원 https://kyu.snu.ac.kr

- 한국민족문화대백과사전 encykorea.aks.ac.kr

- 브이월드 https://map.vworld.kr

- 국토지리정보원 https://www.ngii.go.kr

- 구글 어스 earth.google.com

- 카카오맵 map.kakao.com

- 하늘지도 skymaps.co.kr

- 위키백과 ko.wikipedia.org

- 나무위키 namu.wiki

- e산경표 who.co.kr

부록

---◇◇◇---

- 왕릉 보충 사진
- 왕실 인물 무덤 사진
- 현장 스케치

▶ 현릉 - 문종대왕릉　　　　　▶ 경기도 구리시 동구릉 내

▶ 현릉 - 추존 현덕왕후릉　　　　　▶ 문종대왕릉 동쪽 약 115m

▶ 광릉-세조대왕릉　　　　　　　　　　　▶ 경기도 남양주시 광릉 내

▶ 광릉-정희왕후릉　　　　　　　　　　　▶ 세조대왕릉 동남쪽 약 190m

▶ 경릉 - 추존 덕종대왕릉   ▶ 경기도 고양시 서오릉 내

▶ 경릉 - 추존 소혜왕후릉   ▶ 덕종대왕릉 서쪽 약 158m

▶ 창릉-예종대왕릉   ▶ 경기도 고양시 서오릉 내

▶ 창릉-안순왕후릉   ▶ 예종대왕릉 동남쪽 약 83m

▶선릉-성종대왕릉　　　　　▶서울특별시 강남구 선릉·정릉 내

▶선릉-정현왕후릉　　　　　▶성종대왕릉 북동쪽 약 115m

▶목릉-의인왕후릉 ▶선조대왕릉 북동쪽 약 84m

▶목릉-인목왕후릉 ▶선조대왕릉 동남쪽 약 207m

▶ 명릉-숙종대왕릉 / 인현왕후릉 ▶ 경기도 고양시 서오릉 내

▶ 명릉-인원왕후릉 ▶ 숙종대왕릉 북동쪽 약 80m

▶소릉 터-추존 현덕왕후 초장지　　　▶경기도 안산시 단원구 목내동 산47-5

소릉 터는 세조대왕 때 개장(改葬)되었고, 반월산업단지 조성 과정에서 완전히 흔적이 사라져서 석양과 석주 등 발굴된 몇 점의 석물만 볼 수 있다.

▶소릉 터 발굴 석물　　　▶경기도 안산시 상록구 석호로 144(안산문화원)

▶장릉 터-인조대왕 초장지　　▶경기도 파주시 문산읍 운천리 54-2

이 터는 인조대왕 장릉의 초장지였으나 영조대왕 때 현재의 교하로 천릉하였고, 1908
년 마포에 있던 흥선대원군묘가 옮겨 왔다가 1966년 남양주시로 이장하자 1968년 의
인군묘가 옮겨 와 있다.

▶장릉 터-인조대왕 초장지　　▶묘좌 유향 / 前 흥선대원군묘 터

▶ 건릉 터-정조대왕 초장지(발굴 전)   ▶ 경기도 화성시 융릉 건릉 내

이 터는 정조대왕 건릉의 초장지였으나, 봉분의 사초가 무너지는 문제가 발생하자 효의왕후 장례 때 지금의 터로 옮겼다. "흙을 쌓아 묘역이 높았다."라는 기록이 있는데, 천릉 후 평탄 작업으로 이처럼 된 것이다.

▶ 건릉 터-정조대왕 초장지   ▶ 해좌 사향/발굴 전 모습

▶ 홍릉 터-명성황후 초장지 　　　▶ 서울특별시 동대문구 회기로 57 홍릉수목원 내

홍릉터의 유래

이곳 홍릉(洪陵)은 조선조 말기 제26대 고종황제(이재황: 1852~1919, 재위 44년)의 왕비 명성황후(明成皇后: 본관 여흥, 여성부원군 민치록의 딸)께서 묻혔던 곳이다.

명성황후 민씨는 1851년 여주에서 태어나 16세 때 왕비에 간택된 후 시아버지인 흥선대원군 반대파를 규합하여 민씨 정권을 세우고 기국 정책을 주도하는 등 왕실정치에 간여하였다.

그 후 계속하여 대원군의 친청·친일정책 등에 반대하고 정치의 실권을 잡기 위하여 정쟁을 벌이다 1882년 임오군란으로 신변이 위태롭게 되자 충주·장호원 등으로 피신 중 청나라의 도움으로 대원군을 밀어내고 민씨 정권을 재수립하였다.

그러나 1884년 갑신정변으로 민씨 일파가 실각되자 명성황후는 청나라를 개입시켜 개화당 정권을 무너뜨렸으나 친일내각이 득세하고 1894년 대원군의 재등장으로 갑오경장이 시작되자 러시아와 결탁하여 일본세력의 추방을 기도하다가 1895년 8월 20일(음) 새벽, 일본공사 미우라고로(三浦梧樓, 삼포오루)가 보낸 자객에 의하여 경복궁 곤령각에서 난자 시해당한 후 시체가 궁궐 밖 뒷산으로 운반되어 거적에 말려 석유가 부어져 소각되었다 한다.

그리하여 명성황후는 일제의 사주로 폐위되어 서인(庶人)으로 되었다가 복호(復號)되었고 1897년 명성(明成)이라는 시호가 내려지고 그 해 11월 국장을 치른 후 이곳에 묻혀 22년간 홍릉이라 불리어 관리되어 오다가 1919년 1월 21일 고종께서 승하하시자 2월 16일 경기도 남양주시 금곡동(현 홍유릉)으로 천장(遷葬), 고종과 합장(合葬)하게 되니 지금은 그 터만 남아 있어 현재까지도 이곳을 홍릉이라고 부르고 있다.

▶ 홍릉 터-명성황후 초장지 　　　▶ 간좌 곤향

▶유릉 터-추존 순명효황후 초장지 ▶서울특별시 광진구 능동로 216 어린이 대공원 내

이 터는 순명효황후 유릉의 초장지로 소개되고 있으나, 사진에서 볼 수 있듯이 앞쪽이 산으로 답답하게 가로막혀 있다. 이곳은 능터가 아닌 석물을 묻은 곳이고 실제 능지는 '꿈마루'나 '교양관' 건물 주변일 것이다.

▶유릉 터-순명효황후 초장지 ▶묘좌 유향 / 정확한 위치 확인 불가

▶순창원 - 순회세자묘 / 공회빈묘　　　▶경기도 고양시 서오릉 내

순회세자는 명종대왕의 아들로 7세에 세자로 책봉되었으나, 1563년 13세에 사망하였다. 공회빈은 1561년 세자빈으로 책봉되었으나, 1592년 사망 직후 발발한 임진왜란 과정에 시신이 분실되어 현재 광중이 빈 상태이다.

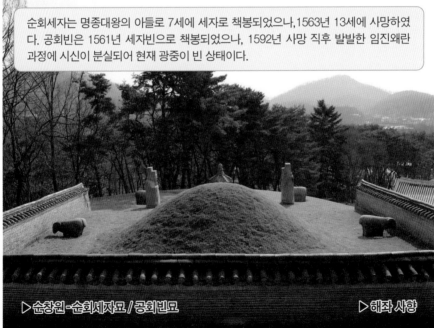

▶순창원 - 순회세자묘 / 공회빈묘　　　▶해좌 사향

소현세자는 인조대왕의 장남으로 1621년 세자로 책봉되었으나 병자호란 뒤 청나라에 인질로 잡혀갔다가 1645년 2월에 돌아온 지 약 70일 뒤 사망했다. 사진을 보면 묘가 물길에 만들어졌음을 확인할 수 있다.

▶소경원 - 소현세자묘　　　▶경기도 고양시 서삼릉 내

▶소경원 - 소현세자묘　　　▶진좌 술향

▶ 효창원 - 문효세자묘 / 의소세손(사도세자 장남)묘   ▶ 경기도 고양시 서삼릉 내

문효세자는 정조대왕과 의빈 성씨의 아들로 1782년 태어나 1784년 세자로 책봉되었으나, 1786년 사망하여 고양시 율동 용산 효창원에 묻혔는데, 1944년 서삼릉으로 옮겨졌다. 현재 효창원 터(壬坐)에는 사의사(四義士, 3의사 묘+안중근 의사 가묘) 묘가 있다.

▶ 효창원 터 - 문효세자 초장지(이봉창, 윤봉길,   ▶ 임좌 병향(일성록)
　　백정기 의사 묘, 안중근 의사 가묘)

폐비 윤씨는 성종대왕의 왕비로 연산군을 낳고 폐출 후 사사되었고, 묘는 장단군에 만들었으나, 1497년 연산군이 경희의료원 터로 이장하였다. 약 470년이 흐른 1969년 지금의 자리로 다시 옮겨졌다.

▶ 회묘-폐비 윤씨 묘(연산군 생모)　　　▶ 경기도 고양시 서오릉 내

▶ 회묘-폐비 윤씨 묘(연산군 생모)　　　▶ 묘좌 유향(현재)

▶성묘-공빈 김씨 묘(광해군 생모)　　　▶경기도 남양주시 진건읍 송능리 312-8

공빈 김씨는 선조대왕의 후궁으로 임해군과 광해군을 낳았는데, 1577년 향년 25세에 사망하여 지금의 자리에 묻혔다. 광해군이 왕후로 추존하고 성묘를 성릉으로 하였으나 인조대왕이 성묘로 환원하였다.

▶성묘-공빈 김씨 묘(광해군 생모)　　　▶묘좌 유향

▶ 순강원 - 인빈 김씨 묘(추존 원종대왕 생모)　　　　　▶ 자좌 오향

인빈 김씨는 선조대왕의 후궁으로 공빈 김씨 사후에 왕의 총애를 받아 4남 5녀를 낳았다. 셋째 아들 정원군의 장남 능양군이 반정을 일으켜 인조대왕이 되었는데, 이후 조선의 임금은 모두 인빈 김씨의 핏줄이다.

▶ 순강원 - 인빈 김씨 묘(추존 원종대왕 생모)　▶ 경기도 남양주시 진접읍 내각리 150

옥산부대빈 장씨는 숙종대왕의 후궁으로 1688년 경종대왕을 낳았는데, 인현왕후가 폐출되자 1690년 왕비가 되었다가 1694년 폐위되었다. 1701년 사망 후 양주 인장리에 묻혔다가 풍수 이유로 1718년 광주 진해촌으로 천장했는데, 1969년 현재의 자리로 이장하였다.

▶ 대빈묘-옥산부대빈 장씨 묘(경종대왕 생모)　　▶ 경기도 고양시 서오릉 내

▶ 대빈묘-옥산부대빈 장씨 묘(경종대왕 생모)　　▶ 자좌 오향

▶ 소령원-숙빈 최씨 묘(영조대왕 생모)　　　▶ 경기도 파주시 광탄면 영장리 267

숙빈 최씨는 인현왕후 중궁의 무수리였는데, 숙종대왕의 승은을 입어 1693년 아들을 낳았으나 2달 뒤 죽었고, 1694년에 영조대왕을 낳았으며 1718년 사망하여 이곳에 묻혔다.

▶ 소령원-숙빈 최씨 묘(영조대왕 생모)　　　▶ 유좌 묘향

영빈 이씨는 30세에 영조대왕의 눈에 들어 1727년 화평옹주, 1735년 사도세자를 낳았다. 1762년 윤5월 21일 사도세자 죽음을 지켜보아야만 했고, 1764년 사망 후 현재 연세대학교 안 터에 묻혔다가 1970년 이장되었다.

▶ 수경원-영빈 이씨 묘(추존 장조대왕 생모)　　　　　　▶ 갑좌 경향(현재)

1966년 수경원

▶ 수경원-영빈 이씨 묘(추존 장조대왕 생모)　　　　　　▶ 현재 연세대학교 루스채플

정조대왕의 후궁 유비(수빈) 박씨는 1790년 순조대왕을 낳았다. 1800년 정조대왕이 죽고 아들이 왕위에 올라 왕의 사친 예우를 받았다. 1822년 세상을 떠나 양주 배봉산에 묻혔다가 풍수를 따져1855년 순강원 백호로 천장했고, 1863년 다시 지금의 터로 옮겨졌다.

▶휘경원 -수빈 박씨 묘(순조대왕 생모)   ▶경기도 남양주시 진접읍 부평리 267

▶휘경원 -유비(수빈) 박씨 묘(순조대왕 생모)   ▶임좌 병향

▶ 의안대군묘(조선 최초 세자)　　　▶ 경기도 광주시 남한산성면 엄미리 산152

의안대군은 1382년 태조대왕과 신덕왕후의 둘째 아들로 태어났다. 이후 11세 때 태조 대왕이 왕위에 오르며 1392년 8월 20일 세자로 책봉되었다. 그런데 이것이 화근이 되어 1398년 제1차 왕자의 난 때 죽임을 당했다.

▶ 의안대군묘(조선 최초 세자)　　　▶ 자좌 오향

▶ 월산대군묘(세조대왕 장손자)　　　▶ 경기도 고양시 덕양구 신원동 산16-35

월산대군은 세조대왕의 장남 의경세자의 큰아들로 1454년 태어났는데, 4세 때인 1457년 의경세자가 사망하였다. 1468년 보위에 오른 숙부 예종대왕이 이듬해 사망하여 제안대군과 함께 왕위 계승 우선 순위였으나 정희왕후가 자을산군을 선택했다.

▶ 월산대군묘(세조대왕 장손자)　　　▶ 정좌 계향

제안대군은 1466년 예종대왕과 안순왕후 사이에서 태어났다. 1469년 예종대왕 사망 후 왕위 계승 1순위였으나, 할머니 정희왕후가 어리다는 이유로 의경세자의 차남 자을산군(성종대왕)을 후계자로 정했다.

▶제안대군묘(예종대왕 장남)　　　　▶경기도 포천시 소흘읍 이곡리 산31-3

▶제안대군묘(예종대왕 장남)　　　　▶ 묘좌 유향

▶ 덕흥대원군묘 (선조대왕 부모)　　　▶ 경기도 남양주시 별내동 산205-13

덕흥대원군은 중종대왕의 후궁인 창빈 안씨 소생으로 1530년 출생, 1559년 사망했다.
1567년 명종대왕이 후사 없이 사망하자 아들 하성군이 양자로 입적되어 왕위에 올랐
으며, 1569년 조선 최초로 대원군에 추증되었다.

▶ 덕흥대원군묘 (선조대왕 부모)　　　▶ 술좌 진향

▶전계대원군묘(철종대왕 부모)　　▶경기도 포천시 선단동 산11-14

전계대원군은 사도세자와 숙빈 임씨 아들인 은언군의 차남으로 1785년 태어났다. 이후 집안이 역모에 연루되어 강화도에서 유배 중 낳은 아들 원범이 철종대왕이 되었다. 1841년 사망하여 양주 진관리에 묻혔다가 1856년 현재의 위치로 이장하였다.

▶전계대원군묘(철종대왕 부모)　　▶임좌 병향

흥선대원군은 인평대군 6대손인 남연군의 아들로 1821년 태어났다.1864년 철종대왕
이 아들 없이 사망하여 차남 이재황이 왕위에 올랐고, 조선 유일의 생존 대원군이 되었
다.1898년 사망하여 고양군 공덕리에 묻혔다가 1908년 파주군 운천리로 옮겼고, 다시
1966년 지금의 자리로 옮겨졌다.

▶ 흥선대원군묘(고종황제 부모)   ▶ 경기도 남양주시 화도읍 창현리 산22-73

▶ 흥선대원군묘(고종황제 부모)   ▶묘좌 유향

서민을 따뜻하게 중산층을 두텁게

문 화 재 청

수신자 조남선 님
(경유)
제목   선릉 및 헌릉 촬영 허가(조남선 님)

귀하의 촬영허가신청에 대하여 다음과 같이 허가함을 알려드립니다.

1. 건· 명 : 조선왕릉 풍수서적 발간
2. 일   시 : 2011. 1. 2(일) 10:00 ~ 18:00
3. 장   소 : 헌인릉, 선정릉
4. 허가여부 : 허 가
5. 촬 영 료 : 유 료
6. 허가조건
   ○ 허가서 상의 제한사항을 준수할 것
   ○ 촬영결과물의 문화재청 제출과 공익목적 활용에 동의
   ○ 기타 촬영 세부일정은 해당 관리소와 협의하여 실시하되, 제한
      지역 촬영은 능 관리소 직원이 동행하여 신청인에 한하여 허가함

붙 임 : 촬영허가서 1부. 끝.

문 화 재 청 장

※ 왕릉의 능상 촬영을 위해 모든 왕릉마다 문화재청의 허가를 얻었으며, 촬영료를 납부하였고, 문화재 보호를 위
   한 규정을 철저히 준수하였다.

부 과 내 역	납부서 및 영수증 (납부자용)		
○ 사진촬영료	납부번호	01-52-1113-3058-0000-030	
	납부자	조남선	실명번호 *****
	주 소		

납 기 내	납 기 후
2011년 01월 31일	
60,000 원	
60,000 원	

영릉·영릉 | 英陵·寧陵 YEONGNEUNG 사적 제195호

입장일 : 2011-01-30

관람권	인원	금액
대인	10	4,000

당일 1회 유효

혼상 | 渾象

현금
합계금액 4,000

200211013000010001

세종대왕유적관리소

또는 우체국, 신용·협동조합.

위금액을 정히 영수 합니다.

부 과 내 역	납부서 및 영수증 (납부자용)		
1월2일 사진 촬영에 대한 요금	납부번호	01-52-1000-6758-0000-314	
	납부자	조남선	실명번호 ******
	주 소	(-)	

납 기 내	납 기 후
2010년 12월 31일	
40,000 원	
40,000 원	

헌인릉관람

獻仁陵 | 헌인릉
HEONILLEUNG

8,000

18011010200160501

또는 우체국, 신용협동조합.
니다.

위금액을 정히 영수 합니다.

문화재청 헌릉관리소 징수관

년 월 일

폭설 속에서도~

능상의 폭과 길이 재고~

세상이 온통 흰 눈~

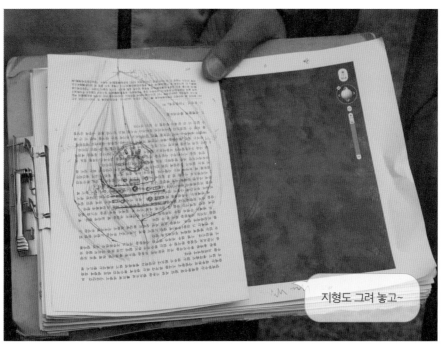

지형도 그려 놓고~

토론하며 분석~

중요한 위치는 표시~

능 앞쪽도 측정~

왕릉 촬영 필수품, 사다리!

마마! 능침 편안하십니까?

이동을 위해 사다리 접고~